Open-Source-Software

Springer-Verlag Berlin Heidelberg GmbH

Bernd Brügge · Dietmar Harhoff
Arnold Picot · Oliver Creighton
Marina Fiedler · Joachim Henkel

Open-Source-Software

Eine ökonomische und technische Analyse

Mit 16 Abbildungen und 6 Tabellen

Springer

Professor Bernd Brügge, Ph.D.
Dipl.-Inf. Univ. Oliver Creighton

Lehrstuhl für Angewandte
Softwaretechnik
Institut für Informatik/I 1
Boltzmannstraße 3
85748 Garching b. München
bruegge@in.tum.de
creighto@in.tum.de

Professor Dr. Dres. h.c. Arnold Picot
Dr. Marina Fiedler, MBR

Ludwig-Maximilans-Universität
München
Department für Betriebswirtschaft
Institut für Information,
Organisation und Management
Ludwigstraße 28/VG/II
80539 München
picot@bwl.uni-muenchen.de
fiedler@bwl.uni-muenchen.de

Professor Dietmar Harhoff, Ph.D.
Dipl.-Ing. M.P.A.
Priv.-Doz. Dr. Joachim Henkel

Ludwig-Maximilans-Universität
München
Department für Betriebswirtschaft
Institut für Innovationsforschung,
Technologiemanagement und
Entrepreneurship
Kaulbachstraße 45
80539 München
harhoff@bwl.uni-muenchen.de
henkel@bwl.uni-muenchen.de

ISBN 978-3-540-20366-7 ISBN 978-3-642-17024-9 (eBook)
DOI 10.1007/978-3-642-17024-9

Bibliografische Information Der Deutschen Bibliothek
Die Deutsche Bibliothek verzeichnet diese Publikation in der Deutschen Nationalbibliografie; detaillierte bibliografische Daten sind im Internet über <http://dnb.ddb.de> abrufbar.

springer.de

Ursprünglich erschienen bei Springer-Verlag Berlin Heidelberg New York 2004

Umschlaggestaltung: Erich Kirchner, Heidelberg

SPIN 10968352 42/3130-5 4 3 2 1 0 – Gedruckt auf säurefreiem Papier

Vorwort

Open-Source-Software ist zu einem viel beachteten Phänomen geworden, das intensive Aktivitäten in Wirtschaftspraxis, Politik und Wissenschaft ausgelöst hat. Es steht im Begriff, zu einem Standardgebiet in Software Engineering und Projektmanagement, Informationsmanagement und Unternehmensstrategie, Innovations- und Wirtschaftspolitik zu werden. Dieses Buch analysiert systematisch eine Reihe von Fragen zu Open-Source-Software. Dazu gehören:

- Wie kam es zu der Bedeutung, die Open-Source-Software heute vielfach eingeräumt wird? Welche Prozesse, Erfolgsfaktoren und Motive stehen hinter den Beiträgen, die von zahlreichen freiwilligen Akteuren geleistet werden?
- Wie kam es zum stärkeren Engagement von Unternehmen in der Entwicklung von Open-Source-Software?
- Welche technischen und organisatorischen Gründe gibt es dafür, dass Open-Source-Software trotz ungewöhnlicher Software-Herstellungsprozesse Produkte hervorbringen kann, die von hoher Qualität und wettbewerbsfähig sind? Gibt es Felder, in denen dieser Prozess besonders oder aber auch weniger gut geeignet ist?
- Wie wird sich Open-Source-Software in verschiedenen Marktsegmenten entwickeln? Ist der bisherige Erfolg kurzfristig angelegt, oder wird Open-Source-Software ein wichtiger Faktor im Software-Markt bleiben und die strategischen Spielregeln sowie Geschäftsmodelle nachhaltig verändern?
- Ergeben sich für Entscheidungsträger in Politik, Wirtschaft und Hochschule besondere Handlungsnotwendigkeiten? Welche Maßnahmen sollten gegebenenfalls ergriffen werden?

Dieses Buch ist das Ergebnis intensiver Zusammenarbeit von Autoren verschiedener Teildisziplinen aus Wirtschaftswissenschaften und Informatik der Ludwig-Maximilians-Universität München und der Technischen Universität München, was eine Besonderheit und hoffentlich auch eine Stärke der Ausarbeitung bedeutet. Wir haben bei dieser überfachlichen Kooperation viel gelernt und sind überzeugt, dass darin erhebliche Erkenntnismöglichkeiten gerade für die Analyse innovativer Entwicklungen liegen, die sich bekanntlich nicht an fachliche Grenzen halten.

Für wertvolle inhaltliche Anregungen und Hinweise danken wir Herrn Dr. Stefan Bechtold, J.S.M., Herrn Dipl.-Inf. Götz Bock, Herrn Dr. Lars Fend, Frau Dipl.-Inf. Michaela Häckl, Herrn Dr. Christian Herzog, Herrn Dipl. Wi.-Ing. Ulrich Löwer, Herrn Dipl.-Inf. Michael Nagel, Herrn Dipl.-Kfm. Stefan Riedel, MBR, sowie Studentinnen und Studenten der beteiligten Lehrstühle.

Für ihre engagierte Unterstützung bei den Korrekturen sowie der technischen Fertigstellung danken wir Frau Lynn Thorenz.

Unser Dank gilt ferner dem Springer-Verlag, vor allem Herrn Dr. Werner A. Mueller und Frau Barbara Karg, für die gute Unterstützung und verlegerische Begleitung unseres Vorhabens.

Selbstverständlich sind für verbleibende Unstimmigkeiten allein die Autoren verantwortlich, die für Rückmeldungen aller Art aus dem Leserkreis stets sehr aufgeschlossen sind.

München, im März 2004

Bernd Brügge (bruegge@in.tum.de)
Dietmar Harhoff (harhoff@bwl.uni-muenchen.de)
Arnold Picot (picot@bwl.uni-muenchen.de)
Oliver Creighton (creighto@in.tum.de)
Marina Fiedler (fiedler@bwl.uni-muenchen.de)
Joachim Henkel (henkel@bwl.uni-muenchen.de)

Inhaltsverzeichnis

1 Motivation und Übersicht 1
1.1 Open-Source-Software in den Schlagzeilen 1
1.2 Übersicht 4

2 Entwicklung des Software-Marktes 7
2.1 Die historische Entwicklung der Software-Industrie 7
2.2 Ökonomische Mechanismen 11
2.3 Bestandsaufnahme des deutschen Software-Marktes 12

3 OSS - Erscheinungsformen und systematische Kategorisierung 19
3.1 Begriffsklärung und Lizenzmodelle 19
3.2 OSS - Systematik der Erscheinungsformen im Überblick 25
3.3 Ausgewählte Fallbeispiele zu Open-Source-Software 29
3.3.1 OSS-System- und Netzwerkmanagementsoftware am Beispiel Linux 29
3.3.2 OSS-Programmentwicklungssoftware am Beispiel NetBeans und Eclipse 37
3.3.3 OSS-Informationsmanagementsoftware am Beispiel Apache 46
3.3.4 OSS-Informationsmanagementsoftware am Beispiel MySQL 48
3.3.5 OSS-Anwendungssoftware am Beispiel Jabber 51
3.4 Darstellung der Organisationsvariablen 54
3.4.1 Bedingungen, die die Koordination von OSS unterstützen .. 55
3.4.2 Bedingungen, die die Motivation zur OSS-Entwicklung unterstützen 58

4 Technische Aspekte der Entwicklung und des Einsatzes von OSS .. 63
4.1 Das Umfeld der Software-Entwicklung 64
4.2 Der Software-Entwicklungsprozess 67

4.2.1 Aktivitäten der Software-Entwicklung 67
4.2.1.1 Erstellung von Komponenten 70
4.2.1.2 Wiederverwendung von Komponenten 71
4.2.2 Entitäten der Software-Entwicklung 71
4.2.3 Methoden zur Software-Entwicklung 74
4.2.3.1 Aktivitätsorientierte Methoden 76
4.2.3.2 Entitätsorientierte Methoden 76
4.2.3.3 Agile Prozesse 77
4.3 Das communitybasierte Open-Source-Projekt 78
4.3.1 Projektstart 79
4.3.2 Release Management 81
4.3.3 Der Projekt-Maintainer 81
4.3.4 Die „fehlende“ Rolle des Kunden 81
4.3.5 OSS-Entwicklung durch Unternehmen 83
4.3.6 Open-Source-Projekt als genetischer Prozess 85
4.4 Einsatz von OSS 85
4.4.1 Einsatzmöglichkeiten von Software-Komponenten 86
4.4.1.1 Black-Box- vs. White-Box-Komponente 88
4.4.1.2 Komponentenbasierte Software-Entwicklung und OSS .. 89
4.4.2 Qualität und Sicherheit 90
4.4.3 Anforderungen an Software-Systeme 91
4.4.3.1 Datenschutz 91
4.4.3.2 Datensicherheit 92
4.4.3.3 Permanenz 92
4.4.3.4 Aktualisierbarkeit 93
4.4.3.5 Verfügbarkeit des Quellcodes 94

5 Ökonomische Aspekte der Entwicklung und des Einsatzes von OSS 95
5.1 Motive für die Beteiligung von privaten Entwicklern 95
5.2 Initiierung und Unterstützung von OSS-Projekten durch Unternehmen 101
5.2.1 Grundlagen 101
5.2.2 Aspekte für alle Typen von Beitragenden 103
5.2.3 Anbieter von Komplementen 107
5.2.4 Nutzung von OSS in internen Prozessen 108
5.2.5 Verwendung von OSS in Produkten 109
5.2.6 OSS-Hersteller 111
5.3 Motive für die Einsatzentscheidung von OSS 115
5.3.1 Studien zur Einsatzentscheidung von OSS 115
5.3.2 Analysen der Total Cost of Ownership (TCO) von Open-Source-Software 116

6 Rahmenbedingungen für OSS und proprietäre Software 125
6.1 Staatliche Eingriffe im Hinblick auf OSS vs. proprietäre Software 125
6.1.1 Potenzielles Marktversagen im Software-Markt 125
6.1.2 Möglichkeiten staatlicher Eingriffe 130
6.2 Eigentumsrechte und OSS 136
6.2.1 Software-Patente 136
6.2.1.1 Zur ökonomischen Funktion von Software-Patenten ... 137
6.2.1.2 Die juristische Kontroverse 142
6.2.1.3 Auswirkungen auf OSS 145
6.2.1.4 Die jüngere Diskussion in Europa 146
6.2.1.5 Schlussfolgerungen 148
6.2.2 Digital-Rights-Management 149
6.2.2.1 Technische Grundlagen von Digital-Rights-Management 150
6.2.2.2 Rechtliche Grundlagen von Digital-Rights-Management 154
6.2.2.3 Konsequenzen von DRM für OSS 155
6.2.2.3.1 Wirkung von DRM auf die OSS-Entwicklung 155
6.2.2.3.2 Wirkung von DRM auf die Nutzung und Distribution von OSS 158
6.2.2.4 Implikationen von OSS für die Gestaltung von DRM . 162

7 Auswirkungen von OSS 165
7.1 Qualitätsaspekte und Nutzerbedürfnisse 165
7.2 Produktvielfalt 168
7.3 Komplementäre Angebote 169
7.4 Innovationen 170
7.5 Zukunftssicherheit 172
7.6 Preis und Nutzungsumfang von Software 173
7.7 Marktwettbewerb 173
7.8 Software-Industrie 174

8 Fazit und Ausblick 177

Glossar 183

Literatur 203

Anmerkungen 221

Stichwortverzeichnis 241

1 Motivation und Übersicht

1.1 Open-Source-Software in den Schlagzeilen

Seit Ende der 90er Jahre lässt sich in Wirtschaftspraxis und in der Wissenschaft ein steigendes Interesse am Phänomen der OSS verzeichnen. Die Gründe für die Popularität des Themas sind vielfältig:

OSS ist wirtschaftlich und technisch erfolgreich. Wenngleich Statistiken zur Nutzung von OSS mit Unwägbarkeiten behaftet sind, so ist dennoch klar, dass das OSS-Betriebssystem Linux zu einer bemerkenswerten Standardisierung im vorher fragmentierten Unix-Markt geführt hat. Die Marktposition von OSS-Systemen auf Server-Plattformen ist beachtlich. In jüngster Zeit taucht OSS auch verstärkt auf dem Desktop der Anwender auf, wenngleich proprietäre Systeme hier noch den Markt beherrschen. In einigen Produkt- und Marksegmenten ist inzwischen OSS verfügbar, die qualitativ den proprietären Produkten nicht nachsteht oder sogar von einigen Betrachtern als überlegen bewertet wird. Auch in anwendungsnahen Systemen (embedded Software) wird verstärkt auf OSS gesetzt.

OSS ist technisch und organisatorisch „kurios". OSS wird teilweise in kollektiven Prozessen von freiwillig mitarbeitenden Programmierern erzeugt. Von Raymond (1999) stammt eine Gegenüberstellung, in der die klassische Vorgehensweise zur Entwicklung von Software mit dem Bau einer Kathedrale und der OSS-Prozess mit einem Basar verglichen wird. Für viele Beobachter ist verblüffend, dass der vermeintlich chaotische Prozess des Basars technisch überzeugende Lösungen liefert.

OSS ist mit einer ungewöhnlichen Konstruktion von Eigentumsrechten verbunden. Die Lizenzverträge, unter denen OSS erstellt, modifiziert und verwendet wird, versuchen, eine völlige Aneignung der Eigentumsrechte durch einen oder wenige Akteure zu verhindern. Der bisherige Erfolg von OSS widerspricht also auch der landläufigen Logik, dass starke Eigentumsrechte von Innovatoren eine Bedingung für hohe Dynamik in Innovationsprozessen sind.

Der Erfolg und die strategische Bedeutung von OSS für etablierte Software- und Hardware-Anbieter lassen sich anhand einer Reihe von spektakulären Entscheidungen nachweisen, die in diesem Buch näher betrachtet werden:

IBM engagiert sich seit mehreren Jahren stark für OSS. Das Unternehmen ersetzte u.a. seine eigene Webserversoftware durch das OSS-Programm Apache, hat hohe Summen in die Entwicklung und den Einsatz von Linux investiert und ehemals proprietären Softwarecode in Form der Entwicklungsumgebung Eclipse als OSS freigegeben.[1]

OSS hat in den letzten Jahren auch für die Kommission der Europäischen Union eine wichtige Rolle gespielt. Im 6. Rahmenprogramm wird im Themenfeld „Technologien der Informationsgesellschaft" das OSS-Phänomen aufgrund seiner Bedeutung für Interoperabilität und Datensicherheit mehrfach positiv hervorgehoben, insbesondere als Plattform für e-Government-Lösungen.[2]

OSS ist inzwischen in beachtlichem Umfang von öffentlichen Verwaltungen eingesetzt worden. Im Februar 2002 entschied der Deutsche Bundestag, 150 Server von Windows NT auf Linux umzustellen.[3] Das Bundesministerium des Inneren traf mit IBM eine Vereinbarung, die einen verstärkten Einsatz von OSS in den Bundesbehörden beinhaltet.[4] Weitere Beispiele sind ähnliche Entscheidungen der Monopolkommission[5], des Bundeskartellamtes[6] und der Bayerischen Vermessungsämter. [7]

Die Stadt München traf am 27. Mai 2003 die Entscheidung, auf den ca. 14.000 Einzelplatzrechnern der städtischen Verwaltung OSS zu verwenden, obgleich die proprietäre Alternativlösung kostengünstiger gewesen wäre.[8]

Im März 2003 kündigte die SCO Group (früher Caldera) an, dass sie IBM auf eine Milliarde US$ Schadensersatz verklagt, weil IBM im Rahmen seiner Linux-Aktivitäten die Urheberrechte von SCO verletzt habe. IBM hat inzwischen eine Gegenklage eingereicht.

Am 4. November 2003 kündigten die SuSE AG und Novell Inc.an, dass Novell SuSE zum Januar 2004 für eine Kaufsumme von US$ 210 Mio. übernehmen will.[9]

Trotz der zunehmenden Aufmerksamkeit, die OSS genießt, steckt die Bewertung des Phänomens immer noch in den Kinderschuhen, zumal die Meinungsvielfalt beachtlich ist. Stellungnahmen aus der OSS-Community und aus Software-Unternehmen, die sich durch OSS bedroht sehen, klaffen weit auseinander. In diesem Widerstreit von Meinungen soll unsere wissenschaftliche, neutrale Untersuchung eine Unterstützung für Entscheidungsträger in Unternehmen und Politik darstellen.

Dieses Buch analysiert OSS als ein ökonomisches und technisches Phänomen. Zunächst stellt OSS ein Artefakt dar, dessen Entstehung von zahlreichen Akteuren in einem kollektiven Prozess getragen wird, als ein Typus von Software, dessen Nutzung in Wirtschaftsunternehmen und Haushalten aus ökonomischen Motiven erfolgt; und als ein Produkt, dessen zukünftiger Erfolg maßgeblich durch die Gestaltung institutioneller und wirtschaftlicher Rahmenbedingungen beeinflusst wird. Gleichzeitig spielen in diesem Buch auch die organisatorischen und technischen Eigenarten von OSS eine zentrale Rolle – das OSS-Phänomen lässt sich nicht völlig aus einer wirtschaftlichen Logik heraus verstehen, und gerade die Beurteilung der Stärken und Schwächen von OSS bedingt eine gründliche Analyse der technischen Zusammenhänge und des Entstehungsprozesses von OSS. Das Buch ist also interdisziplinär – mit Beiträgen aus Betriebswirtschaftslehre, Informatik und Volkswirtschaftslehre. Wir betrachten eine Reihe von Fragen zu OSS systematisch. Dazu gehören:

- Wie kam es zu der Bedeutung, die OSS heute vielfach eingeräumt wird? Welche Prozesse, Erfolgsfaktoren und Motive stehen hinter den Beiträgen, die von zahlreichen freiwilligen Akteuren geleistet werden?
- Wie kam es zum stärkeren Engagement von Unternehmen in der Entwicklung von OSS? Welche ökonomischen und strategischen Kalküle haben hier eine Rolle gespielt?
- Welche technischen und organisatorischen Gründe gibt es dafür, dass OSS trotz ungewöhnlicher Software-Herstellungsprozesse Produkte hervorbringen kann, die von hoher Qualität sind? Gibt es Felder, in denen dieser Prozess besonders oder weniger gut geeignet ist?
- Wie wird sich OSS in verschiedenen Marktsegmenten entwickeln? Ist der bisherige Erfolg kurzfristig angelegt, oder wird OSS ein wichtiger Faktor im Software-Markt bleiben und stärker werden?
- Ergeben sich für Entscheidungsträger in Politik, Wirtschaft und Hochschule besondere Handlungsnotwendigkeiten? Falls ja, welche Maßnahmen sollten ergriffen werden?

Ziel des Buches ist es nicht, dem Leser eine aus unserer Sicht gültige Einschätzung der weiteren Entwicklung von OSS zu präsentieren. Wir beschreiben zwar die von uns als besonders plausibel betrachteten Szenarien. Aber angesichts großer Unwägbarkeiten ist es so gut wie unmöglich, eine Langfristprognose für die OSS-Entwicklung abzugeben. Beispiele für nicht klar einschätzbare Einflussfaktoren werden an verschiedenen Stellen besprochen. So können die Ausgestaltung des Patentsystems für Software und die wachsende Bedeutung von Digital

Rights Management ebenso wie der Rechtsstreit zwischen SCO und IBM in sehr kurzer Zeit eine drastische Veränderung der Rahmenbedingungen für OSS hervorrufen. Unser Ziel ist es vielmehr, den Leser mit den wesentlichen Einflussfaktoren vertraut zu machen, um die Grundlagen für eine eigenständige Bewertung der jeweils aktuellen Situation zu legen. Auch dieses Buch ist daher offen und modular angelegt. Der Nutzer kann die Komponenten verwenden, neu anordnen und die aus seiner Sicht fehlenden Argumente als „Patch" hinzufügen. Wir hoffen, dass die Kosten für die Wiederverwendung der von uns bereitgestellten Module klein gehalten werden können und dass unser „Code" die notwendige Klarheit aufweist. Die folgende Übersicht fasst die Themen der einzelnen Kapitel kurz zusammen.

1.2 Übersicht

In **Kapitel 2** des Buches wird die Entwicklung der Hard- und Software-Märkte kurz skizziert. Unser Hauptaugenmerk liegt nicht auf einer detaillierten Darstellung der Evolution aller IT-Teilsektoren. Vielmehr konzentrieren wir uns auf wesentliche Entwicklungen, die maßgeblich zur Bildung der heute dominanten Typen von Hard- und Software beigetragen haben. Darüber hinaus charakterisieren wir den Software-Markt in Deutschland hinsichlich der Größenverteilung und des Alters der Unternehmen. Besonders wichtige Aspekte der Software-Industrie werden kurz diskutiert.

In **Kapitel 3** sollen dem Leser wesentliche Charakteristika von OSS vor Augen geführt werden. Zunächst wird der Begriff OSS geklärt und die OSS-Erscheinungsformen werden systematisch klassifiziert. Darauf aufbauend werden besonders wichtige OSS-Fälle beleuchtet und deren Organisationsvariablen anschließend zusammengefasst.

Kapitel 4 beleuchtet OSS und proprietäre Software hinsichtlich organisatorischer und technischer Aspekte. Im Vordergrund steht dabei der Software-Entwicklungsprozess, der im Falle der proprietären Software als Folge von Modelltransformationen interpretiert wird. In OSS-Prozessen, die auf User Communities basieren, laufen gänzlich andere Prozesse ab, die – je nach Kontext und Entwicklungsaufgabe – mit signifikanten Vorteilen oder Nachteilen einhergehen. Das Kapitel schließt mit der Beschreibung einiger Anforderungen an einzusetzende Systeme, die durch OSS an Bedeutung gewonnen haben.

Kapitel 5 betrachtet die Motivation von OSS-Entwicklern und die Gründe für einen Einsatz von OSS. Eine der in der Literatur am häufigsten gestellten Fragen gilt der Motivation von Individuen, die zu OSS-Projekten beitragen. Die freie Weitergabe eigenerstellter Software scheint dabei zunächst der einfachen ökonomischen Rationalität zu widersprechen. Wir fassen zunächst wissenschaftliche Studien zusammen, aus denen klar hervorgeht, dass dieser Widerspruch nur an der Oberfläche existiert. Es gibt auch für OSS-Hobbyentwickler eine ganze Reihe von Arten von Nutzen, die mit der OSS-Aktivität verbunden sind. Darüber hinaus stellt sich die Ausgangsfrage immer häufiger für Unternehmen, die in großem Umfang begonnen haben, zu OSS-Projekten beizutragen. Abschließend wird in diesem Kapitel beleuchtet, warum sich Unternehmen und andere Organisationen möglicherweise für oder gegen den Einsatz von OSS entscheiden.

In **Kapitel 6** wenden wir uns den Rahmenbedingungen für OSS zu. Wir stellen zunächst die Frage, ob im Software-Markt überhaupt Formen von Marktversagen auftreten, die prinzipiell staatliche Eingriffe erforderlich machen könnten. Wir diskutieren dann einzelne Eingriffsmöglichkeiten, bleiben insgesamt aber skeptisch, ob ein gezielter staatlicher Eingriff überhaupt unternommen werden sollte. Allerdings beeinflusst der Staat auch durch die Gestaltung von Institutionen und Rahmenbedingungen das OSS-Umfeld maßgeblich mit. Wir konzentrieren uns auf zwei besonders aktuelle Aspekte: die Frage der Patentierbarkeit von Software und die Entwicklung von Digital Rights Managment (DRM). Beide Aspekte können sich in vielfältiger Weise auf die Anreize für den Einsatz oder die Erstellung von OSS auswirken.

Die von uns vermuteten Auswirkungen von OSS werden in **Kapitel 7** besprochen. Da wir die Zukunft nicht kennen, sind einige unserer Aussagen notgedrungen spekulativ. Wir berücksichtigen dabei sowohl Auswirkungen von OSS auf die Qualität von Software wie auch auf die Produktvielfalt. Wir untersuchen, ob der Innovationsgrad von OSS langfristig ausreichend hoch sein wird. Weiterhin gehen wir der Frage nach, ob Investitionen in OSS zukunftssicherer sind als Investitionen in proprietäre Systeme, oder ob besondere wirtschaftliche Risiken mit ihnen verbunden sind. Naturgemäß ist auch zu überdenken, ob von OSS starker Einfluss auf die Marktpreise und Nutzungsformen von Software ausgehen werden. Veränderungen dieser Variablen dürften die Markteintrittsbedingungen in der Software-Industrie und damit langfristig die Industriestruktur erheblich beeinflussen.

Kapitel 8 enthält eine Übersicht über die zentralen Ergebnisse. Ein Stichwortregister und ein Glossar schließen den Buchband ab.

2 Entwicklung des Software-Marktes

2.1 Die historische Entwicklung der Software-Industrie

Unter „Software“ im engeren Sinne wird im landläufigen Sprachgebrauch eine Sammlung von Anweisungen, sogenannten Programmen, verstanden, die durch einen Computer (Hardware) ausgeführt werden können. Die historische Entwicklung der Software-Industrie soll hier kurz skizziert werden, um den Status Quo der Industrie und die heute gebräuchlichen Geschäftsmodelle verstehen zu können.[10]

Ermöglicht wurde der Aufstieg der Software-Industrie durch die Entwicklung leistungsfähiger Rechner, die auf der Basis der Binärkodierung arbeiten. 1941 stellte Konrad Zuse den auf elektromechanischer Grundlage arbeitenden Rechner Z3 vor, dessen Architektur wesentliche Elemente der später durch John von Neumann entwickelten Konzepte vorwegnahm. In den Jahren 1943 und 1944 setzte in den USA die Entwicklung mit den Relaisrechnern von Stibitz (Bell Telephone) und Aiken (IBM) ein. Durch den Einsatz von Röhren anstelle von mechanischen Relais konnte der erste vollelektronische Rechner ENIAC eine Rechenleistung erzielen, die etwa das Hundertfache des Zuse-Rechners betrug (300 FLOP/s)[11]. Weitere Meilensteine in der Konzeption binärer Rechner sind von Neumann (BINAC) zuzuschreiben, der in den Jahren 1945-48 an der Universität Princeton wesentlich zur Entwicklung des Universalrechners mit datengesteuertem Programmablauf und Speicherung des Programms und der verwendeten Daten beitrug. Durch den Einsatz von Transistoren (ab 1948), Ferritkernspeichern (ab 1951) und Magnetbandspeichern (ab 1955) konnten weitere Fortschritte erzielt werden. Plattenspeicher, wie sie prinzipiell auch heute noch gebräuchlich sind, wurden ab 1956 eingesetzt. Die weitere Entwicklung von Rechnern wurde dann wesentlich durch die Halbleitertechnologie beflügelt, insbesondere durch die Integration von Transistoren in integrierten Schaltkreisen (seit 1964) und die Entwicklung von Halbleiterspeichern (seit 1968). Die technische Entwicklung wurde insbesondere von der International Business Machine (IBM) Corporation genutzt, um eine starke Stellung im neuen Markt für Großrechner zu erreichen. Mit den Baureihen 701 (1952), 650 (1954) und 1401 (1960) wurde in relativ kurzer Zeit eine dominante Marktposition aufgebaut. Das Modell IBM 360 (1965) wurde dann ein extrem erfolgreicher Rechner, der es IBM erlaubte, zeitweise mehr als 80 Prozent der Nachfrage abzudecken. Das 1970 eingeführte Modell 370 baute die Marktvorherrschaft von IBM im Bereich der *Mainframe Computer* noch weiter aus.

Ein leider nicht sehr bekannt gewordener Vorläufer moderner Programmiertechniken war die aus dem Jahr 1948 stammende algorithmische Programmiersprache *Plankalkül* von Konrad Zuse. Die Grundlagen der modernen Programmierungsansätze wurden in den 50er Jahren gelegt. Frühe Großprojekte trugen maßgeblich zur späteren Entwicklung der Software-Industrie in den USA bei.[12] So waren im SAGE-Projekt (1949-1962), das auf die Erstellung eines militärischen Systems zur Koordination der Luftabwehr abzielte, in Spitzenzeiten über 700 Programmier bei der RAND Corporation beschäftigt.[13] Das SABRE-Projekt (1954-1964) wurde von IBM im Auftrag von American Airlines durchgeführt und hatte zum Ziel, ein Flugbuchungssystem zu erstellen. Zeitweilig arbeiteten mehr als 200 Programmierer parallel an dem Buchungssystem. Programmierarbeiten in diesem Ausmaß ließen sich nicht mehr nur auf der Basis von Assemblersprachen durchführen: von 1954 bis 1957 entwickelte Backus die maschinenunabhängige Sprache FORTRAN; im Jahr 1958 traten ALGOL, COBOL und LISP als weitere in der Folge bekannt gewordene Programmiersprachen hinzu.

Zu Ende der Projektbearbeitung bei SABRE und SAGE kam es zu einer ersten Welle von Unternehmensgründungen durch einzelne Projektmitarbeiter. Die Erfahrungen aus dem Management der Großprojekte führten zu ersten systematischen Untersuchungen der Software-Entwicklungstätigkeit.[14] 1955 gründeten ehemalige IBM-Mitarbeiter das erste Software-Unternehmen, die CUC (Computer Usage Company), die sich auf individuelle Software-Anpassungen konzentrierte. Die Entwicklung damaliger Timesharing-Betriebssysteme war allerdings nach wie vor den Hardware-Herstellern vorbehalten. Der Begriff der Software selbst wird erst seit etwa 1959 genutzt.[15] Bis in die späten 60er Jahre konnte von einer eigenständigen Software-Industrie nur bedingt gesprochen werden. Der dominierende Hersteller von Großrechnern (IBM) bündelte Hardware und Software. Updates, der Zugriff auf Software-Bibliotheken und Hilfsprogramme waren für die Käufer von IBM-Rechnern kostenlos. Die erste „Standardsoftware" eines externen Anbieters wurde 1964 von der Applied Data Research (ADR) angeboten – sie unterstützte die Generierung von Flussdiagrammen.[16]

Mit dem Modell IBM 360 bot IBM im Jahr 1965 seinen Kunden erstmals eine flexible und skalierbare Lösung an, die schnell zum Marktstandard avancierte.[17] Damit wurden für unabhängige Software-Entwickler starke Anreize geschaffen, auch größere Entwicklungsprojekte vermehrt in Angriff zu nehmen. Zum selben Zeitpunkt wird auch erstmals eine Programmiersprache eingeführt, die sich ausdrücklich an Nichtexperten wendet, der Beginner's All-Purpose Symbolic Instruction Code (BASIC). Nach der Einleitung eines Kartellverfahrens durch die Federal Trade Commission begann IBM im Jahr 1968 mit der separaten Vermarktung von Software. Die „Entbündelung" der vormals stets kombiniert vertriebenen Komponenten Software und Hardware beförderte den Aufbau der Software-Industrie sehr stark. Zu diesem Zeitpunkt überwogen die Kosten für Software bereits die für Hardware. *Software Engineering* etablierte sich als eigenständige Tätigkeit in den neuen Software-Häusern, und die Informatik wurde zu einem wichtigen neuen Feld der Ingenieurwissenschaften.

In den 60er Jahren hatte sich ein neues Segment der Computerhardware entwickelt – die sogenannten *Minicomputer*.[18] Firmen wie Digital Equipment, Microdata, General Automation, CCC, Data General und Prime Computer brachten echtzeitfähige Kleinrechner auf den Markt, die besonders für die Prozesssteuerung in Forschungslaboratorien und Produktionsprozessen geeignet waren. Unternehmen wie Hewlett-Packard, Varian, Perkin-Elmer und Gould, die bisher Laborinstrumentierung und Messgeräte angeboten hatten, traten ebenfalls in den Markt für Minicomputer ein. IBM war mit seiner Strategie, „small mainframes" anzubieten, in diesem Markt nicht erfolgreich, wohingegen die Digital Equipment Corporation mit den Modellen PDP8, PDP11 und VAX bis in die späten 70er Jahre den Minicomputer-Markt beherrschen konnte.

Das seit Mitte der 60er Jahre stärker werdende Segment der Minicomputer, beispielsweise vertreten durch die Modelle PDP und VAX der Digital Equipment Corporation (DEC), wirkte sich ebenfalls positiv auf die Software-Industrie aus, da die Hersteller von Minicomputern ebenfalls Software und Hardware getrennt anboten und erstmals auch das Angebot von komplementärer Software aktiv förderten.

Minicomputer stellten auch die Plattform für erste Versuche dar, Betriebssysteme zu entwickeln, die auf den Hardware-Anlagen verschiedener Hersteller (oder verschiedenen Rechnergenerationen) lauffähig sein würden. Die Bell Laboratories, General Electric und das Massachusetts Institute of Technology (MIT) hatten ab 1964 versucht, das Betriebssystem MULTICS zu entwickeln. Bei diesem System stand das Time Sharing der Rechnerressourcen im Vordergrund. Allerdings wurde dieses Projekt von den Bell Labs Ende der 60er Jahre wieder aufgegeben.[19] Bedeutender war hingegen das Betriebssystem UNIX, das von 1969 an bei den Bell Laboratories von Dennis Ritchie und Ken Thompson zunächst auf einer PDP-7 entwickelt wurde.[20] Der erste Nutzer des noch rudimentären Systems war die Patentabteilung der Bell Labs. UNIX wurde zunächst insbesondere in Forschungseinrichtungen und Universitäten eingesetzt. Kommerzielle Lizenzen waren ab 1975 verfügbar. System III wurde kommerziell ab 1981 eingesetzt. Als AT&T sich 1984 von seinen lokalen Telekommunikationsanbietern trennte, gingen die UNIX-Rechte an AT&T Computer Systems über. In einer Allianz mit Sun Microsystems sollten damals die besten UNIX-Varianten zusammengeführt werden. Aus Besorgnis über die mögliche Monopolisierung des UNIX-Systems bildete sich im Jahr 1988 die Open Systems Foundation. Allerdings scheiterten alle Versuche, eine Standardisierung von UNIX innerhalb der Unterstützer der Open Systems Foundation herbeizuführen. Jeder Hersteller brachte seine eigene UNIX-Version heraus, so dass sehr bald viele voneinander abweichende Varianten – jeweils auf einer Hardware-Plattform lauffähig – verfügbar wurden. Die „Unix-Kriege" zeigten zum ersten Mal, dass Kompatibilität und Interoperabilität, heute weit bekannte Schlagworte, zu neuen ökonomischen Restriktionen für die Einführung von Hardware- und Software-Systemen wurden. 1993 übernahm die Novell Corporation die Rechte an UNIX. Im Jahr 1995 verkaufte Novell diese Rechte weiter an die Santa Cruz Operation (SCO), die derzeit in einen Rechtstreit mit IBM verwickelt ist.[21]

Parallel zur Entwicklung des proprietären „closed-source"-Angebots und als Reaktion darauf, dass immer weniger Software (inkl. UNIX) mit ihrem Quellcode verfügbar gemacht wurde, entwickelte Richard Stallman die Idee der offenen Software, bei der die Weitergabe des Quellcode das konstituierende Element darstellt. 1985 wurde die Free Software Foundation gegründet – die mit Open-Source-Software verbundenen Konzepte werden in Kapitel 3 näher erläutert.[22]

Begünstigt durch die Entwicklung preisgünstiger Mikroprozessoren setzte in den 70er Jahren die Entwicklung der *Mikrocomputer* und der persönlichen Rechner (*personal computer*) im Silicon Valley ein und markierte erstmals auch den Beginn der Arbeitsteilung zwischen Rechnerhersteller und den Produzenten der wesentlichen Halbleiterbauelemente, der Prozessoren.[23] Der IBM PC, der erstmals am 12. August 1981 vertrieben wurde und einen wichtigen Standard in der Hardware-Entwicklung darstellte, ebnete den Weg für den Aufstieg des heute größten Software-Unternehmens, der Microsoft Corporation, und für die Etablierung von Massenmärkten für Software-Produkte.[24]

Mit der Etablierung des Marktes für PC-Software beschleunigte sich diese Entwicklung nochmals. Zu Beginn der 80er Jahre stellte es sich schnell heraus, dass Hardware-Anbieter nicht allein in der Lage waren, für ein ausreichend großes Spektrum an kompatibler Software zu sorgen. Alle Anbieter von Geräten und Systemen, die nicht mit dem Marktstandard (IBM PC/Microsoft DOS später Intel/Microsoft DOS) kompatibel waren, versuchten mit Anreizprogrammen, unabhängige Entwickler für ihre jeweilige Plattform zu gewinnen.[25] Allerdings bewährte sich die Strategie einer starren Kopplung von Hardware und proprietärem Betriebssystem nicht – Apple verlor seit Beginn der 90er Jahre kontinuierlich Marktanteile und die Dominanz der Microsoft/Intel-basierten Computer wurde weiter gefestigt, insbesondere nach Einführung der graphischen Benutzeroberfläche Windows (was z.T. auch an der Preis- und Kooperationspolitik der Unternehmen lag).[26] Der Markt für PC-Software erfuhr durch diese Entwicklung eine starke Standardisierung, die sich auf die Vielfalt des Software-Angebots innerhalb der Standardplattform positiv auswirkte.

2.2 Ökonomische Mechanismen

Vor Entbündelung von Software und Hardware durch IBM standen Anbieter von Software einer besonderen Herausforderung gegenüber. Die Hersteller von *Mainframes*, insbesondere IBM, waren in der Lage, die im Markt angebotene Software jederzeit durch Nachahmung in das eigene Software-Angebot zu überführen. Die Erfolgsaussichten eines neu in den Markt eintretenden Unternehmens waren angesichts dieser Bedrohung nur mäßig. Allerdings zeigte die Entwicklung des Minicomputer-Segments dann, dass die Hardware-Hersteller nicht in der Lage waren, die sich schnell entwickelnde Nachfrage nach spezifischen Software-Produkten zu bedienen. Der Wettbewerb zwischen Hardware-Plattformen (bzw. Kombinationen aus Hardware und Betriebssystem) ließ das Angebot an komplementärer Software immer wichtiger werden, so dass die Hardware-Hersteller den Eintritt unabhängiger Software-Hersteller subventionierten.

Während in der Frühphase der *Mainframe*-Computer Software entweder vom Hardware-Hersteller oder von anderen Unternehmen im Rahmen von weiteren Dienstleistungen erstellt wurde, stellte sich mit dem Produkt *Flow Charter* für ADR erstmals die Frage nach der Wahl des Aneignungsmechanismus aus der Position des unabhängigen Software-Produzenten heraus. Da der Verkauf von Software auch die Verfügungsrechte über die Software *per se* weitergeben würde, verfolgten die neuen Unternehmen sehr schnell Modelle, mit denen den Software-Nutzern zwar die (nicht exklusive) Nutzung der Software, nicht aber deren Kopieren und Weiterveräußern gestattet wurde.[27] ADR verwendete anfänglich Leasing-

Verträge (Equipment Lease Agreements), in denen den Nutzern von *Flowcharter* das Recht eingeräumt wurde, die Software für die Dauer von drei Jahren zu nutzen. Das im Jahr 1962 gegründete Software-Unternehmen *Informatics* führte dann für das eigene Produkt MARK IV (ein Dateiverwaltungsprogramm, das als Vorläufer heutiger Datenbanksysteme gelten kann) Lizenzen ein, die zwar die Eigentumsrechte an der Software bei *Informatics* beließen, den Nutzern aber ein zeitlich unbeschränktes Nutzungsrecht einräumte. Geschützt wurde die Software seit Mitte der 60er Jahre durch das Urheberrecht (Copyright), wobei anfänglich relativ hohe Anforderungen an den Neuheitsgrad erfüllt sein mußten, um Urheberschutz beanspruchen zu können. Die von *Informatics* entwickelte Vertragsform ist in Grundzügen auch heute noch üblich, wenngleich sich zahlreiche rechtliche Änderungen ergeben haben und die Hersteller von Software in vielfältiger Weise versuchen, den Nutzern weitere Restriktionen aufzuerlegen.[28]

Während der Urheberschutz (Copyright) den Urheber vor dem Kopieren und Wiederveräußern der von ihm entwickelten Software schützt, eröffnet es einem potenziellen Imitator auch Freiräume, innerhalb derer das Produkt nachgeahmt werden kann. So ist es in den meisten Rechtssystemen erlaubt, zum Zweck der Analyse oder der Herstellung der Interoperabilität Software zu analysieren (und sogar, soweit möglich, zu decompilieren). Durch diese Schritte des „reverse engineering" können Funktionsprinzipien ermittelt und dann nachgeahmt werden. Deshalb ist in den letzten Jahren auch vermehrt die – vielfach schon vorhandene – Möglichkeit diskutiert worden, für Software-Neuerungen Patentschutz zu gewähren. Die damit verbundenen Aspekte werden in Kapitel 6.2.1 diskutiert.

2.3 Bestandsaufnahme des deutschen Software-Marktes

Da sich das vorliegende Buch an einen deutschsprachigen Leserkreis wendet, sind neben den allgemeinen Auswirkungen von OSS auf die Software-Industrie insbesondere solche auf den deutschen Software-Markt von Interesse, der deshalb im Folgenden näher beschrieben wird. Von besonderer Bedeutung ist dabei die Frage, ob die Software-Herstellung zumeist in großen Unternehmen erfolgt, oder ob die für viele Wirtschaftsbereiche der Bundesrepublik typische Dominanz kleiner und mittlerer Produzenten auch hier festzustellen ist. Von Interesse ist auch die wirtschaftliche Bedeutung des gesamten Sektors im Hinblick auf die Wertschöpfung und die Zahl der Beschäftigten.

Eine statistische Bewertung des bundesdeutschen Software-Marktes ist allerdings genau deshalb problematisch, weil die Erzeugung von Software heute nicht mehr konzentriert in einer Industrie erfolgt. Informationstechnologie ist längst zu einer *General Purpose Technology*[29] geworden, die in allen Wirtschaftsbereichen eingesetzt wird. In gewissem Umfang wird also auch in allen Bereich Software-Erstellung durchgeführt, da die Nutzer von Informationstechnologien häufig selbst in die Software-Herstellung involviert sind oder weil Software-Herstellung eine zur Herstellung von physischen Gütern komplementäre Aktivität geworden ist. Zuerst werden aus diesem Grund nur Wirtschaftszweige diskutiert, in denen primär Software-Erstellung durchgeführt wird. Selbst diese Aufgabe ist nicht einfach zu lösen. Dienstleistungsaktivitäten werden aus historischen Gründen von der amtlichen Statistik in Deutschland mit wesentlich geringerer Präzision erfasst und voneinander abgegrenzt als Wirtschaftsaktivitäten im Verarbeitenden Gewerbe. Die Bedeutung von Software lässt sich somit nur approximativ erfassen. Da die amtliche Statistik eine Reihe von Schwächen aufweist, müssen zusätzliche Datenquellen herangezogen werden.

Im Folgenden geht es zunächst um den wirtschaftlichen Vorgang der Erzeugung neuer Software sowie verwandte Tätigkeiten. Die Wirtschaftszweigklassifikation der amtlichen Statistik[30] gliedert den Wirtschaftszweig 72 (Datenverarbeitung und Datenbanken) in folgende Unterbereiche auf:

- 72.1 Hardware-Beratung
- 72.2 Software-Beratung und Software-Entwicklung
- 72.3 Datenverarbeitungsdienste
- 72.4 Datenbanken
- 72.5 Instandhaltung und Reparatur von Büromaschinen und Datenverarbeitungsgeräten
- 72.6 Sonstige mit der Datenverarbeitung verbundene Tätigkeiten

Allerdings stehen für diese Wirtschaftszweige derzeit keine aktuellen Zensusdaten zur Verfügung, die verlässlich Auskunft über die Zahl der hier aktiven Unternehmen geben könnten. Aus der Umsatzsteuerstatistik lässt sich jedoch ein erster Einblick in die Größenverteilung und Zahl der Anbieter für den gesamten Wirtschaftszweig 72 gewinnen. Tabelle 1 führt den Umsatz der berichtenden steuerpflichtigen Einheiten[31] und die Zahl der Unternehmen nach Umsatzgrößenklassen auf.

Unternehmen mit ...€ Umsatz	Zahl der Unternehmen	Anteil %	Umsatz in Mio. €	Anteil %
16.617-50.000	14.303	28,8	443,9	1,1
50.000-100.000	11.058	22,2	802,4	2,0
100.000-250.000	12.117	24,4	1.857,2	4,7
250.000-500.000	4.628	9,3	1.641,2	4,1
500.000-1 Mio.	3.209	6,5	2.250,0	5,7
1 Mio.-2 Mio.	1.971	4,0	2.767,6	7,0
2 Mio.-5 Mio.	1.421	2,9	4.438,4	11,2
5 Mio.-10 Mio.	517	1,0	3.572,4	9,0
10 Mio.-25 Mio.	322	0,6	5.091,8	12,8
25 Mio.-50 Mio.	88	0,2	2.949,3	7,4
mehr als 50 Mio.	96	0,2	13.916.9	35,0
Insgesamt	49.730	100,0	39.731,2	100,0

Tab. 1. Unternehmen und Umsätze in WZ 72 (Datenverarbeitung und Datenbanken) nach Umsatzgrößenklassen – 2000. Quelle: Günterberg und Wolter (2000), S. 60

Aus dieser Tabelle lassen sich bereits wichtige Schlussfolgerungen ziehen. Der Großteil der Unternehmen ist in der Tat relativ klein – Unternehmen mit weniger als 250.000€ Umsatz stellen 75,4% aller Unternehmen dar, erwirtschaften aber nur 7,8% der Umsätze des Wirtschaftszweigs. Problematisch an der Umsatzsteuerstatistik ist ihre beschränkte Aussagekraft im Hinblick auf die Wertschöpfung in den Unternehmen. So dürfte der hohe Umsatzanteil der relativ großen Berichtseinheiten auch mit einem hohen Einsatz von Vorleistungen einhergehen – die eigentliche Wertschöpfung wird somit nur verzerrt wiedergegeben.

Da eine amtliche Statistik nach Beschäftigtengrößenklassen für den Wirtschaftszweig und insbesondere für seine Untergliederung in dreistellige Wirtschaftszweige nicht vorlag, wurde auf eine nichtamtliche Quelle – die Daten des Verbands der Vereine Creditreform (VVC) – zurückgegriffen, um weitere Aussagen zu ermöglichen.[32] Dabei können – im Gegensatz zur amtlichen Statistik – auch Ergebnisse für den Wirtschaftszweig 72.2 ausgewiesen werden.

Unternehmen mit ... Mitarbeitern	WZ 72 Zahl der Unternehmen	WZ 72 Anteil %	WZ 72.2 Zahl der Unternehmen	WZ 72.2 Anteil %
4 und weniger	40.977	75,2	19.795	74,3
5-19	9.725	17,8	4.991	18,7
20-49	2.435	4,5	1.263	4,7
50-249	1.118	2,1	511	1,9
250-499	117	0,2	53	0,2
500-999	55	0,1	23	0,1
1000 und mehr	56	0,1	19	0,1
Insgesamt	54.485	100,0	26.655	100,0

Tab. 2. Unternehmen in WZ 72 (Datenverarbeitung und Datenbanken) und WZ 72.2 (Software-Beratung und Software-Entwicklung) nach Beschäftigtengrößenklassen – 2003. Quelle: Sonderauswertung von Daten des VVC durch das ZEW

Angesichts der Abgrenzungsprobleme und unterschiedlichen Bezugspunkte für die Erfassungen ist die Übereinstimmung dieser und der vorhergehenden Tabelle hinsichtlich der Zahl der Unternehmen im Wirtschaftszweig 72 erstaunlich hoch. Allerdings wird aus der Gegenüberstellung mit den Unternehmenszahlen für den Wirtschaftszweig 72.2 auch klar, dass nur ungefähr die Hälfte der Unternehmen primär in der Software-Beratung und Software-Entwicklung tätig sind. Trotz der offensichtlichen Probleme lassen sich aus den ZEW-Daten noch weitere Anhaltspunkte gewinnen. So ist für die beim ZEW erfassten Unternehmen auch das Unternehmensalter bekannt.

Unternehmen mit Gründungsjahr ...	WZ 72 Anteil %	WZ 72.2 Anteil %
1989 oder davor	12,4	11,3
1990-1994	19,2	17,1
1995-1999	34,3	33,8
2000 oder danach	34,1	37,7
Insgesamt	100,0	100,0

Tab. 3. Altersstruktur der Unternehmen in WZ 72 (Datenverarbeitung und Datenbanken) und WZ 72.2 (Software-Beratung und Software-Entwicklung) – 2003. Quelle: Sonderauswertung von Daten des VVC durch das ZEW

Über zwei Drittel der Unternehmen sowohl im Wirtschaftszweig 72 wie auch in der Untergruppe WZ 72.2 sind im Jahre 1995 oder danachgegründet worden. Das relativ junge Alter der Unternehmen lässt hohe Gründungszahlen und hohe Mortalität der Unternehmen vermuten, also eine starke Dynamik innerhalb der Branche. Dabei steigt die Zahl der Unternehmen insgesamt stark an: Aus der Umsatzsteuerstatistik[33] ist bekannt, dass die Zahl der steuerpflichtigen Berichtseinheiten im Wirtschaftszweig 72 von 29.271 im Jahr 1994 auf 49.730 im Jahr 2000 gestiegen ist. Das entspricht einem durchschnittlichen jährlichen Wachstum der Zahl der Unternehmen von 9,2%. Die Umsätze wuchsen nominal durchschnittlich um 13,3% jährlich.

Aus dem Datenmaterial des ZEW lässt sich auch die Zahl der Neugründungen im Wirtschaftszweig WZ 72 ermitteln, so dass indirekt (Vergleichbarkeit der Zahlen vorausgesetzt) auch Rückschlüsse auf die Zahl der Marktaustritte (inkl. Liquidationen und Insolvenzen) möglich sind. Überschlägige Berechnungen für den Wirtschaftszweig 72 insgesamt zeigen, dass die jährliche Zahl der Neugründungen im genannten Zeitraum im Durchschnitt bei über 20% der Zahl der schon existierenden Unternehmen lag. Demzufolge müssen auch etwa 10% der Unternehmen jeweils wieder aus dem Markt verschwunden sein. Somit zeigt sich, dass in den betrachteten Wirtschaftszweigen eine hohe Dynamik und Fluktuation vorliegt, dass die volkswirtschaftliche Bedeutung des Sektors aber mit hohen Wachstumsraten zunimmt.

Wenn diese Betrachtungen einen ersten Eindruck der wirtschaftlichen Bedeutung von Software vermitteln, so müssen sie doch im Hinblick auf wichtige Fragestellungen unbefriedigend bleiben. Allerdings existiert eine Studie (GFK/IESE/ISI (2000)), die noch bestehende Mängel in der Datenlage zum Teil behebt. Im Auftrag des Bundesministeriums für Bildung und Forschung (BMBF) haben die GfK Marktforschung GmbH, das Fraunhofer-Institut für Experimentelles Software Engineering (IESE) und das Fraunhofer-Institut für Systemtechnik und Innovationsforschung (ISI) eine Untersuchung der deutschen Software-Industrie durchgeführt und die Lücken der amtlichen Statistik teilweise durch eigene Datenerhebungen schließen können. Die wesentlichen Ergebnisse sollen hier kurz zusammengefasst werden.

Die Studie liefert zunächst quantitative Angaben zu Unternehmen, in denen in maßgeblichem Umfang Software erstellt wird. Dabei wird zwischen einer Primärbranche (ein Teil des Wirtschaftszweigs 72.2) und einer Sekundärbranche unterschieden, deren Unternehmen relativ breit über andere Wirtschaftszweige verstreut sind. Primär- und Sekundärbranche bilden die Software-Branche im Sinne der GfK/IESE/ISI-Studie.

In der Primärbranche[34] gibt es im Jahr 2000 nach Schätzungen ca. 10.500 Unternehmen mit Software-Entwicklung. In den Sekundärbranchen sind im Jahr 2000 ungefähr 8.700 Unternehmen in maßgeblichem Umfang an der Software-Entwicklung beteiligt.

Die Primärbranche besteht zu 77% aus Unternehmen mit weniger als 10 Mitarbeitern. Nur 2% der Unternehmen haben mehr als 200 Mitarbeiter.[35] In der Sekundärbranche dominieren kleine Unternehmen etwas weniger stark – hier haben 47% der Unternehmen weniger als 10 Mitarbeiter. Ungefähr 12% der Unternehmen haben mehr als 200 Mitarbeiter.[36] Die Zahl der Mitarbeiter in Unternehmen der Primärbranche beträgt ca. 295.000. In der Sekundärbranche arbeiten insgesamt knapp 2,457 Mio. Mitarbeiter.[37] Die Primärbranche ist sehr stark durch junge Unternehmen geprägt. Das Durchschnittsalter der Unternehmen liegt bei ungefähr 10 Jahren – fast zwei Drittel der Unternehmen sind zwischen 1990 und 1997 gegründet worden. In der Sekundärbranche liegt das durchschnittliche Alter der Unternehmen bei 38 Jahren.

Noch bedeutender sind aber die Informationen, die die GfK/IESE/ISI-Forscher hinsichtlich der Aktivitäten der Unternehmen erhoben haben. Diese Ergebnisse werden im Folgenden kurz aufgeführt.

1. Die Produkte der Unternehmen sind größtenteils Eigenentwicklungen. In der Primärbranche bieten 86% der Unternehmen eigenständige Produkte an, in der Sekundärbranche sind es 53% der Unternehmen.[38]

2. Die Schaffung von Produkten, die als Teil anderer Software-Produkte (Module, Bibliotheken, Treiber, etc.) angeboten werden, ist für 24% der Unternehmen der Primärbranche und für 18% der Unternehmen der Sekundärbranche das Hauptbetätigungsfeld.

3. Die restlichen Unternehmen (15% in der Primärbranche, 47% in der Sekundärbranche) bieten embedded Software als Teil anderer Produkte (z.B. Maschinen, Elektronik, etc.) an. Zu den führenden Anbietern von embedded Software gehören Unternehmen der Elektronik und des Maschinenbaus.[39]

4. Die wesentlichen Produktangebote der Software-Branche liegen in den Bereichen betriebswirtschaftliche Software (ca. 5.000 Unternehmen), Multimedia/Internet (ca. 4.200 Unternehmen), Technische Software (ca. 3.000 Unternehmen) sowie Systemsoftware (ca. 1.500 Unternehmen). Weitere 3.300 Unternehmen bieten unterschiedliche andere Software-Produkte an.[40]

5. Der Großteil der Produkte der Anbieter der Primärbranche ist sehr stark differenziert. Über 50% dieser Unternehmen bieten Software-Lösungen für bestimmte Branchen an.[41]

6. Der Schwerpunkt der Entwicklungsarbeiten liegt im Bereich der Individualsoftware (Software mit weniger als 100 Installationen). Drei Viertel der Unternehmen in der Primär- und Sekundärbranche sind hier tätig. Software mit 1000 und mehr Installationen wird tendenziell von den größeren Unternehmen der Primärbranche angeboten. Hier sind insgesamt etwa 4.000 Unternehmen aktiv.[42]

7. In 73% der Unternehmen der Primärbranche (7.800 Unternehmen) wird originäre Software entwickelt. In den Sekundärbranchen sind lediglich 45% (3.900) der Unternehmen mit der Erstellung originärer Software beschäftigt. Hier dominiert die Weiterentwicklung und Anpassung von extern erworbener Basissoftware.[43]

Verschiedene dieser Charakteristika werden in der weiteren Betrachtung von OSS und ihrer ökonomischen Bedeutung eine wichtige Rolle spielen.

3 OSS - Erscheinungsformen und systematische Kategorisierung

Open-Source-Software (OSS) ist in vielfacher Hinsicht faszinierend. Sie ermöglicht die Vereinigung zwischen Wettbewerb und kollektivem Eigentum; die Integration des Produktnutzers in den Erstellungsprozess; die Beteiligung von einzelnen Programmieren ebenso wie das Engagement von großen Konzernen; die gleichzeitige Verfolgung von Wettbewerb und Kooperation sowie die Vereinigung von altruistischem Verhalten mit ökonomischem Nutzenkalkül.

Ziel des vorliegenden Kapitels ist es,

- zu klären, was unter Open-Source-Software zu verstehen ist,
- aufzuzeigen, welche unterschiedlichen Erscheinungsformen existieren,
- eine Kategorisierung der wichtigsten Open-Source-Software-Projekte vorzunehmen und
- ausgewählte Fallbeispiele darzustellen.

Das Kapitel schließt mit einer zusammenfassenden Übersicht der Einflussgrößen, die eine Organisation der dargestellten Fallstudien ermöglichen.

3.1 Begriffsklärung und Lizenzmodelle

Obgleich die Wurzeln von quelloffener Software bis in die sechziger Jahre zurückgehen, entstand der Begriff „Open-Source-Software" erst 1998 mit der Gründung der Open Source Initiative (OSI).

In der Diskussion um Open-Source-Software-Entwicklung werden häufig vier Besonderheiten herausgestellt:

1. die Lizenz der Software,
2. nicht-kommerzielle Einstellungen,
3. hoher Grad an Kollaboration bei der Programmentwicklung und

4. die starke räumliche Verteilung der Entwickler.

1. Als Open-Source-Software lässt sich eine Software nur dann bezeichnen, wenn sie durch eine von der Open Source Initiative (OSI) anerkannte Lizenz geschützt ist. Eine Lizenz kann dann von der OSI als OSS-Lizenz anerkannt werden, wenn sie den 10 Punkten entspricht, die in Abbildung 1 dargestellt sind.

1. Freie Weitergabe

Die Lizenz darf niemanden in seinem Recht einschränken, die Software als Teil eines Software-Paketes, das Programme unterschiedlichen Ursprungs enthält, zu verschenken oder zu verkaufen. Die Lizenz darf für den Fall eines solchen Verkaufs keine Lizenz- oder sonstigen Gebühren festschreiben.

2. Quellcode

Das Programm muss den Quellcode beinhalten. Die Weitergabe muss sowohl für den Quellcode als auch für die kompilierte Form zulässig sein. Wenn das Programm in irgendeiner Form ohne Quellcode weitergegeben wird, so muss es eine allgemein bekannte Möglichkeit geben, den Quellcode zum Selbstkostenpreis zu bekommen, vorzugsweise als gebührenfreien Download aus dem Internet. Der Quellcode soll die Form eines Programms sein, die ein Programmierer vorzugsweise bearbeitet. Absichtlich unverständlich geschriebener Quellcode ist daher nicht zulässig. Zwischenformen des Codes, so wie sie etwa ein Präprozessor oder ein Übersetzer („Translator") erzeugt, sind unzulässig.

3. Abgeleitete Software

Die Lizenz muss Veränderungen und Derivate zulassen. Außerdem muss sie es zulassen, dass die solcherart entstandenen Programme unter denselben Lizenzbestimmungen weitervertrieben werden können wie die Ausgangssoftware.

4. Unversehrtheit des Quellcodes des Autors

Die Lizenz darf die Möglichkeit, den Quellcode in veränderter Form weiterzugeben, nur dann einschränken, wenn sie vorsieht, dass zusammen mit dem Quellcode so genannte „Patch files" weitergegeben werden dürfen, die den Programmcode bei der Kompilierung verändern. Die Lizenz muss die Weitergabe von Software, die aus verändertem Quellcode entstanden ist, ausdrücklich erlauben. Die Lizenz kann verlangen, dass die abgeleiteten Programme einen anderen Namen oder eine andere Versionsnummer als die Ausgangssoftware tragen.

5. Keine Diskriminierung von Personen oder Gruppen

Die Lizenz darf niemanden benachteiligen.

6. Keine Einschränkungen bezüglich des Einsatzfeldes

Die Lizenz darf niemanden daran hindern, das Programm in einem bestimmten Bereich einzusetzen. Beispielsweise darf sie den Einsatz des Programms in einem Geschäft oder in der Genforschung nicht ausschließen.

7. Weitergabe der Lizenz

Die Rechte an einem Programm müssen auf alle Personen übergehen, die diese Software erhalten, ohne dass für diese die Notwendigkeit bestünde, eine eigene, zusätzliche Lizenz auszuüben.

8. Die Lizenz darf nicht auf ein bestimmtes Produktpaket beschränkt sein

Die Rechte an dem Programm dürfen nicht davon abhängig sein, ob das Programm Teil eines bestimmten Software-Paketes ist. Wenn das Programm aus dem Paket herausgenommen und im Rahmen der zu diesem Programm gehörenden Lizenz benutzt oder weitergegeben wird, so sollen alle Personen, die dieses Programm dann erhalten, alle Rechte daran haben, die auch in Verbindung mit dem ursprünglichen Software-Paket gewährt wurden.

9. Die Lizenz darf die Weitergabe zusammen mit anderer Software nicht einschränken

Die Lizenz darf keine Einschränkungen enthalten bezüglich anderer Software, die zusammen mit der lizenzierten Software weitergegeben wird. So darf die Lizenz z. B. nicht verlangen, dass alle anderen Programme, die auf dem gleichen Medium weitergegeben werden, auch quelloffen sein müssen.

10. Die Lizenz muss technologieneutral sein[44]

Die Lizenz darf keine individuelle Technologie, Software-Art oder Schnittstelle voraussetzen.

Abb. 1. Die Definitionsmerkmale von Open-Source-Software (vgl. Perens (1999; opensource.org (2003))

Die anderen drei Besonderheiten *können* dagegen in Zusammenhang mit OSS-Projekten auftreten, *müssen* das aber nicht und sind somit *nicht definitorisch für OSS.*

2. So ist beispielsweise zum Grad des kommerziellen Interesses festzustellen, dass die Open-Source-Software-Bewegung zwar in der nicht-kommerziell interessierten Entwicklergemeinde wurzelt. Mit der Gründung von Distributoren wie Red Hat und SuSE und der ressourcenintensiven Beteiligung von Unternehmen wie IBM, Sun und HP sind zu diesen Akteuren jedoch kommerziell interessierte Unternehmen hinzugekommen, die sich von der Beteiligung an OSS einen positiven Geschäfts-

wertbeitrag erwarten und diesen auch schon vielerorts umsetzen konnten.

3. Damit eng verbunden ist auch die Frage nach dem Grad und der Art der Arbeitsteilung/Kooperation. So ist durch die Entwicklung eines vollständig frei verfügbaren Betriebssystems durch eine Vielzahl von Personen, ohne direkte Weisungsbefugnisse und formale Hierarchie, das so genannte „Basar-Modell" im Zusammenhang mit OSS berühmt geworden.[45] Eine Voraussetzung dafür, die resultierende Software als OSS zu bezeichnen, stellt diese Art von Entwicklung aber nicht dar. Beispiele für OSS, deren Erstellung eher dem klassischen Prozess der Software-Entwicklung entspricht, sind MySQL und Eclipse, die in 3.3 näher dargestellt werden.[46]
4. Ähnlich wie der Grad der Kollaboration ist auch das Argument der räumlichen Verteilung der Entwickler zu sehen. In Kapitel 4 werden Beispiele dafür gezeigt, dass OSS-Entwicklung auch nur an einem Ort stattfinden kann und nicht weltweit verteilt.

Im Folgenden wird ausführlicher auf das OSS-bestimmende Merkmal „Lizenz" eingegangen.

Im November 2003 waren 47 Lizenzen von der OSI zertifiziert.[47] Zu den bekanntesten Lizenzen gehört die GNU General Public License (GPL), die GNU Lesser/Library General Public License (LGPL), die Berkeley Software Distribution (BSD) und die Artistic License.

Allen Lizenzen ist gemeinsam, dass sie den Rechtehalter bzw. Nutzer der Software berechtigen, den Quellcode der Software unbeschränkt zu lesen, zu nutzen, zu verändern und weiterzugeben (vgl. Abb. 1 zu allen 10 Definitionskriterien der OSI).[48] Dies bedingt unter anderem, dass jeder Entwickler, der in den Besitz von OSS gelangt, diese als eigene Distribution (wenn auch nicht unbedingt unter dem selben Namen) zur Verfügung stellen kann.

Die Lizenzen unterscheiden sich aber hinsichtlich ihrer Bestimmungen, ob sie mit proprietärer Software verbunden werden können, ob Modifikationen im Distributionsfall offengelegt werden müssen und ob sie dem ursprünglichen Entwickler bestimmte Rechte einräumen.

Während die GPL verbietet, dass derartig geschützte Software mit proprietärer Software verbunden und als proprietäre Software (re-) distribuiert wird, ermöglichen die BSD- und auch die MIT-Lizenz dies.

Auch erlaubt die GPL z.B. nicht, dass Modifikationen am Quellcode im Distributionsfall proprietär bleiben können, während BSD-artige Lizenzen oder auch die Artistic Lizenz dies erlauben.

Besondere Rechte für den ursprünglichen Rechteinhaber beinhalten die von den kommerziellen Unternehmen Netscape und Sun entwickelten OSS-Lizenzen MPL (Mozilla Public License) oder auch die SPL (Sun Public License).

Folgende Matrix gibt einen Überblick zu den wichtigsten Unterschieden der am häufigsten verwendeten Lizenzen:

	Quellcode kann unbegrenzt gelesen, genutzt, modifiziert und distribuiert werden	**Kann mit proprietärer Software verbunden und (re-) distribuiert werden ohne OSS- Lizenz**	**Modifikationen am OSS-lizensierten Quellcode können im Distributionsfall proprietär bleiben**	**Spezielle Privilegien für den ursprünglichen Copyrighthalter über Modifikationen anderer**
GPL	x			
LGPL	x	x		
BSD-Typ (MIT, Apache, W3c, Python, Zope)	x	x	x	
Artistic	x	x	x	
MPL	x	x		x

Abb. 2. Eigenschaften von OSS-Lizenzen (in Anlehnung an Perens (1999))

Dabei ist die Verwendungshäufigkeit der Lizenzen sehr unterschiedlich, wie die folgende Abbildung 3 zeigt:

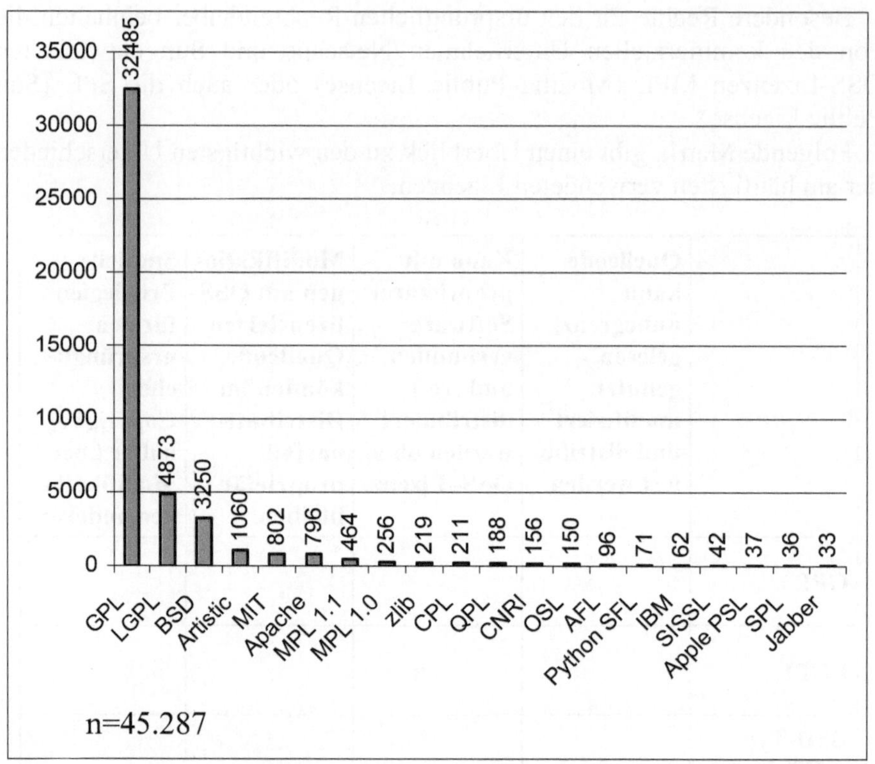

Abb. 3. Verwendungshäufigkeit der Lizenzen auf SourceForge.net (11/2003)

Diese Auswertung der auf dem größten Open-Source-Portal „SourceForge.net" eingestellten Projekte ergibt beispielsweise, dass 71 Prozent mit der GNU General Public License (GPL) geschützt sind.[49] Hierbei handelt es sich freilich nur um eine reine Häufigkeitsangabe ohne Gewichtung der Bedeutung der Projekte.

Diese Einsatzintensität erklärt sich zum einen aus der historischen Bedeutung, zum anderen aber aus den durch sie gewährten Rechten. So ist die GPL 1989 durch Richard Stallman zum Schutz seiner im Rahmen des GNU-Projekts entwickelten Software geschaffen worden.[50] Die Idee der GPL ist es vor allem, die „Proprietarisierung" von einmal offengelegter Software zu verhindern. Anders als beispielsweise bei Public-Domain Software, die von jedermann genommen und dann als neues Produkt ohne Zugabe des Quellcodes verkauft werden darf, ist dies bei GPL-geschützter Software nicht möglich.

Bei Verwendung von GPL-geschützter Software und der „Verschmelzung" dieser mit Nicht-GPL-geschützter Software fällt die neu entstehende

Software vollständig unter die GPL. Diese Eigenschaft wird häufig auch als „viral“ bezeichnet (vgl. nähere Ausführungen zur GPL im Fallbeispiel „Linux“ in diesem Kapitel).

Hinter der GPL folgt mit 11% die GNU[51] Lesser (früher: Library) General Public License (LGPL) und die Berkeley Software Distribution (BSD) mit 7%.

Die LGPL wurde ursprünglich entwickelt, um die Bibliotheken (Libraries) des GNU-Projekts mit einem weniger rigorosen Schutz als die Programme zu belegen, um so den Einsatz von OSS-Standardbibliotheken in mehr als reiner OSS zu fördern.

Eine gewisse Bedeutung haben auch noch die Artistic-, MIT- und Apache-Lizenz mit jeweils 2% und die MPL-Lizenzen mit 1%-Anteil. Die MIT-Lizenz ist sogar noch älter als die GPL und ermöglicht es dem Nutzer, die Software ohne Beigabe des Quellcodes weiterzugeben.

Der Anteil der restlichen 39 Lizenzen liegt kumuliert bei weniger als 1% bzw. in Größenordnungen von jeweils 0 bis 219 geschützten Projekten.

3.2 OSS - Systematik der Erscheinungsformen im Überblick

Die Anzahl an OSS-Projekten, Entwicklern und Nutzern ist nur sehr schwierig abzuschätzen. Drei Webseiten erlauben eine Annäherung an derartige Größen (wobei sich ein Projekt teilweise bei mehreren Portalen findet): „SourceForge.net“, „Freshmeat.net“ sowie „Savannah.gnu.org“. Alle drei Portale ermöglichen es OSS-Entwicklern, ihr Projekt auf ihre Seite einzustellen und so Gleichgesinnte zu finden und mit ihnen zusammenzuarbeiten.

Dabei zeigt sich, dass im November 2003 auf SourceForge 70.400 Projekte mit 728.000 Nutzern, auf Freshmeat.net 30.600 Projekte mit 224.000 Nutzern und auf Savannah 1900 Projekte mit 22.000 Nutzern verzeichnet waren.

Berücksichtigt man zudem, dass die bekanntesten OSS-Projekte wie Linux, Mozilla und Apache ihre eigenen Webseiten mit Hunderttausenden von Teilnehmern haben, so ist festzustellen, dass Open-Source-Software ein Phänomen ist, das weltweit über hohe Popularität verfügt.

Diese Fülle sowie die Dynamik der in diesem Bereich stattfindenden Entwicklungen erfordern, sich bei der näheren Beschreibung auf eine Auswahl zu konzentrieren. Im Folgenden wird versucht, anhand von zwei Dimensionen die wichtigsten Open-Source-Projekte zu klassifizieren.

Im Anschluss daran wird aus jeder der abgegrenzten Software-Kategorien eine Fallstudie vorgestellt, um so einen möglichst guten Eindruck zu vermitteln, welche Aktivitäten in diesem Bereich unternommen werden. Diese Stichprobe ist nicht repräsentativ, vielmehr konzentriert sie sich auf kommerziell interessante sowie für die Open Source Community wichtige Projekte.

Die Klassifikation der dargestellten OSS-Projekte erfolgt anhand der beiden Dimensionen „Art der OSS-Lizenz“ und „Art der Software“ (vgl. Abb. 4).

Die Lizenzachse der Abbildung 4 wird in die bereits beschriebenen vier Bereiche: „GPL“, „LGPL“, „Alle anderen OSI-Lizenzen“ und „Nicht von der OSI anerkannte Lizenzen“ unterteilt (wobei es sich bei der letzten Kategorie ebenfalls um Projekte handelt, die in starkem Bezug zu OSS stehen).

	System- und Netzwerkmanagement	**Programmentwicklung und Middleware**	**Informationsmanagement**	**Anwendungssoftware**
GPL	AIDE, Bayonne, CEPS, embedded Linux, Gnome, GNU/Linux, KDE (teilw. auch LGPL, X11, BSD, Artistic), Samba, Squid, Sun, Grid Engine	Bison, Cool-Town, Free-Pascal, CVS, Emacs, GNATS, GCC, GDB, Kaffe, Kdevelop, Omni-ORB, Qt (u.a.), Quanta+, RCS	EveryAuction, Fetchmail, hat://dig, Mailman, MySQL (teilw. LGPL), SAPDB, Squid	AbiWord, Balsa, Electric VLSI (auch unter kommerzieller Lizenz), Everychat, Ghostscript, Ghostview, Gimp, GPG, Koffice, Relata, Xmovie
LGPL	Wine	JOnAS, EJB, LessTif	Document Exchange Outsourcing, JBoss	OpenOffice, Sketch
alle anderen OSI-Lizenzen	Darwin, DNS/BIND, FreeBSD, OpenBSD, NetBSD	Eclipse, Flood, Jikes, Mesa, Mono, Perl, Python, NetBeans, PHP, TCL/Tk	Apache, Zope	Jabber, Mozila, OpenOffice, OpenSourceCRM
Nicht von OSI anerkannte Lizenzen: NPL, SCSL, PHP, Sendmail	eCos		Enhydra, Interbase, Openadaptor, PostgreSQL, Sendmail (früher BSD)	DOOM

Abb. 4. Klassifikationsmatrix bekannter Open-Source-Software-Projekte

Ähnlich der allgemeinen Lizenzverteilung bei SourceForge ist aus der Klassifikationsmatrix zu erkennen, dass der Großteil der dargestellten Projekte „GPL“ oder „LGPL“-geschützt ist.

Eine Ausnahme bildet der Bereich „Informationsmanagement“, in dem viele bedeutende Projekte angesiedelt sind, die nicht den OSI-Kritierien entsprechen.

Das ist u.a. mit dem unterschiedlichen Charakter dieser Projekte zu erklären. Während die GPL/LGPL-Projekte fast alle von privaten Entwicklern gegründet und bestimmt werden, sind die „Informationsmanagement“-Projekte v.a. von kommerziellen Unternehmen initiiert und vorangetrieben.

Hinsichtlich der Art der Software wird zwischen System- und Netzwerkmanagement, Informationsmanagement, Programmentwicklung und Middleware sowie Anwendungssoftware unterschieden.[52] Unter den jeweiligen Software-Kategorien wird folgendes verstanden:

a) System- und Netzwerkmanagementsoftware

System- und Netzwerkmanagementsoftware umfasst folgende Aufgaben: Betriebssystemfunktionen, insbesondere Verfügbarkeits- und Leistungsmanagement, Netzwerkmanagement, Konfigurationsmanagement, IT Help Desk/Problemmanagement, IT Asset Management, Job Scheduling, Output Management sowie Sicherheit. Die bekannteste OSS, die in diesen Bereich fällt, ist das Betriebssystem Linux, das im folgenden Fallstudienkapitel näher dargestellt wird.

b) Programmentwicklung und Middleware

Programmentwicklungssoftware umfasst beispielsweise Debugger, Editoren u.ä. Programme, die Software-Entwickler bei ihrer Arbeit unterstützen. Zwei sehr bekannte Projekte in diesem Feld sind NetBeans und Eclipse, die im nächsten Abschnitt dargestellt werden.

Middleware dient der intra- und interapplikationsbezogenen Kommunikation. Sie umfasst z. B. Message-oriented Middleware, Plattform Middleware, Application Server, Enterprise Portal Software und Integration Broker Suites. Middleware ist im OSS-Bereich noch nicht stark vertreten, da sie meist sehr unternehmensspezifisch ist und Branchen-Know-how erfordert.

c) Informationsmanagement

Informationsmanagementsoftware umfasst Datenbanksysteme (DBS = Datenbank + Datenbankmanagementsysteme), Web Content Management sowie Business Intelligence und Data Warehousing Tools.

Hierzu gehören pre-relationale und relationale DBS, objektorientierte DBS und Desktop DBS.

Web Content Management hilft bei der Pflege von Webseiten, der Einstellung und dem Herunterladen von Inhalten in bzw. aus dem Internet sowie dem Ansehen von Webseiten.

Die Aufgabe von Business Intelligence ist es, Daten in einem Data Warehouse zu speichern, zugänglich zu machen und zu analysieren.

Hierzu gehören Business Intelligence Plattformen, Enterprise Business Intelligence Suites, Data Mining und Datenqualität-Tools. MySQL ist ein Produkt, das in diese Kategorie fällt und im nächsten Abschnitt näher dargestellt wird.

d) Anwendungssoftware

Anwendungssoftware umfasst Programme, die direkt durch den Endnutzer genutzt werden. Dazu gehört z.B. Customer Relationship Management, Instant Messaging, Serviceprozessoptimierung, Enterprise Ressource Planning, Supply Chain Management, Kollaborationssoftware, Wissensmanagementsoftware sowie Design-, Entwicklungs- und Officesoftware.

Jabber ist ein Projekt, das sich der Standardisierung von Instant Messaging verschrieben hat und mittlerweile als das Linux dieses Bereichs gilt. Es wird im Folgenden dargestellt.

3.3 Ausgewählte Fallbeispiele zu Open-Source-Software

Es werden nun sechs ausgewählte OSS-Fallstudien hinsichtlich ihrer Entstehung, ihrer Organisation und ihres Marktes dargestellt. Die Fallbeispiele sind so ausgewählt, dass sie sowohl die klassische communityorientierte Entwicklung mit gering kommerziell interessierten Entwicklern als auch das unternehmerische Kalkül von OSS aufzeigen.

Linux ist das bekannteste OSS-Projekt und hat in vielen Belangen „Schablonencharakter“ für andere OSS-Projekte. Aus diesem Grund wird dieser Fallstudie besonders viel Platz eingeräumt.

Weitere Projekte, die dargestellt werden, sind

- aus dem Bereich Programmentwicklung und Middleware NetBeans und Eclipse,
- aus dem Bereich Informationsmanagement MySQL und Apache sowie
- aus dem Bereich Anwendungssoftware das Instant Messaging Projekt Jabber.

3.3.1 OSS-System- und Netzwerkmanagementsoftware am Beispiel Linux

Linux ist ein Unix-ähnliches Betriebssystem, das seinen Ursprung in dem 1983 von Richard Stallman gegründeten GNU-Projekt und in dem 1991 von Linus Torvalds initiierten Linux-Kernel hat.[53]

Bob Young, ehemaliger Vorstand des größten Linux-Distributors Red Hat, sagt zum Verhältnis zwischen GNU und dem Linux-Kernel sowie zwischen deren Schöpfern:

> „While Linus gets more credit than he deserves for the whole 800 MB OS, that are known by their 16 MB Linux kernel, Richard gets less credit than he deserves. But where Linus gets far more credit than he demands, Richard demands more credit than he deserves (not that he does not deserve a great deal)."[54]

a) Die Entstehung von Linux

Die Entscheidung von Richard Stallman, ein Betriebssystem mit frei zugänglichem Quellcode zu schaffen, wurde vor allem durch die Erfahrung ausgelöst, dass ihm eine Vertraulichkeitsvereinbarung die Einsicht in den UNIX-Quellcode eines fehlerhaften Druckertreibers verwehrte.[55]

Stallman, der seit 1971 im „Artificial Intelligence Laboratory" des MIT arbeitete, hatte so einen Übergang von vollkommen freier Einsicht und Weitergabe von Programmcode in den siebziger Jahren mit einer florierenden Programmierergemeinschaft[56] hin zu Geschlossenheit und Vertraulichkeitsvereinbarungen erlebt, die eine Kooperation zwischen den Entwicklern verhinderte. Über seine Motivation, ein Betriebssystem mit offenem Quellcode zu schaffen, das UNIX ersetzen sollte, schreibt er:[57]

> „Also suchte ich nach einem Weg, auf dem ein Programmierer etwas Gutes tun kann. Ich fragte mich selbst: Gibt es ein Programm oder Programme, die ich schreiben könnte, um wieder eine Gemeinschaft möglich zu machen?
> Die Antwort war klar: zuerst wurde ein Betriebssystem gebraucht. Das war der entscheidende Punkt um anzufangen, einen Computer zu nutzen. Mit einem Betriebssystem kann man viele Dinge machen; ohne kann man den Computer überhaupt nicht nutzen. Mit einem freien Betriebssystem könnten wir wieder eine neue Gemeinschaft von zusammenarbeitenden Hackern haben – und jeden einladen, sich uns anzuschließen. Und jeder würde fähig sein, einen Computer zu nutzen, ohne anzufangen, sich auf verschwörerische Weise seinen oder ihren Freunden zu entziehen. Als ein Betriebssystem-Entwickler hatte ich die richtigen Fähigkeiten für diesen Job. Auch wenn ich den Erfolg nicht als garantiert ansehen konnte, wurde mit klar, dass ich auserwählt war, diese Aufgabe zu übernehmen. Ich entschied mich, dieses System mit Unix kompatibel zu machen, so dass es portierbar wäre und dass Unix Nutzer leicht zu ihm wechseln könnten. Der Name GNU wurde entsprechend einer Hacker-Tradition gewählt, als eine rekursive Abkürzung für "GNU's Not Unix." (GNU ist nicht Unix)"[58]

Schon in seiner ersten öffentlichen Stellungnahme zu GNU, einem Posting in der Newsgroup „net.unix-wizards" vom 27. September 1983 verkündete er unter dem Betreff: „new UNIX implementation", dass er ein frei verfügbares Betriebssystem schreiben wolle, das UNIX ersetzt und das u.a. über einen Kernel und alle nötigen Programmierwerkzeuge (Text-Editor, Kommando-Prozessoren, C Compiler, Linker und Assembler) verfügen sollte.[59]

Bei der Entwicklung dieser Programmbestandteile griff er auf bereits frei verfügbare Software zurück, wie etwa TeX als Text-Formatierer oder Jahre später auch auf X-Window als grafische Benutzeroberfläche.[60]

Die ersten Programme, die Stallman 1984 für das GNU-Projekt schrieb, waren der Texteditor Emacs und der GNU C Compiler (GCC). Dabei war es ihm von Anfang an ein Anliegen, dass diese Software vor Missbrauch geschützt ist. Anders als z.B. X-Window, das zwar auch frei zugänglich ist, aber von jedermann proprietär gemacht werden kann, sollte GNU-Software immer frei zugänglich bleiben. Er schreibt:

> „Das Ziel von GNU war, den Anwendern Freiheit zu geben, nicht einfach bloß bekannt zu sein. So brauchten wir Vertriebsbedingungen, die es verhindern würden, dass GNU Software zu proprietärer Software gemacht werden würde. Die Methode, die wir nutzen, wird „Copyleft" genannt.
> Copyleft nutzt Copyright-Gesetze, aber dreht sie um, um auf gegenteilige Weise zu wirken, als deren gewöhnliche Anwendung: anstatt als ein Mittel um Software zu privatisieren, wird es ein Mittel um Software frei zu halten.
> Die zentrale Idee vom Copyleft ist, dass wir jedem die Erlaubnis geben, das Programm laufen zu lassen, es zu kopieren, zu modifizieren und modifizierte Versionen zu vertreiben – aber nicht die Erlaubnis, eigene Begrenzungen hinzuzufügen. Daher sind die entscheidenden Freiheiten, die „Freie Software" definieren, jedem garantiert, der eine Kopie hat; sie werden unverkäufliche Rechte."[61]

Dieser Wunsch Stallmans mündete in der GNU General Public License (GPL), die den größten Teil der GNU-Software schützt.

Um seinen Lebensunterhalt zu finanzieren und das GNU-Projekt voranzutreiben, gründete Stallman die Free Software Foundation (FSF), die mit der Distribution von GNU-Software auf Trägermedien Geld einnahm,[62] Geld- und Sachspenden koordinierte und Entwickler einstellte. Ein Großteil der in den achtziger Jahren geschriebenen GNU-Software wurde von Stallman und Kollegen, ähnlich einem kommerziellen Software-Unternehmen, in der FSF geplant und entwickelt. Stallman schreibt:

> „Jedes gute Stück Software beginnt damit, dass es ein Entwickler persönlich benötigt", sagt Eric Raymond. Vielleicht passiert das manchmal, aber viele essentielle Stücke der GNU Software wurden entwickelt, um ein komplettes, freies Betriebssystem zu haben. Sie entstanden aus einer Vision und einem Plan, nicht aus einem Impuls heraus.
> Wir entwickelten die C-Bibliothek zum Beispiel, weil ein Unix-ähnliches System eine C-Bibliothek braucht, die Bourne-Again Shell (bash), weil ein

Unix-ähnliches System eine Shell braucht und GNU tar, weil ein Unix-ähnliches System ein tar Programm braucht. Dasselbe trifft für meine eigenen Programme zu – den GNU C-Compiler, GNU Emacs, GDB und GNU Make."[63]

Um 1990 kam das GNU-Projekt ins Stocken. Zwar waren alle größeren Bestandteile, die für ein Betriebssystem erforderlich waren, fertig, es fehlte aber immer noch der Kernel des Betriebssystems.

Um diesen Zeitpunkt etwa hatte der finnische Student Linus Torvalds den Wunsch, ein Terminal-Emulationsprogramm zu schreiben, das ihm die Möglichkeit gab, sich in den Computer der Universität Helsinki einzuloggen und E-Mails zu lesen oder an den Diskussionen der Minix-Newsgroup teilzunehmen.[64] Die Hauptmotivation, dieses Programm selbst zu schreiben und nicht auf ein vorhandenes zurückzugreifen, bestand zum einen darin, dass die verfügbare Software seiner Ansicht nach nicht leistungsfähig genug war, und zum anderen darin, die Fähigkeiten seines neuerworbenen PCs kennen zu lernen.

Um zudem Dateien hoch- und runterladen zu können und diese zu organisieren, musste er den Terminal-Emulator um einen Festplattentreiber und einen Dateisystemtreiber erweitern.[65] Damit wurde aus dem Emulationsprogramm ein kleines Betriebssystem. Dieses sollte zunächst nicht mehr können als das von dem niederländischen Informatikprofessor Tanenbaum entwickelte Lernprogramm Minix, das von ihm nur als Spielwiese zum Erlernen grundlegender Betriebssystemfunktionalitäten gedacht war. Torvalds schreibt:

> „Es musste nicht mehr leisten können als Minix, aber es musste die Sachen leisten, die mir bei Minix wichtig waren, und ein paar andere Dinge, auf die ich ebenfalls Wert legte. Beispielsweise war nicht nur die Terminal-Emulation von Minix schlecht, es gab auch keine Möglichkeit, die Jobsteuerungsfunktion auszuführen – also ein Programm in den Hintergrund zu stellen, während es nicht genutzt wird. Und die Speicherverwaltung war ziemlich simpel."[66]

Am 25. August 1991 schickte Torvalds dann eine Mail an die Minix-Newsgroup, in der er mitteilt, dass er an einem Betriebssystem arbeitet und nach Anregungen für Funktionen fragt; und am 17. September wurde Linux in der Version 0.01 erstmals von ihm zum Download bereitgestellt.[67]

Der Quellcode beschränkte sich zu diesem Zeitpunkt auf 10.000 Zeilen, die entpackt einen Umfang von 512 kByte hatten.[68] Die Offenlegung des Programms war zum damaligen Zeitpunkt nichts Außergewöhnliches und vor allem von dem Wunsch motiviert, der Community etwas „Greifbares vorweisen" zu können und so sowohl persönliche Anerkennung als auch inhaltliches Feedback zu erhalten, um das Programm weiter zu verbessern.[69]

Das Besondere an Linux war weniger die Offenlegung des Quellcodes als vielmehr der Umstand, dass das Programm nicht wie die meisten derartigen Projekte nach kurzer Zeit eingestellt wurde, sondern weiterlebte. Torvalds schreibt zu den Gründen für das Fortbestehen von Linux:

> „Anfang Oktober erfolgte die Freigabe von Version 0.02, die mehrere Fehlerkorrekturen und einige zusätzliche Programme umfasste. ... Wahrscheinlich hätte ich Ende 1991 die Sache eingestellt.... Aber dann passierten zwei Dinge, die mich dazu bewogen, weiterzumachen. Erstens: Ich zerstörte aus Versehen meine Minix-Partition. Und zweitens: Ich bekam immer mehr Feedback. ... Damit konnte ich Minix nicht mehr booten. An diesem Punkt musste ich eine Entscheidung treffen: Ich konnte Minix neu installieren. Oder ich konnte aufs Ganze gehen und unterstellen, dass Linux mittlerweile so gut war, dass ich Minix nicht mehr brauchte. Ich würde die Programme schreiben, um Linux unter sich selbst zu kompilieren, und wenn ich zwischendurch das Gefühl hatte, doch Minix zu benötigen, würde ich einfach Linux um die gewünschte Eigenschaft ergänzen. Es ist ein riesiger konzeptueller Schritt, wenn du die ursprüngliche Host-Umgebung aufgibst und dein System völlig selbständig betreibst, ein so großer Schritt, dass ich die neue Version Ende November als 0.10 freigab. ... Und genau jetzt begannen tatsächlich ein paar Leute, es zu nutzen und etwas damit anzufangen. Bis dahin hatte ich Fehlerkorrekturen bekommen, die vielleicht eine Zeile lang waren. Aber jetzt forderten die Leute neue Eigenschaften an. ... Page-to-Disk war eine ziemlich große Sache, weil es eine Eigenschaft war, die Minix nie besessen hatte. Die Neuerung war in Version 0.12 enthalten, die ich 1992 in der ersten Januarwoche freigab. Die Leute fingen daraufhin sofort an, Linux nicht nur mit Minix, sondern auch mit Coherent zu vergleichen, einem kleinen Unix-Klon, den die Mark Williams Company entwickelt hatte. ... An diesem Punkt hob Linux ab. Plötzlich stiegen die Leute von Minix auf Linux um. ... Es war im Januar, als der Kreis der Linux-Anwender von fünf, zehn, zwanzig Leuten, die ich anmailen konnte und deren Namen ich kannte, auf hunderte nicht mehr identifizierbare Leute anwuchs."

Dabei entstand der Linux Kernel natürlich nicht vollständig autark, sondern war mit der Hilfe einer Vielzahl von anderen quelloffenen Programmen entwickelt worden. Das wichtigste dieser frei zugänglichen Programme war der durch Stallman entwickelte und von der GPL geschützte GCC-Compiler.[70] Da Linux mittlerweile so bekannt war, dass die Gefahr es einfach zu nehmen und proprietär zu machen sehr niedrig war und die GPL das zudem half zu verhindern und von Anwälten geprüft war, übernahm Torvalds die GPL auch für Linux. Bis einschließlich der Version 0.11 aber war Linux durch ein von Torvalds selbst geschriebenes

Copyright abgesichert, das ihn davor schützen sollte, dass jemand Linux nimmt und proprietär macht.[71]

Kommerziell interessant wurde Linux zum ersten Mal, als es 1992 mit dem noch nicht ganz fertigen GNU-System verbunden wurde und so in einem komplett freien Betriebssystem resultierte.[72] Torvalds weist insbesondere auf die Bedeutung der Portierung von X-Window, einer grafischen Benutzeroberfläche, auf Linux hin.[73] Durch diese Portierung war ein erster Schritt in Richtung der Unterstützung der externen Vernetzung von Computern getan.[74]

> „Ohne Vernetzung war Linux nur für Leute nutzbar, die zu Hause saßen und sich über ein Modem irgendwo einwählten oder alles lokal erledigten."[75]

Torvalds war über diesen Schritt so euphorisch, dass er die für März 1992 geplante Version nicht als 0.13 sondern in der Version 0.95 freigab. Er schreibt:

> „Nun, wo die grafische Benutzerschnittstelle realisiert war, war ich sicher, dass wir unser Ziel, ein ausgewachsenes, zuverlässiges und obendrein netzwerkfähiges Betriebssystem freizugeben, zu etwa 95 Prozent erreicht hatten."

Wie sich herausstellte, war die gewählte Versionsnummer zu hoch gegriffen aber im März 1994 wurde schließlich die Version 1.0 des vollständigen Betriebssystems im Fachbereich Informatik der Universität Helsinki freigegeben.[76] Für den kommerziellen Erfolg von Linux war es sehr hilfreich, dass Apache, der weltweit meistgenutzte Webserver, sehr frühzeitig kompatibel zu Linux programmiert wurde und dass IBM ab 2000 Linux standardmäßig auf seine Mainframerechner installiert und kompatibel mit seinen eigenen Programmen gestaltet hat (vgl. weitere Ausführungen zur Beteiligung von IBM in Kapitel 5.2). Im Jahr 2003 liefen mehr als 65 IBM-Programme auf Linux.

Ist im Folgenden von Linux die Rede, so ist damit das vollständige Betriebssystem, also eigentlich GNU/Linux, gemeint, während das ursprüngliche Linux-Projekt als Linux Kernel bezeichnet wird.

b) Die Organisation von Linux

Die Entstehung von Linux wird oft als Paradebeispiel für das Fehlen bewusster organisatorischer Gestaltung genannt. Zu einem gewissen Grad ist das richtig: Es gab keine formale organisationale Einheit, kein Businessplan wurde zu Beginn des Projekts entwickelt, kein Budget zugeordnet und kontrolliert, keine Mitarbeiter bewusst ausgewählt und natürlich ist auch keine zentrale räumliche Einrichtung vorhanden gewesen.[77]

Dennoch existiert eine Reihe von Institutionen, die eine Organisation des Projekts erlauben. Dazu gehören zunächst und vor allem die Personen von Richard Stallman und Linus Torvalds für die GNU-Projekte und den Linux Kernel sowie eine Reihe von Projektleitern für die jeweiligen Linux-Programmodule.

Der aktive Projektleiter, im Fall des Kernels also Torvalds, entscheidet, welcher Code in die offizielle Distribution des Linux Kernels gelangt. Obgleich der Projektleiter von Raymond als „wohlwollender Diktator" bezeichnet wird,[78] führt die Quelloffenheit der Software verbunden mit der GPL dazu, dass seine Entscheidung von der Software-Community akzeptiert werden muss.

Neben einem starken Projektleiter wird die prinzipielle Möglichkeit für jedermann, die Software zu nehmen und in einer eigenen Version unter eigenem Namen zu distribuieren, aber auch von einer starken Norm gegen „forking", also Gabelung oder gar Zersplitterung eines Programms in viele Richtungen, eingeschränkt. Diese Norm hat ihre Ursachen in der Angst vor einer UNIX-ähnlichen Zersplitterung[79] und dient für den Fall, dass sich Entwickler uneins sind oder mit dem Projektleiter nicht übereinstimmen, dazu, sich doch auf eine Konsenslösung zu einigen.

Torvalds wird bei der Kernelentwicklung von drei sogenannten „Lieutenants" unterstützt, deren Aufgabe vor allem die Pflege stabiler Versionen des Linux-Kernels ist, während sich Torvalds mit der Entwicklungsversion befasst. Zumindest einmal im Jahr treffen sich die Lieutenants von Linux mit Torvalds, um über die Ziele des Kernels zu sprechen. Andrew Morton, einer dieser Maintainer, drückt das folgendermaßen aus:

> „Linus sets a philosophical direction about how he likes the code to be. The rest of us pretty much follow his lead."[80]

Dabei gilt natürlich erst Recht für diesen Kreis, dass Torvalds die Meinung seiner „Mitarbeiter" nicht einfach ignorieren kann, sondern sich mit dieser auseinandersetzen und möglichst für Übereinstimmung sorgen muss. Torvalds sagt:

> „I'd much rather have 15 people arguing about something than 15 people splitting into two camps, each side convinced it's right and not talking to the other."[81]

Das geht so weit, dass er in kritischen Situationen bewusst vermeidet eine Entscheidung zu treffen, damit sich die erregten Gemüter wieder beruhigen können.

> „Eventually, some obvious solution will come to the fore or the issue will just fade away."

sagt Andrew Morton.[82] Und Mike Olson, Vorstandsvorsitzender von Sleepycat Software, beschreibt Torvalds Führungsstil folgendermaßen:

> „... (he is) very, very good – much better than engineers in general – at smoothing out difficulties, building consensus, and building community. He really has only a technical agenda."[83]

Die Konsensfindung wird auch dadurch unterstützt, dass sich Torvalds mittlerweile eine Reputation aufgebaut hat, sich bei der Entscheidung konkurrierender Programmpatches (d.h. verbessernden oder erweiternden Softwarecodes, der durch ein Linux-Community-Mitglied erstellt wird) ausschließlich an der technischen Qualität zu orientieren. Kriterien wie etwa der Aufbau eines strategischen Feindbilds oder die Berücksichtigung verletzter Gefühle von enttäuschten Programmierern, deren Code nicht in die offizielle Kerneldistribution gelangt, versucht er konsequent auszuschließen. Dan Frye, Direktor von IBMs Linux Technologie Zentrum sagt dazu:

> „Torvalds makes decisions based on whether he feels a design is clean, of high quality, whether it's going to be easy to service and, very important, whether it's needed by a broad set of users... He's very good at staying away from anything just to satisfy a single corporate user or any entity's agenda."[84]

Weitere organisierende Einflussgrößen von Linux sind das Vorhandensein einer Webseite, die klar regelt, in welcher Form Entwickler Quellcode beitragen können und an wen sie diese Patches schicken sollen.

Von besonderer Wichtigkeit ist bei Linux zudem, dass die privaten, unbezahlten Entwickler gleichzeitig Nutzer des Betriebssystems sind und von einer Verbesserung selbst profitieren. Hinzu kommt, dass die Tätigkeit des Programmierens Entwicklern Spaß bringt und eine Beschäftigung mit Linux dadurch oft eher Hobby- als Arbeitscharakter hat.[85]

Seit 1993 gibt es Linux-Distributoren wie Red Hat und SuSE, die die kommerzielle Distribution übernehmen. Seit 1999 investieren kommerzielle Unternehmen, insbesondere IBM, massiv, indem sie Quellcode freigeben, Entwickler für die Entwicklung von Quellcode bezahlen und Geld zur Verfügung stellen, um so die Weiterentwicklung von Linux voranzutreiben.

Die Organisations- und Entscheidungsstruktur von Linux ist evolutionär entstanden und nicht von Torvalds in irgendeiner Form geplant. Er selbst sagt über seinen Führungsstil:

> „Ich versuche zu managen, indem ich keine Entscheidungen treffe und den Dingen ihren Lauf lasse. So bekommst du die besten Ergebnisse."[86]

Selbst für den Fall, dass sich Torvalds zurückziehen würde, ist davon auszugehen, dass Linux ein weiterhin fruchtbares Leben führt, da die

Projektleiter der älteren, stabileren Linux Kernels dann wohl die Weiterentwicklung übernehmen würden bzw. sich ein anderer Nachfolger aus der Vielzahl der Linuxprogrammierer findet. Üblicherweise ist es bei derartigen OSS-Projekten so, dass ein Projektleiter, der das Interesse an dem Projekt verliert, einen Nachfolger bestimmt.

c) Der Markt von Linux

Der Umfang, in dem Linux eingesetzt wird, ist aufgrund der uneingeschränkten Möglichkeit zur Distribution schwierig zu bestimmen. Einer IDC-Studie zufolge wurden im August 2003 18 Millionen Linux-Kopien weltweit eingesetzt, von denen 10 Millionen käuflich erworben wurden.[87]

Der derzeitige Marktanteil von Linux im Serverbereich liegt bei 16% und soll bis zum Jahr 2006 in einem insgesamt schrumpfenden Markt auf 25% steigen, was etwa 280 Millionen US$ Umsatz entspricht.[88] Im Desktop-Bereich der installierten PC-Betriebssysteme wird dagegen weiterhin prognostiziert, dass Linux seinen Marktanteil von etwa 6% nicht ausbauen kann.[89] Allein Hewlett Packard berichtet für das Jahr 2003 einen Linux bezogenen Umsatz von US$ 2,5 Mrd.[90]

Linux gilt als das am weitesten portierte Betriebssystem weltweit. Sein Einsatzfeld reicht von Spezialgeräten wie Mobiltelefonen, Digitalen Videorekordern und PDAs über Büro-PCs bis hin zu Supercomputern und NASA-Anwendungen.

Insbesondere im Bereich des Einsatzes und der Entwicklung von nichtsichtbaren Betriebssystemen, den sogenannten „Embedded"-Anwendungen, gewinnt Linux derzeit an Boden. Eine Umfrage von EDC bei Software-Entwicklern im Juli 2002 kommt zu dem Befund, dass Linux und Windows für die Entwicklung von Embedded-Anwendungen bereits gleich bedeutsam sind.[91] Seit März 2000 existiert das Embedded Linux Consortium (ELC), dem Unternehmen wie IBM, Red Hat und Motorola angehören.

Diese Entwicklung respektive die wachsende Bedeutung von Linux gegenüber Unix und Windows ist vor allem durch drei Charakteristika zu erklären, die für den Betriebssystem-Markt gelten:[92] Betriebssysteme sind im weitflächigen Einsatz, es hat sich ein Anwendungs-/Funktionalitäten-Standard durchgesetzt und neue Funktionalitäten sind weniger wichtig als Preis und Leistung.

3.3.2 OSS-Programmentwicklungssoftware am Beispiel NetBeans und Eclipse

Integrierte Entwicklungsumgebungen (IDE) umfassen unter einer einheitlichen Benutzeroberfläche vor allem die Funktionalitäten eines

Texteditors, Compilers und Debuggers und dienen zur komfortablen Erstellung von Software.[93]

Häufig verwendete Entwicklungsumgebungen sind Microsofts Visual Studio .Net sowie die Java-IDEs: Borlands JBuilder, Oracles JDeveloper, das von Sun geführte NetBeans sowie das von IBM initiierte Eclipse.[94] Von den genannten Programmen sind Eclipse und NetBeans mit einer Open-Source-Lizenz geschützt.[95]

Sie werden im Folgenden dargestellt, um zu verdeutlichen,

- dass OSS-Projekte nicht aus der privaten Entwicklergemeinde stammen müssen, sondern durch die Freigabe proprietärer Software ent- und bestehen können;
- OSS nicht nur mit proprietärer Software, sondern auch untereinander im Wettbewerb stehen kann, sowie
- dass OSS von Unternehmen als strategisches Mittel zur Vergrößerung des eigenen Marktanteils genutzt wird.

NetBeans

a) Die Entstehung von NetBeans

NetBeans ist im Jahr 1996 als Studentenprojekt Xelfi in der Tschechischen Republik gegründet worden.[96] Ziel von Xelfi war es, eine auf Java basierende Entwicklungsumgebung zu programmieren, die der Entwicklungsumgebung Delphi der Firma Borland ähnelte.

Um dieses Projekt herum wurde das Unternehmen NetBeans gegründet, das die proprietäre Software „Developer" verkaufte. Im Oktober 1999 kaufte Sun Microsystems NetBeans auf und verband die NetBeans-Plattform mit Produkten und Technologien der ebenfalls akquirierten Firma Forte Software.

Um den Marktanteil von Java gegenüber Microsofts populärem aber ausschließlich auf proprietären Windows-Applikationen basierenden Visual Studio .Net zu erhöhen, beschloss Sun im Juni 2000, den Quellcode dieses Produkts unter dem Namen NetBeans freizugeben.[97] Diese Vergrößerung des Marktanteils sollte gelingen durch:

- die Schaffung einer Online Community, die höhere Programmstabilität und –qualität bei kürzeren Entwicklungszeiten realisiert, sowie durch
- das erhöhte Vertrauen von Entwicklern in eine herstellerunabhängige, offene Plattform und damit durch die gesteigerte Motivation Dritter, Module für die NetBeans-Plattform zu entwickeln.

Aufbauend auf dem angestrebten vergrößerten Marktanteil hoffte Sun auf das Interesse der Nutzer an kostenpflichtigen Weiterentwicklungen. Evan Adams von Sun Microsystems wird zu den Vorteilen der Offenlegung folgendermaßen zitiert:

> „In many ways the open source method of software development can give a company more control over its project and the team working on it. In a traditional development environment, a new member usually obtains immediate access to all the source code for the project. However, in an open source environment, developers have to earn the right to be granted levels of access and to be able to make changes to code. In addition, in an open source environment, all the work done on a project can be seen by the rest of the project team and the members constantly give each other feedback on their work. This peer review process results in higher quality of results, greater communication of ideas and more of a community atmosphere."[98]

NetBeans ist unter der von der OSI anerkannten Open-Source-Lizenz „Sun Public License", einer der MPL ähnlichen Lizenz, lizensiert.[99] Es ermöglicht mittlerweile aufgrund einer sehr aktiven Entwickler-Community neben der Entwicklung in Java auch die Programmierung in C++, HTML, XML und einer Reihe weiterer Sprachen.

b) Die Organisation von NetBeans

NetBeans hat ein dreiköpfiges Steuerungskomitee, das aus einem Mitglied der Firma Sun und zwei Communitymitgliedern besteht, die jeweils für sechs Monate gewählt werden. Während der Unternehmensangehörige durch Sun bestimmt wird, werden die beiden Communitymitglieder durch Konsens bzw. Abstimmung in den Mailinglisten von denjenigen bestimmt, die an dem Projekt mitarbeiten.

Das Steuerungskomitee hat vor allem koordinierende Funktion und soll sicherstellen, dass NetBeans in den Augen der Community fair und offen geführt wird. Das bedeutet, dass bei Fragen, die nicht durch einstimmige Beschlüsse in den Mailinglisten direkt gelöst werden können, eingegriffen wird, um so ein eventuelles Forking zu verhindern. Dieser Eingriff ist allerdings sehr selten. Ähnlich wie bei Linux haben diejenigen Programmierer die höchste Durchsetzungskraft, die am meisten zu dem Projekt beitragen. Auf der Homepage von NetBeans.org ist das folgendermaßen formuliert:

> „There are no formal roles – an individual's word carries weight in accordance with their contribution to the project."[100]

Die Webseite und die damit zusammenhängenden Mailinglisten, CVS-Repositorien und Datenbanken von NetBeans werden nach wie vor von Sun finanziert, ebenso wie eine Anzahl von Programmierern für das

Projekt. Für die Offenlegung des Quellcodes und das Management der Open-Source-Community greift Sun zudem auf Unterstützung durch CollabNet zurück. CollabNet hat durch seine Kollaborationssoftware SourceCast bereits Erfahrung im Management von Open-Source-Software gesammelt. Ein weiterer kommerzieller Unterstützer von NetBeans ist Oracle.

Eclipse

a) Die Entstehung von Eclipse

Eclipse ist durch den Wunsch IBMs entstanden, eine Entwicklungsumgebung zu schaffen, die erstens nicht unter der Führung von Sun steht und zweitens keinen proprietären Software-Anbieter dominieren lässt.

Im November 2001, ein Jahr nach der Freigabe von NetBeans, lizensierte IBM nach eigenen Angaben Quellcode im Wert von 40 Millionen US$ aus der IBM Websphere Studio Workbench unter der Common Public License als OSS-Projekt Eclipse.[101] Dieser freigegebene Code stammt hauptsächlich aus dem von IBM akquirierten Unternehmen Object Technology International (OTI).[102]

Obgleich dieser Schritt von IBM einem sehr großzügigen Geschenk an die Open-Source-Community gleichkommt, hat er viele Diskussionen und den Vorwurf des „Forking" unter den Entwicklern und insbesondere auch bei Sun ausgelöst.

Das wird noch verstärkt durch die Verwendung eines selbst entwickelten grafischen Toolkits namens SWT (Standard Widget Toolkit), während NetBeans auf AWT (Abstract Window Toolkit) und Swing fußt.[103] Nach Simon Phipps, Suns „Chief Technology Evangelist", ist SWT problematisch, weil es nicht mit dem Rest der Java-Welt kompatibel ist und ein Programm nicht gleichzeitig mit SWT und Swing geschrieben werden kann.[104] Damit birgt Eclipse seiner Ansicht nach das Risiko, dass Komponenten von Dritten miteinander inkompatibel hinsichtlich Schnittstellen sowie „look und feel" sind.[105]

IBM argumentiert dagegen, dass Programme, die einmal mit SWT geschrieben sind, auf jeder Plattform laufen, auf die ein SWT Toolkit portiert wurde, also auch auf NetBeans. Das Problem besteht vor allem darin, dass SWT noch nicht auf so viele Plattformen wie Swing portiert ist, wofür sich IBM natürlich einsetzen will.[106]

Es ist zu beobachten, dass sich Sun noch gegen diese Portierung wehrt, um so anscheinend nicht die Kontrolle über ihre Entwicklungsplattform zu verlieren.[107] Das Eclipse-Projekt arbeitet wiederum daran, die Kompatibilität mit Swing herzustellen, so dass Eclipse auch mit AWT/Swing läuft.

Oracle hat mittlerweile eine Anfrage bzw. ein Konzept für eine Anwendungsprogramm-Schnittstelle (API) vorgeschlagen, die mit allen Java IDEs, auch NetBeans und Eclipse, arbeitet.[108]

b) Die Organisation von Eclipse

Im Gegensatz zu NetBeans, das obgleich von Sun initiiert und mitgeleitet eher den Charakter eines klassischen, communityorientierten OSS-Projekts hat, ist Eclipse eher mit einem kommerziell geführten Unternehmen vergleichbar. Das Eclipse Projekt besteht aus vier Modulen:

- dem Eclipse-Projekt (im engeren Sinne),
- dem Eclipse-Tools-Projekt,
- dem Eclipse-Technologie-Projekt und
- dem Eclipse-Web-Tools-Plattform Projekt.

Das eigentliche Herzstück von Eclipse ist das „Eclipse-Projekt". Das Eclipse-Projekt besteht wiederum aus folgenden drei Bausteinen: Plattform, Java Entwicklungswerkzeuge (JDT) sowie der Plug-in Entwicklungsumgebung (PDE) (vgl. Abb. 5).[109] Derzeit besteht die Leitung dieses Projekts (= Projekt-Management-Komitee PMC) aus fünf IBM-Mitarbeitern, von denen zwei noch aus dem ursprünglichen OTI-Team stammen.

Das Eclipse-Tools-Projekt hat zum Ziel, eine große Bandbreite von Entwicklungswerkzeugen zu schaffen.

Das Eclipse-Technologie-Projekt versucht, Stakeholder aus Forschung und Lehre in die Entwicklung von Eclipse zu integrieren. Dieses Teilprojekt ist wiederum in die Unterprojekte Forschung, Inkubatoren und Ausbildung unterteilt. Dabei geht es im Projekt Forschung darum, Programmiersprachen, Werkzeuge und Entwicklungsumgebungen zu erforschen. Das Teilprojekt Inkubatoren umfasst kleine, informell struk-turierte Projekte, die zur Eclipse-Plattform neue Funktionalitäten hinzufügen. Der Bereich Ausbildungsprojekte fokussiert auf die Entwicklung von Ausbildungsmaterialien, Lehrhilfen und Kursmaterialien.

Das Eclipse-Web-Tools-Plattform-Projekt ist als Toolplattform konzipiert, auf der Werkzeugentwickler verbesserte Webwerkzeuge und Werkzeug-Suiten entwickeln können. Ziel dieses Projekts ist es mit so vielen Applikationsservern wie möglich zu arbeiten. Bislang ist dieses Projekt noch nicht aktiv.

Die folgende Abbildung 5 zeigt die Eclipse-Projekte im Überblick mit ihren derzeitigen Projektleitern, wie sie auf den Webseiten genannt werden.

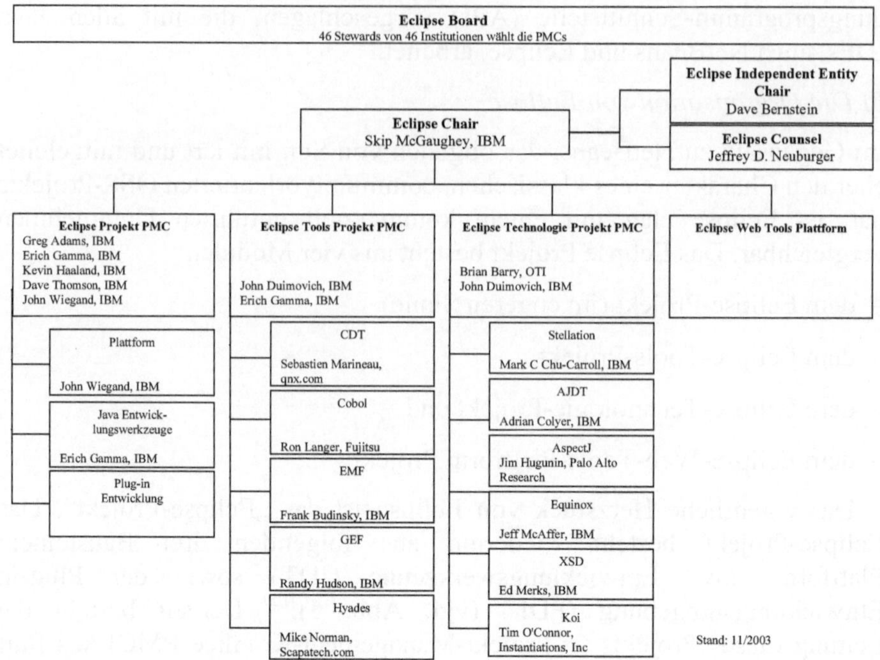

Abb. 5. Die Organisation von Eclipse mit Projekten und Projektleitern

Jedes der vier Teilprojekte verfügt über

- eine eigene Projektsatzung, die genau festlegt, welche Aufgaben das Projekt hat, welche Rollen bestehen, wer es führt und wie dazu beigetragen werden kann,
- ein CVS Repositorium[110] für den Zugriff auf den Quellcode,
- Fehlerdatenbanken,
- eine eigene Webseite,
- Mailinglisten und
- ein Projektmanagement-Komitee (PMC).

Die Rollen bei allen vier Projekten werden in Nutzer, Entwickler und „Committer" unterschieden.

Nutzer zeichnen sich durch die Meldung von Fehlern und die Anfrage nach neuen Funktionalitäten aus. Nutzer werden ausdrücklich ermuntert, sich in den Newsgroups zu melden und Fragen zu stellen bzw. Vorschläge zu machen.

Nutzer, die Quellcode und Dokumentation beitragen, werden zu Entwicklern. Entwickler, die häufig wertvolle Beiträge leisten, können ihren Status auf „Committer“ erhöhen lassen.

Ein Committer hat Schreibzugriff auf das CVS Repositorium des entsprechenden Teilprojekts und erhält Wahlrechte bzw. -pflichten für die Bestimmung der Zukunft des Teilprojekts. Darüber hinaus wird von ihm erwartet, dass er die Entwickler-Mailingliste moderiert.

Damit aus einem Entwickler ein „Committer“ wird, muss ein anderer Committer ihn nominieren. Ist ein Entwickler nominiert, stimmen die Committer des Teilprojekts ab. Bei wenigstens 3 positiven und keiner negativen Stimme wird der Entwickler dem Projektmanagement Komitee (PMC) des Teilprojekts als Committer empfohlen und durch Zustimmung des PMC ernannt. Ein Committer, der seine Beiträge einstellt, kann vom PMC auch wieder ausgeschlossen werden.

Geführt wird jedes Projekt durch das Projektmanagement-Komitee (PMC), das sowohl für die strategische Ausrichtung, die Lösung von Konflikten als auch den technischen Erfolg des Projekts verantwortlich ist.[111] Auch von jedem PMC-Mitglied wird erwartet, dass es aktiv zu Eclipse beiträgt. Wie aus der Abbildung ersichtlich, sind derzeit alle PMC-Mitglieder aller Eclipse-Projekte Mitarbeiter bei IBM bzw. anderen kommerziellen Unternehmen und die Projektleitung ist Teil ihrer Aufgabe/Stellenbeschreibung.

Die PMC-Führung wird wiederum durch die Nominierung der sogenannten Stewards, also der Delegierten der Mitgliedsunternehmen, des Boards sowie die einstimmige Zustimmung der bestehenden PMC-Mitglieder bestimmt. Die Größe des PMC ist nicht festgelegt, es ist aber das Ziel, dass es nur wenige Mitglieder enthält. Bei Divergenzen zwischen den PMC-Mitgliedern ist es auch möglich, dass ein Mitglied durch die anderen aus dem Komitee hinausgewählt wird.

Das ursprüngliche Board von Eclipse bestand im November 2001 aus Stewards von neun Unternehmen, darunter Mitarbeiter von Borland, IBM und SuSE.[112] Seitdem ist das Board auf mittlerweile 46 Stewards von ebenso vielen Institutionen gewachsen. Hinzugekommen sind u.a. Hitachi, MontaVista, Oracle, SAP, die Fraunhofer Gesellschaft und Intel.[113]

Interessant ist in diesem Zusammenhang vor allem das Engagement von Borland, die in Eclipse einen Wettbewerber zu ihrem Produkt Jbuilder haben.

Der hohe Anteil an IBM-Mitarbeitern wird auf der Eclipse-Webseite damit begründet, dass kein anderer ähnlich hohe Erfahrung mit Eclipse hat wie diese Personen und damit auch das Einnehmen einer vergleichbaren Schlüsselposition bislang nicht möglich ist.[114] Neuesten Meldungen zu

Folge will sich Eclipse von seinem Gründer IBM unabhängig machen, um so doch Sun mit ins Boot zu holen.[115]

Der Markt von IDEs

Der Markt von integrierten Entwicklungsumgebungen wird mittlerweile zwischen Microsofts Visual Studio .Net und den verschiedenen Java IDEs (z.B. Jbuilder, IntelliJ, Jdeveloper, NetBeans und Eclipse) aufgeteilt. Ältere Entwicklungsumgebungen, die z.B. auf AS400 und COBOL basieren, sind zwar immer noch im Einsatz, werden aber voraussichtlich zukünftig durch die anderen beiden Gruppen ersetzt. Einer Untersuchung der Gartner Group vom März 2003 zu Folge liegt Microsoft derzeit bei einem Marktanteil von etwa 40%, während die Java IDEs auf ca. 20% kommen.[116]

Prognosen der MetaGroup zu Folge wird ein Wachstum des eigenen Marktanteils im IDE-Bereich v.a. durch die Kontrolle der Entwicklungsplattform angestrebt.[117] Dies lässt sich auch gut an NetBeans und Eclipse beobachten, die, obgleich OSS, bislang beide fest in der Hand ihrer kommerziellen Gründer Sun bzw. IBM sind. Dies ist einerseits durch die Besetzung des Boards und der Führungsgruppen mit eigenen Mitarbeitern und andererseits durch die Komplexität der Software möglich, die entsprechende Erfahrung voraussetzt, um weitgehende Eingriffe vorzunehmen.

In einer Systematisierung des Java-bezogenen IDE-Markts nach Anbietern vom Februar 2003 kommt die MetaGroup zu der in Abbildung 6 dargestellten Einschätzung:

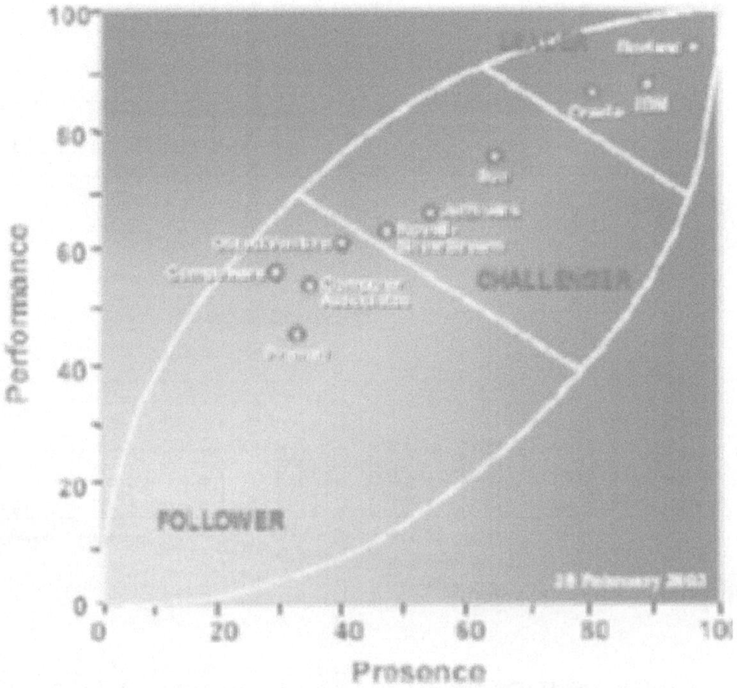

Abb. 6. Java Integrated Development Environments METAGroup[118]

Aus Abbildung 6 ist zu erkennen, dass IBM eine führende Rolle in diesem Markt einnimmt und Sun im Mittelfeld liegt. Diese Positionierung ist vor allem aufgrund des starken Wachstums von Eclipse zu erklären.

Dies wird auch durch eine Umfrage von QA-Systems vom September 2003 bestätigt. Die befragten 1400 Entwickler und IT-Manager verwenden zu 45% Eclipse, zu 16% Borlands Juilder und nur zu 6% NetBeans (vgl. Abb. 7).[119]

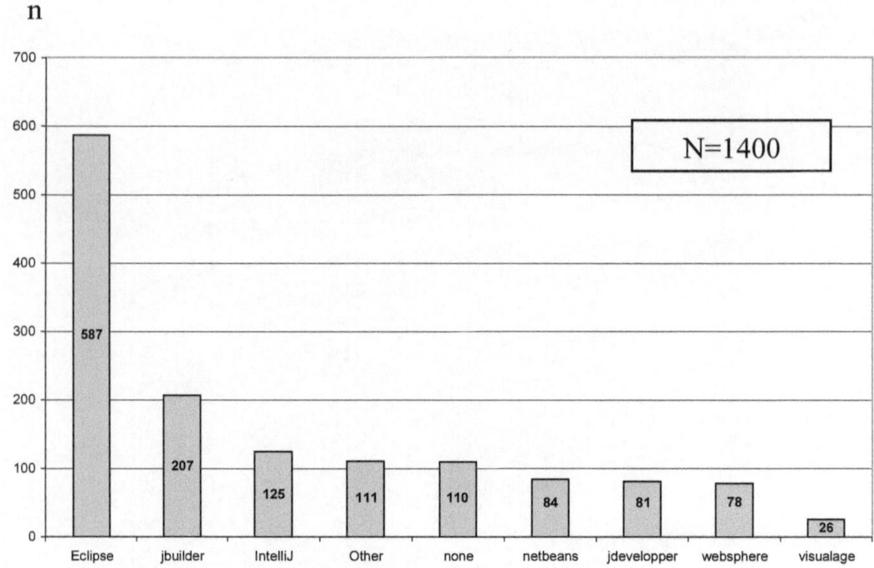

Abb. 7. IDE-Studie von QA-Systems[120]

Inwieweit beide OSS-IDEs überleben können ist unklar. Derzeit spricht alles dafür, dass es zu einer Verschmelzung zwischen den beiden Projekten kommt. Das würde zum einen der Logik von OSS entsprechen und zum anderen Kooperationsvorteile gegenüber dem Hauptwettbewerber Microsoft ermöglichen.

3.3.3 OSS-Informationsmanagementsoftware am Beispiel Apache

a) Die Entstehung von Apache

Apache ist ein Webserver, d.h. eine Software, die anderen Computern in einem Netzwerk Dateien, üblicherweise Webseiten, per Hypertext Transfer Protocol (http) zur Verfügung stellt.

Apache hat seine Ursprünge im National Center for Supercomputing Applications (NCSA), das 1993 mit Mosaic den ersten grafischen Webbrowser und einen passenden Webserver entwickelte.[121] Mit dem Wechsel vieler NCSA-Entwickler zu Netscape wurde das Webserver-Projekt bei der NCSA aufgegeben.

Das war der Auslöser für die Schaffung des Apache-Webserver-Projekts durch die Nutzer, vor allem Programmentwickler und IT-Administratoren, die über Software-Entwicklungs-Know-how verfügen.[122] Das Projekt fing damit an, die weltweit eingehenden Software-Verbesserungen (= Patches) in den vorhandenen Webserver zu integrieren und das Programm zu testen. Daher angeblich auch der Name: a patchy server.

Am 01.12.1995 erschien Version 1.0 des Apache Webservers und im Juni 1999 wurde die Apache Software Foundation (ASF) als gemeinnützige Rahmenorganisation gegründet. Heute hat Apache den Ruf, schneller, stabiler und flexibler als jeder andere Webserver zu sein. Die Apache Community gilt als sehr umsetzungsstark bei der Behebung etwaiger Software-Fehler. Folgende Darstellung von C. Dickerson, einem Journalisten von InfoWorld, verdeutlicht die Funktionsweise dieses „Community-Services“:

> „Kevin Varley, one of InfoWorld's developers, discovered a bug in the Apache Web server (No. 21095, to be precise) that we brought to the attention of the Apache team, and they fixed it. Not only did they fix it, they fixed it fast, and in a very responsive and friendly manner. We got help from Andre Malo in Germany, Cliff Woolley in Virginia, and an assist from Thom May in London. They explained the problem in great detail, explained the fix, and delivered the patch to Kevin. If all software support was this simple and hassle-free, my job would be a lot easier."[123]

b) Die Organisation von Apache

Zentrales Organisationselement des Apache Webservers ist die Apache Software Foundation (ASF), die eine Reihe von mit Apache zusammenhängenden OSS-Projekten betreut.[124]

Ähnlich wie bei NetBeans und Eclipse können in der Apache Software Foundation fünf „Hierarchieebenen“ beobachtet werden: Entwickler, Beitrager, ASF-Mitglied, Projektmanagement-Komiteemitglied und ASF-Board-Mitglied.[125]

Die Leitung von Apache obliegt der aus 25 Mitgliedern bestehenden Apache Group. Um in die Apache Group gewählt zu werden, sind mindestens sechs Monate Mitentwicklung erforderlich sowie die Schaffung eines bedeutsamen Beitrags.

Das Apache-Projekt wird oft als „meritocracy“ bezeichnet, d.h. je mehr ein Entwickler leistet, desto mehr Rechte stehen ihm innerhalb der Organisation zu.[126]

Der weit überwiegende Hauptteil der Kommunikation findet über Mailinglisten statt. Das betrifft sowohl die Abstimmung über Programmerweiterungen und -verbesserungen als auch die Wahl der Leitungsgruppe.

Der Apache Webserver ist unter der Apache Software Lizenz lizenziert. Sie orientiert sich an der BSD-Lizenz und erlaubt auch die Proprietarisierung des Software-Quellcodes.

c) Der Markt von Apache

Bei einer Auswertung von Netcraft im Oktober 2003 von mehr als 43 Millionen Webseiten ergab sich für Apache ein Marktanteil von über 64%.[127] Auf Platz 2 folgt Microsofts Webserver IIS mit 23%.

Dieser Größenunterschied ist auch damit zu erklären, dass die wirtschaftliche Bedeutung des Webservermarktes als gering zu bewerten ist. Sowohl der Apache Webserver als auch Microsofts IIS generieren für sich keine Umsätze. Ihre Bedeutung erwächst eher aus der Ergänzung der Betriebssysteme. So befruchten sich Linux und Apache gegenseitig. Der große Marktanteil von Apache bewirkt erhöhte Anwendungsfreundlichkeit von Linux und damit wiederum erhöhte Attraktivität für den weiteren Einsatz in Unternehmen.

3.3.4 OSS-Informationsmanagementsoftware am Beispiel MySQL

a) Die Entstehung von MySQL

MySQL ist eine relationale Datenbankmanagementsoftware (RDBMS). Gegründet wurde die Software MySQL 1995 durch Michael Widenius.[128] Auslöser war die ungenügende Funktionalität der bestehenden OSS-Lösung mSQL und der Wunsch, eine stabile Plattform für webbasierte Applikationen zu schaffen.[129] MySQL ist nicht die einzige OSS-Datenbank, die existiert. Weitere bekannte Projekte in diesem Bereich sind PostgreSQL und Berkeley DB (Sleepycat). MySQL erscheint aber von allen genannten Datenbanken aufgrund seiner sowohl weitreichenden Anwendung im privaten und gewerblichen Bereich als auch aufgrund der vielfältigen Kooperationsverträge zwischen MySQL AB mit anderen Unternehmen als die erfolgreichste.

Anders als bei z.B. Linux oder NetBeans, bei denen zwischen einer nicht-kommerziellen Programmentwicklungswebseite und dem kommerziellen Unternehmen, das hinter der OSS steht, zu unterscheiden ist, liegt bei MySQL beides in der Hand des kommerziell ausgerichteten schwedischen Unternehmens MySQL AB. Das Unternehmen wurde ebenfalls von Michael Widenius und David Axmark mit Unterstützung von Allan Larsson gegründet und ist auf die drei Bereiche Web-, Embedded- und Unternehmens-Datenbanken ausgerichtet.[130]

Zu dem Nutzen der Offenlegung der Software sagt der Vorstandsvorsitzende Marten Mickos:

„Diese Community ist extrem aktiv und erweitert unser Team um einige Millionen Tester und Entwickler. ... Dank dieser Unterstützung sind wir so schnell, genau und preiswert wie sonst keiner unserer Konkurrenten.“[131]

MySQL ist mit einem dualen Lizenzmodell ausgestattet. Zum einen ist es möglich, MySQL lizenzkostenfrei mit der GPL-Lizenz zu beziehen. Zum anderen kann MySQL als kommerzielle Variante für 220 US$ in der einfachen und für 495 US$ in der um weitere Funktionalitäten erweiterten Form lizensiert werden.[132] Auch bei der kommerziellen Variante ist die Nutzerzahl sowie die Dauer der Verwendung uneingeschränkt. Die Wartungsverträge variieren zwischen einfacher Hilfestellung mittels E-Mail und 24/7-Unterstützung für 48.000 US$ pro Jahr.

b) Die Organisation von MySQL

MySQL ist kein communitybasiertes Open-Source-Projekt, sondern ein kommerzielles Unternehmen mit entsprechenden Organisationsstrukturen. Die gesamte Weiterentwicklung des Quellcodes erfolgt durch das Unternehmen MySQL AB.

Die OSS-Community hat für MySQL vor allem den Nutzen, schnell einen hohen Nutzungsgrad sowie die kostenlose Prüfung und Verbesserung der Produktfunktionalitäten zu ermöglichen.

Derzeit arbeiten 100 bezahlte Mitarbeiter für MySQL AB, die in Deutschland, Finnland, Russland, Mexiko, Brasilien und Schweden verteilt sind. Der Hauptsitz des Unternehmens liegt für die USA in Seattle und für Europa in Uppsala, Schweden. Der Vorstand ist vorübergehend in Büroräume des Hauptinvestors Benchmark Capital im Silicon Valley gezogen, die sich 2003 zusammen mit anderen Investoren mit knapp 20 Millionen US$ an MySQL AB beteiligten.[133]

Die Erwartungen der Geldgeber sind, dass MySQL ähnlich wie Linux zunächst für webbasierte Applikationen und dann in mehr traditionellen Unternehmensfunktionen eingesetzt wird.[134]

Marten Mickos sieht die Einfachheit des Programms in Verbindung mit seinen niedrigen Lizenzkosten als Hauptwettbewerbsvorteil:

„Software shouldn't be glorified. (...) We say, let's do this as compactly as possible and then sell it at a price that blows the competition away.”[135]

Derzeit wird MySQL von privaten Anwendern sowie kleinen und mittelständischen Unternehmen vor allem für Webseitenspeicherung genutzt.[136]

Den größten Umsatzanteil macht das Unternehmen aber mit Datenbanken, die in spezifischen Unternehmensapplikationen eingebunden sind.[137] Der kleinste, aber wachstumsstärkste Bereich sind Unternehmensdatenbanken für Intranets und Data Warehousing.[138]

c) Der Markt von MySQL

Der weltweite Markt für relationale Datenbanken wird für 2003 von IDC mit einem Volumen von 12 Milliarden US$ beziffert, mit einem Potenzial bis zum Jahr 2006 von 20 Milliarden US$.[139]

Der Umsatz von MySQL AB betrug im Jahr 2002 5 Millionen €, die zur Hälfte mit dem Verkauf von 4000 kommerziellen Lizenzen und zur anderen Hälfte mit daran anknüpfendem Support und Schulungen erzielt wurden.[140] Im selben Zeitraum erzielte IBM 3,1, Oracle 2,2 und Microsoft 1,6 Mrd. US$ mit ihrem Datenbankgeschäft.[141] Selbst Computer Associates, die nur 1,1 Prozent Marktanteil haben, erzielten 88,7 Millionen US$ Umsatz.[142]

Im Gegensatz zu seinem sehr niedrigen wertmäßigen Marktanteil hat MySQL aber nach eigenen Angaben mit vier Millionen Installationen und 30.000 täglichen Downloads einen weltweiten Nutzungsanteil im RDBMS-Datenbankbereich von 20 Prozent inne und ist damit im Hinblick auf die Anwenderzahlen hinter IBM, Oracle und Microsoft der viertgrößte Anbieter.[143]

Als wichtigste Einsatzgründe für MySQL werden genannt, dass es schnell, stark und fast umsonst ist.[144] Folgende zwei Beispiele sollen das verdeutlichen:

Cox Communications, ein amerikanischer Kabelfernsehbetreiber, nutzt MySQL für die Überwachung von 1,5 Millionen Kabelmodems. Zu den Gründen gefragt, warum nicht auf eine Oracle-Datenbank umgestiegen wird, sagt das Unternehmen, dass sie derzeit 500 US$ Lizenzgebühren und 12.000 US$ für einen Wartungsvertrag zahlen. Die Lizensierung einer entsprechenden Oracle-Datenbank würde dagegen etwa 300.000 US$ Lizenzgebühren zuzüglich der Kosten des Wartungsvertrags kosten.[145]

Ein ähnliches Erfolgsbeispiel für MySQL stellen die Westone Laboratorien dar. Sie haben ihr Kundentracking- sowie ihre Finanzdatenbanksysteme statt für 160.000 US$ bei Oracle für 5.000 US$ bei MySQL eingekauft. Als weiterer Vorteil wurde die schnelle und kostenlose Hilfe der Nutzercommunity genannt, die auch ohne Abschluss eines Wartungsvertrags zur Verfügung steht.[146]

Das Unternehmen ist bestrebt, neben seinem starken Anteil im privaten sowie kleinen und mittelständischen Bereich ins Großkundengeschäft vorzustoßen. Zu diesem Zweck hat es einen Kooperationsvertrag mit SAP abgeschlossen, von dem erwartet wird, dass er MySQL AB den Zugang zu den Vertriebskanälen von SAP öffnet.[147]

SAP erwartet von diesem Abkommen die Überarbeitung seiner mit jedem ERP-System ausgelieferten SAP- bzw. seit Oktober 2003 in MaxDB umbenannten Datenbank.[148] Rudolf Munz, Vizepräsident bei SAP für die Entwicklung von Plattformen, wird zu der Motivation zur Kooperation mit MySQL folgendermaßen zitiert:

> „We have a simple strategic goal. (...) Infrastructure, like databases, should be as inexpensive as possible so users have the budget to buy as many SAP applications as possible. Infrastructure has no value for customers. Only applications do".[149]

Zu den Kunden von MySQL gehören Cisco, Motorola, Novell, SonyEricsson, HP, Xerox und Yahoo. Sun liefert MySQL als Standardbestandteil seiner Sun ONE Distribution aus.[150]

Obgleich die dargestellten Beispiele und die hohen Nutzerzahlen den Erfolg von MySQL im Unternehmensumfeld zeigen, weisen MySQL und Oracle noch sehr unterschiedliche Funktionalitätenniveaus auf. Viele Experten gehen aber davon aus, dass für kleinere Datenbankanwendungen MySQL zum ernsthaften Wettbewerber von Oracle geworden ist.[151]

3.3.5 OSS-Anwendungssoftware am Beispiel Jabber

a) Die Entstehung von Jabber

Jabber ist ein Instant Messaging Programm, das 1998 durch Jeremie Miller mit dem Wunsch gegründet worden, sowohl mit AOL- als auch mit ICQ-Mitgliedern in Echtzeit zu kommunizieren. Anders nämlich als die artverwandte E-Mail-Applikation, die es jedem derartigen Programm, egal von welchem Hersteller, erlaubt, über offene Standards E-Mails auszutauschen, basiert Instant Messaging nicht auf offenen Standards und ein plattformübergreifender Austausch von Nachrichten ist nicht möglich.

Jabber ist ein Satz von XML-basierten Protokollen und Technologien (XMPP),[152] die den Austausch von Daten und Nachrichten über das Internet in Echtzeit erlauben sowie die Prüfung auf Anwesenheit des Nutzers ermöglichen. Die wichtigste Jabber-Applikation ist ein auf dem Extensible Messaging and Presence Protocol (XMPP) basierendes Instant Messaging Netzwerk, das ähnliche Leistungen bietet wie die proprietären Lösungen AOL IM, ICQ, Lotus Sametime, MS Messenger und Yahoo IM.

Darüber hinaus verfügt Jabber über Gateways, die einen interoperablen Betrieb mit zwei anderen Instant-Messaging-Protokollen, SIMPLE und Wireless Village, erlauben, und ist kompatibel zu den oben genannten proprietären Lösungen.[153] Inwieweit diese Kompatibilität genutzt wird, hängt wiederum von den proprietären Anbietern ab. AOL oder Microsoft können diesen Zugang verweigern.

Jabber eignet sich neben dem Interneteinsatz auch für Instant Messaging mit mobilen Endgeräten. Die offenen Schnittstellen erlauben es jedem Programmierer, einen Client für die Endgeräte zu schreiben.

Die ersten Jabber-Entwickler haben sich durch ein Posting von Jeremie Miller auf der OSS-Seite „Sourceforge.net" gefunden. Mittlerweile wird Jabber aufgrund seiner Popularität als das Linux des Instant Messaging Bereichs bezeichnet. Dies täuscht freilich darüber hinweg, dass der IM-Markt weit weniger standardisiert ist als der Betriebssystemmarkt und Nutzer noch einfacher über neue Funktionalitäten statt über hohe Stabilität gewonnen werden können.

b) Die Organisation von Jabber

Die Architektur des Jabber-Netzwerks ist der der E-Mail sehr ähnlich. Das bedeutet, dass jeder seinen eigenen Jabber-Server installieren kann, um ein Instant Messaging Netzwerk aufzubauen.

Die Organisation von Jabber und Jabber-basierten Anwendungen erfolgt vor allem über die Webseite der Jabber Software Foundation. Jedermann hat die Möglichkeit, über einen festgelegten Prozess (Jabber Enhancement Proposals, JEP), Verbesserungsvorschläge zu den Protokollen oder neue Anwendungsideen zu Jabber zu übermitteln. Die Diskussion dieser Vorschläge erfolgt in Mailinglisten.

Die Entscheidung zur Veränderung der Jabber-Protokolle erfolgt durch das Jabber Council, das aus fünf auf ein Jahr gewählten Personen besteht. Wahlberechtigt sind ausschließlich Mitglieder der Jabber Software Foundation. Um Mitglied zu werden, ist ein formeller Antrag erforderlich, der von den bestehenden Mitgliedern akzeptiert werden muss.

Bewerber sollten sich in der Jabber Community bereits durch erhebliche Beiträge zu Jabber oder Jabber-basierten Diensten hervorgetan haben. Dazu gehört das Schreiben von Softwarecode, das Anbieten aber auch die Anwendung von Diensten, Dokumentation, die Betreuung von Jabber Enhancement Proposals u.ä.

Von einem einmal gewählten Mitglied wird erwartet, dass es weiterhin aktiv in der Community ist. Bei Nichterfüllung dieser Erwartung kann die Mitgliedschaft auch wieder aberkannt werden. Neben diesem technischen Forum gibt es auch einen Steuerkreis, der sich um die wirtschaftliche Seite von Jabber kümmert. Diese Gruppe besteht aus drei Personen, die ebenfalls von den Mitgliedern gewählt werden. Zu den kommerziellen Hauptsponsoren von Jabber gehören Hitachi, HP, IBM und Jabber Inc. Jabber Protokolle sind unter der von der OSI anerkannten Jabber Open Source License lizenziert.

Der Gründer, Jeremie Miller, gilt als wohlwollender Diktator von Jabber, obgleich er derzeit weder dem Council noch dem Board des Jabber Software Council angehört.

c) Der Markt von Jabber

Die Jabber Software Foundation (JSF), die Open Source Organisation, die hinter dem Jabber-Protokoll steht, gibt an, dass weltweit mehr als 215,000 Open-Source XMPP Server im Einsatz sind, die von 7-10 Millionen Menschen genutzt werden.[154] Es ist davon auszugehen, dass das Wachstum von Jabber im Privatnutzermarkt stark davon abhängt, inwieweit Internet Service Provider Jabber als Instant-Messaging-Lösung unterstützen.

Bezüglich des Unternehmensmarkts für IM kommt eine Untersuchung von IDC zu dem Ergebnis, dass derzeit 65 Millionen Menschen Instant Messaging beruflich nutzen und dass diese Zahl im Jahr 2005 auf 350 Millionen ansteigen wird, was laut IDC ein Marktvolumen von 1 Mrd. US$ ausmacht.[155]

Inwieweit Jabber daran einen Anteil haben wird, ist aufgrund der sehr hohen Dynamik in diesem Markt, der noch fehlenden Dominanz eines Standards sowie dem noch nicht klargestellten Kooperationsverhältnis zwischen den beiden Open-Source-Lösungen sowie den proprietären Lösungen nicht klar.[156] So unterstützt beispielsweise Microsoft neben seiner eigenen Messenger Lösung vor allem die zweite IM Open-Source-Variante SIMPLE durch Integration in die eigene Software, während Intel auf Jabber setzt und 7 Millionen US$ in Jabber investiert, um Anwendungen für Centrino-Rechner und Mobiltelefone zu verbessern.[157] IBM unterstützt dagegen sowohl SIMPLE als auch Jabber.

Im Unternehmensmarkt sind neben der Klärung der Kooperations- und Integrationsfragen insbesondere Fragen der Sicherheit und Authentifizierung entscheidend für den weiteren Erfolg von Jabber.

Die Jabber Open-Source-Lizenz ermöglicht es Unternehmen, auch proprietäre IM-Lösungen anzubieten. Jabber Inc., deren Geschäftsmodell auf der Entwicklung derartiger proprietärer Lösungen basiert, hat beispielsweise für France Telekom und Bell South Instant Messaging Lösungen entwickelt.[158]

Die ausgewiesenen Umsatzzahlen von OSS erscheinen auf den ersten Blick im Vergleich zu Zahlen des proprietären IT-Markts wenig beeindruckend. Für die Veränderung von Markt und Wettbewerbsstrukturen reichen jedoch meist schon relativ kleine Verschiebungen von Marktanteilen durch neue Wettbewerber und Produkte. Deswegen ist es nicht überraschend, dass im vorliegenden Fall entsprechende Reaktionen der etablierten Wettbewerber zu beobachten sind.

So hat beispielsweise Microsoft das neue Konstrukt „Shared Source" entwickelt, welches es einzelnen Lizenznehmern der Firma Microsoft ermöglicht, beschränkten Einblick in den Quellcode mancher Programme zu nehmen, und unterstützt das OSS-Instant-Messaging Protokoll SIMPLE. Borland, Anbieter der erfolgreichen Entwicklungsumgebung JBuilder, ermöglicht neuerdings privaten Anwendern den kostenlosen Download seiner Software und Sun investiert intensiv in die OSS-Projekte Linux und NetBeans.

Inwiefern diese Maßnahmen tatsächlich einen Schritt in Richtung OSS darstellen und nachhaltig sind oder eher von kurzfristiger imagebildender Natur, ist derzeit noch nicht klar. In jedem Fall sind sie ein Zeichen für eine Intensivierung des Wettbewerbs und auch für die Bereitschaft sich mit einer gewissen Aufweichung von bestehenden Regeln auseinander zu setzen.

3.4 Darstellung der Organisationsvariablen

Das Erstaunliche bei den meisten der dargestellten OSS-Projekte ist, dass trotz des Fehlens von Anweisungsrechten, klaren Aufgabenteilungen und -zuordnung oder eindeutigen Prozessen kein Chaos bei der OSS-Entwicklung herrscht, sondern Software entwickelt wird, die teilweise in Bezug auf Stabilität und Qualität klassisch entwickelter Software überlegen ist.

Aus den Fallstudien ist zu erkennen, dass dennoch eine Reihe von Bedingungen existieren, die die OSS-Erstellung unterstützen. Diese sich aus den Fallstudien ergebenden koordinierenden und motivierenden Institutionen werden im Folgenden vorgestellt.

Dabei helfen die koordinierenden Institutionen, dass die OSS-Entwickler wissen, was sie in welcher Form tun müssen, um ein qualitativ hochwertiges und stabiles Programm zu erstellen, und die motivierenden Institutionen unterstützen dann die tatsächliche Beteiligung an der OSS-Entwicklung.

Ergänzend zu den auf den Fallstudien basierenden Erkenntnissen werden in Kapitel 5.1 und 5.2 die Motivationen der OSS-Entwickler auf einer breiteren empirischen Basis dargestellt und diskutiert.

3.4.1 Bedingungen, die die Koordination von OSS unterstützen

Eindeutige Schnittstellen zwischen den Programmteilen

Das Zusammenwirken von weltweit verteilt erstellten Programmteilen, die ohne Vorgaben eines Weisungsberechtigten entstehen, ist nur durch eine eindeutige Schnittstellendefinition möglich. Sie erlaubt einen problemlosen Austausch alter Programmteile und die Ergänzung und Erweiterung um neue. GNU/Linux ist beispielsweise ein Betriebssystem, das auf dem für UNIX entwickelten POSIX-Standard basiert.[159] Stallman geht auf diesen Punkt bereits in seinem Posting vom September 1983 ein. Er schreibt:

> „For most projects, such part-time distributed work would be very hard to coordinate; the independently-written parts would not work together. But for the particular task of replacing Unix, this problem is absent. Most interface specifications are fixed by Unix compatibility. If each contribution works with the rest of Unix, it will probably work with the rest of GNU."

Klare Regeln für die Übermittlung von Programmcode

Jedes der dargestellten OSS-Projekte hat auf seiner Webseite klare Regeln für die Übermittlung von Softwarepatches und das Stellen von Fragen niedergelegt.[160] Diese Regeln umfassen die Form, in der der Code übermittelt werden soll, den Ansprechpartner, das gelöste Problem, die Programmiersprache u.ä.

Vor dem Hintergrund, dass allein in den Jahren 1991 bis 1995 mehr als 15.000 Menschen Code zum Linux Kernel beigetragen haben, wird die Bedeutung dieser Koordinationsfunktion klar.[161]

Innovation und Weiterentwicklung durch inkrementelle Schritte möglich

Software-Innovation hat weniger radikalen als eher inkrementellen Charakter. Dadurch wird es möglich, dass eine Verbesserung durch viele kleine Schritte erzielbar ist. Erst durch diese Eigenschaft kommt die Offenheit des Quellcodes richtig zum Tragen. Sie ermöglicht es, dass ein Entwickler bei Auftreten eines Fehlers bzw. bei Fehlen einer Funktionalität in den Quellcode einsehen und darauf basierend zu einer Verbesserung beitragen kann. Dies hat dazu geführt, dass z.B. Linux das heute weltweit am weitesten portierte Betriebssystem ist, obgleich ihm zum Zeitpunkt seiner Entstehung aufgrund seiner monolithischen Struktur von Andrew Tanenbaum nur eine sehr eingeschränkte Lebenszeit prognostiziert wurde.

Hohe Transparenz

Die Mitglieder der Open Source Community achten darauf, möglichst hohe Transparenz bezüglich der einzelnen Leistungen zu erhalten bzw. etwaige Aktionen, die rein der Selbstdarstellung dienen, möglichst gering zu halten, indem sie sowohl die namentliche Nennung der Entwickler forcieren als auch rein egoistisch getriebenes Verhalten (bei dem kein Nutzen für die Gemeinschaft besteht) mit öffentlichem Abstrafen („Flaming“) belegen.[162] Da im Rahmen der OSS-Entwicklung vor allem informationsarme Kommunikationsmittel wie Mailinglisten und Emails zum Einsatz kommen, die eine Interpretation über weitere Kanäle erschweren, wie es etwa Face-to-Face-Treffen erlauben, ist diese Bedingung zentral für den Erfolg eines Projekts.

Weltweite Vernetzung und Kommunikation zu günstigen Preisen

Die weltweite Verbreitung des Internet sowie unterstützende Tools wie CVS Repositorien, Mailinglisten und Fehlerdatenbanken ermöglichen es Nutzern wie Entwicklern, OSS sehr kostengünstig herunterzuladen, zu bearbeiten und miteinander zu kommunizieren.
Besonders wichtig sind in diesem Zusammenhang auch die drei Open-Source-Intermediäre SourceForge.net, Freshmeat.net und Gnu.Savannah.org.

Projekte wie Jabber können nur realisiert werden, weil alle an Open-Source-Software interessierten Entwickler auf diese Seite surfen und dort nach Programmen suchen, die den eigenen Bedürfnissen entsprechen. Thomas Muldowney, ein langjähriger Entwickler bei Jabber, verdeutlicht dies:

> „I started like so many others, by seeing the original slashdot posting. I was working a lot on libfaim/gtkfaim at the time and really didn't like the AOL network. I was really looking for an open IM solution and that just happened to pop up. I guess I saw the story right when it went up because I was the second person to sign up on the development mailing list after jer."[163]

„Natürlich" anerkannter Projektleiter und Antiforking-Norm

Obgleich die Lizenzbestimmungen von OSS zahllose Varianten ein und desselben Programms zulassen, da jeder die Möglichkeit hat, den Quellcode als individuell veränderte Distribution freizugeben, ist die Anzahl der Versionen eines Projekts doch beschränkt.

Dies liegt vor allem an zwei Dingen: Erstens der Anerkennung des Gründers/Projektleiters als natürlichen Führer, zweitens der starken Wirkung der Antiforking-Norm in der OSS-Community.

Zum ersten Punkt ist festzustellen, dass der Gründer/Leiter eines Projekts solange als Führer anerkannt wird, wie er die Mehrheit der Community hinter sich hat. Letztendlich entscheidet immer der Projektleiter, welche Änderungen in die „offizielle" Distribution des jeweiligen Projekts gelangen. Linus Torvalds ist beispielsweise nach wie vor der allgemein anerkannte Koordinator des aktuellsten Linux-Kernels – genauer, des Entwicklungs-Kernels – und die von ihm gebilligte Version des Kernels wird von der Community als offizieller Standard akzeptiert.[164] Stabile Versionen des Kernels werden dagegen von drei anderen Projektleitern gepflegt, die aber eng mit Torvalds zusammen arbeiten.[165]

Zum zweiten Punkt ist festzustellen, dass sich Projekte auch deshalb nicht spalten, weil ein starker sozialer Druck gegen das „Forking" von Projekten besteht. Eine Übernahme/Abwanderung von einem derartigen Projekt erfordert ausgiebige Rechtfertigung vor der Gemeinschaft der OSS-Entwickler und führt bei nicht ausreichender Begründung auch nicht dazu, dass sich andere Entwickler anschließen.[166]

Niedrige Eintrittsbarrieren und großer Entwicklerpool

Die hier dargestellten OSS-Projekte weisen sehr niedrige Eintrittsbarrieren für potenzielle Entwickler auf. Prinzipiell kann jeder an ihrer Entwicklung teilnehmen, da es keine Zutrittsbeschränkungen durch Zertifizierung gibt. Ein schönes Beispiel für die Bedeutung dieses Kriteriums ist das Scheitern von Nupedia. Jimmy Wales versuchte 1999, eine Enzyklopädie auf Open-Source-Prinzipien zu erstellen. Beitragende mussten jeden Beitrag zunächst durch mehrere Hürden prüfen lassen, bevor sie ihn auf die Nupedia Seite einstellen konnten. Nach zwei Jahren lag die Gesamtzahl der Beiträge bei 12. Deshalb unternahm Wales 2001 einen neuen Versuch. Er entfernte die meisten der Beitragsbarrieren von Nupedia und erfand Wikipedia, das auf Wiki, einer Open Source Webdesign Software basiert.[167] Wikipedia hat in weniger als zwei Jahren mehr als 150.000 Einträge angesammelt und basiert auf dem Prinzip, dass jeder einen Artikel schreiben und jeder ihn verbessern kann. Seit 2003 hat Wikipedia mehr tägliche „Hits" als die Webseite der Enzyklopedia Britannica (www. Britannica.com).[168]

Einschränkend hierzu ist festzustellen, dass einige Bereiche von OSS bewusst erhöhte Eintrittsbarrieren errichten, indem sie sogenannte „hidden clues" einbauen, die nur den fähigen Programmierern den Zugang zu ihrer Gemeinschaft erlauben. Beispiele hierfür sind Newsgroups, in die man nur mit einem Passwort Beiträge einstellen kann, Projekte in Programmiersprachen, die nur fähigen Programmierern bekannt sind und Verhaltenskodizes, die erst durch das Studium der Webseiten und E-mail-Archive des Projekts erworben werden.[169]

Vor allem Projekte, bei denen die Nutzer des Programms gleichzeitig über Programmier-Know-how verfügen, profitieren von OSS. Linux und Apache sind zwei Beispiele hierfür. Die Mehrzahl dieser Nutzer sind gleichzeitig Software-Entwickler und Administratoren. In Kombination mit der Offenheit des Quellcodes, die die Einsicht und Verbesserung ermöglicht, hat das zu hoher Stabilität, Sicherheit und Zuverlässigkeit der Programme geführt. Zudem kommt bei konkurrierenden Patches nur der Code in die „offizielle“ Version der Software, der von dem jeweiligen Projektleiter als am besten erachtet wird.

Schwieriger ist es für Projekte, die vor allem auf die Nutzung durch Endanwender abzielen, wie beispielsweise Jabber. Dieses Programm hätte es wahrscheinlich ohne die kommerzielle Unterstützung der beteiligten Unternehmen sehr schwer.

Ausreichende Ressourcen

Der Ressourcenaufwand für private OSS-Entwicklung ist vergleichsweise niedrig, da derzeit Kosten vor allem in den Opportunitätskosten des Entwicklers für seine Zeit entstehen.

Zudem hat die OSS-Szene mittlerweile eine Reihe von kommerziellen Akteuren wie IBM, HP, Sun und SAP angezogen, die mit Kapital und Arbeitskraft die Entwicklung von OSS unterstützen.

Die Beteiligung dieser Firmen bedingt nicht nur eine bessere Ressourcenausstattung, sondern auch Signalisierungseffekte gegenüber kommerziellen und öffentlichen Anwendern und trägt so zu einer Vergrößerung des Marktanteils bei. Eine zentrale Rolle bei der Verbreitung von OSS nehmen Distributoren wie RedHat und SuSE ein.

3.4.2 Bedingungen, die die Motivation zur OSS-Entwicklung unterstützen

Während die koordinierenden Bedingungen für alle Akteure ziemlich gleich wirken, unterscheiden sich die motivierenden Einflussfaktoren erheblich in Abhängigkeit von der Präferenzlage des Akteurs. Die Fallstudien zeigen, dass die beteiligten Akteure vom rein spaßorientierten Studenten bis hin zum hart kalkulierenden Unternehmen, das ausschließlich nach Shareholder Value geführt wird, reichen.

Dementsprechend ist der Nutzen, den die Beteiligung an der OSS-Entwicklung bringt, unterschiedlich für die einzelnen Beteiligten.

OSS-Beteiligung stiftet Nutzen für das Erreichen eigener Ziele

a) Reputationsmöglichkeit bei geschätzter Gruppe in Abhängigkeit von OSS-Beitragshöhe

Alle hier dargestellten Projekte sind sogenannte „Meritocracies“, in denen Anerkennung und Mitspracherecht und somit persönliche Reputation von der Höhe des Beitrags an funktionierendem Softwarecode abhängen.

Dass diese Reputation den Beitragenden wichtig ist, ist durch mehrere Ursachen erklärbar. Aussagen wie „Jabber is pure love“[170] oder „In Linux we trust“ zeigen, dass es sich bei OSS-Entwicklung für viele private Entwickler nicht nur um die reine Software handelt, sondern dass sie sich in besonderer Weise mit ihrer Community identifizieren. Weitere Gründe, die für eine gute Reputation sprechen, sind die verbesserten Möglichkeiten, Aufmerksamkeit für zukünftige (auch nicht OSS-bezogene) Projekte zu erhalten.

Für kommerziell orientierte Akteure ist eine positive Reputation in der OSS Community wichtig, um die Glaubwürdigkeit ihrer Mitwirkung zu erhöhen und so Entwickler anzuziehen, die die Funktionalität ihrer Software verbessern und erweitern, ihre Nutzerplattform erweitern und damit zur Vergrößerung ihrer Marktchancen beitragen.

b) Programmieren macht Spaß und man erweitert seine Fähigkeiten

Insbesondere für private Entwickler ist dieser Aspekt der Software-Entwicklung zentral. Torvalds entwickelte den Linux Kernel vor allem, weil er die Funktionalität seines neuen Rechners kennen lernen und dabei Spaß haben wollte. In einem Posting von ihm am 5. Oktober 1991 wird das besonders deutlich:

> „Do you pine for the nice days of minix-1.1, when men were men and wrote their own device drivers? Are you without a nice project and just dying to cut your teeth on a OS you can try to modify for your needs? Are you finding it frustrating when everything works on minix? No more all-nighters to get a nifty program working? Then this post might be just for you :-) … I can (well, almost) hear you asking yourselves "why?". Hurd will be out in a year (or two, or next month, who knows), and I've already got minix. This is a program for hackers by a hacker. I've enjoyed doing it, and somebody might enjoy looking at it and even modifying it for their own needs.“[171]

Allgemein ist dies auch mit Csikszentmihalyi erklärbar, der gezeigt hat, dass das Erleben von „Flow“ bzw. der Zustand, dass eine Person vollständig vereinnahmt ist von ihrer Arbeit, sehr motivationsförderlich ist.[172]

c) OSI-Lizensierung führt zu verbessertem Programm und Marktchancen, die der Entwickler benötigt

Obwohl Spaß und Reputation aufgrund der hohen Identifikation der Entwickler mit der Open Source Community sehr wichtig sind, dürfte darin alleine aber in den seltensten Fällen ausreichender Anreiz für die sehr aktiven Entwickler von Open-Source-Projekten liegen. In den dargestellten Fällen wurden Open Source Projekte gegründet bzw. stark an diesen mitgearbeitet, weil der Entwickler durch die Offenlegung der Software selbst profitiert und die anderen Effekte wie Reputation, Spaß und verstärkter Zugang zu „Entwickler-Know-how" durch die Offenheit dazu kommen. Das Beispiel Linux zeigt, dass eine Vielzahl von Programmverbesserungen und -erweiterungen von Entwicklern stammen, die diese Programme für die Erfüllung ihrer Aufgaben bzw. der ihrer Arbeitgeber benötigen. Die Offenlegung bedingt, dass die entwickelte Funktionalität in die offizielle Version von Linux gelangen und so von anderen Entwicklern wiederum weiterentwickelt und verbessert werden kann. Ein anderes Beispiel ist Apache, bei dem die Offenlegung dazu geführt hat, dass ein bereits aufgegebenes Programm auch ohne Ressourceneinsatz des Gründers durch die Nutzer weitergeführt wird.

NetBeans, Eclipse und MySQL zeigen, dass die Bereitschaft von Sun und IBM, in OSS zu investieren, insbesondere durch die Erwartung verbesserter Marktchancen zu erklären ist. Diese können zum einen darin bestehen, dass der relevante Markt durch OSS insgesamt wächst und so, wie z.B. im Fall von IBM, der Absatz komplementärer und ergänzender Produkte wie Server, Service und proprietäre Zusatzsoftware steigt. Zum anderen zeigen Projekte wie NetBeans, Eclipse und MySQL, dass die Erwartung eines erhöhten Marktanteils aufgrund der Beteiligung an OSS auf die Höhe der Investition in OSS einwirkt.

Lizenzen, Maintainerlisten und Namensschutz verhindern, dass der Programmierer um die Früchte seiner Arbeit betrogen wird

Die Wahrscheinlichkeit, dass seine Arbeit nicht dem Programmierer zugeschrieben wird und andere Entwickler zu seinen Lasten von seinen Früchten profitieren, indem sie z.B. die Software stehlen und mit eigenem Copyright belegen, oder dass sich sein Projekt in viele verschiedene nicht von ihm gewünschte Richtungen entwickelt (forking), ist aufgrund der OSS-Lizenzen, der Maintainerlisten und des Schutzes des Programmnamens eingeschränkt.[173]

Perens stellt zur Bedeutung der Lizenzen fest:

> „The volunteers who made products like Linux possible are only there, and the companies are only able to cooperate, because of the rights that come with Open Source. The average computer programmer would feel stupid if he put lots of work into a program, only to have the owner of the program sell his improvement without giving anything back. Those same programmers feel comfortable contributing to Open Source because they are assured of these rights: The right to make copies of the program, and distribute those copies; The right to have access to the software's source code, a necessary preliminary before you can change it; The right to make improvements to the program."[174]

Maintainerlisten ermöglichen, dass alle Entwickler namentlich genannt sind.[175] Die Bedeutung dieser Institution zeigt sich in allen einschlägigen Publikationen. So nennt beispielsweise Torvalds an zahlreichen Stellen in seiner Biografie die Namen von anderen Entwicklern und Raymond verweist auf das absolute Tabu gegen das Entfernen von Namen aus einer Projekthistorie, Danksagung oder Maintainerliste.

Viele OSS-Projekte wie etwa Apache, Linux und MySQL haben zudem durch ein Copyright auf den Namen des Programms einen Schutz vor einer Schädigung der Marke. So vermerkt das Unternehmen MySQL AB explizit in seiner Unternehmensbroschüre:

> „MySQL's business strategy leverages the MySQL name and copyright as well as the company's deep expertise in the MySQL database software."[176]

Die folgende Abbildung fasst die genannten Institutionen zusammen, die helfen OSS-Projekte zu organisieren.

<table>
<tr><th colspan="2">Organisatorische Rahmenbedingungen von Open-Source-Software-Projekten</th></tr>
<tr><th>Koordinationsbedingungen</th><th>Motivationsbedingungen</th></tr>
<tr><td>Eindeutige Schnittstellen zwischen den Programmteilen</td><td rowspan="5">OSS-Beteiligung stiftet Nutzen für das Erreichen eigener Ziele:
a) Reputationsmöglichkeit bei geschätzter Gruppe in Abhängigkeit von OSS-Beitragshöhe
b) Programmieren macht Spaß und man erweitert seine Fähigkeiten
c) OSI-Lizensierung führt zu verbessertem Programm und Marktchancen, die der Entwickler benötigt</td></tr>
<tr><td>Klare Regeln für die Übermittlung von Programmcode</td></tr>
<tr><td>Innovation und Weiterentwicklung durch inkrementelle Schritte möglich</td></tr>
<tr><td>Hohe Transparenz</td></tr>
<tr><td>Weltweite Vernetzung und Kommunikation zu geringen Kosten</td></tr>
<tr><td>Von der Community anerkannter Projektleiter und starke Implementierung der Antiforking-Norm</td><td rowspan="3">Lizenzen, Maintainerlisten und Namensschutz verhindern, dass der Programmierer um die Früchte seiner Arbeit betrogen wird</td></tr>
<tr><td>Niedrige Eintrittsbarrieren und großer Entwicklerpool</td></tr>
<tr><td>Ausreichende Ressourcen</td></tr>
</table>

Abb. 8. Organisatorische Rahmenbedingungen von OSS-Projekten

4 Technische Aspekte der Entwicklung und des Einsatzes von OSS

Die Entwicklung und der Einsatz von Software-Systemen, gleich welcher Art, finden niemals im rechtsfreien Raum statt und stehen immer in gewisser Wechselwirkung mit wirtschaftlichen Interessen aller Beteiligten. Die Betrachtung technischer Aspekte von Software-Entwicklung und Software-Einsatz lässt sich daher nicht vollständig von rechtlichen (insbesondere lizenzrechtlichen) Rahmenbedingungen lösen, und meist sind es wirtschaftliche Faktoren, die die Modifikation und Fortentwicklung der technischen Prozesse in diesem Bereich auslösen. Umgekehrt ist natürlich auch zum Verständnis der rechtlichen Probleme und der wirtschaftlichen Auswirkungen die Kenntnis dieser technischen Aspekte nötig.

In diesem Kapitel soll deshalb die technische Sichtweise näher beleuchtet werden: OSS als ein technologisches Phänomen, einer speziellen Ausprägung von Software im Allgemeinen, und ein Entwicklungs-Paradigma, das typische Techniken hervorgebracht oder adaptiert hat und großen Einfluss auf die Fortentwicklung von Techniken haben wird.
Zunächst wird das Umfeld der Software-Entwicklung bezüglich Lizenz- und Geschäftsmodellen beleuchtet (4.1) und daraufhin die Entwicklung und der Einsatz von OSS getrennt voneinander diskutiert (4.2). Die Vorstellung des Software-Entwicklungsprozesses geht besonders auf das communitybasierte Open-Source-Projekt ein (4.3), dem verschiedene Arten von Software-Lebenszyklus-Modellen gegenüber gestellt werden, um die Besonderheiten herauszuarbeiten und seinen Einfluss auf neuere Modelle deutlich zu machen.

Das Ergebnis eines Open-Source-Projekts ist ein OSS-Produkt, das eigenständig oder im Zusammenspiel mit anderen Software-Teilen als Bestandteil eines größeren Systems eingesetzt wird. Dies führt zur Betrachtung komponentenbasierter Software-Entwicklung als Schlüsseltechnologie beim Einsatz von OSS, welcher im Mittelpunkt des abschließenden Abschnittes (4.4) steht.

4.1 Das Umfeld der Software-Entwicklung

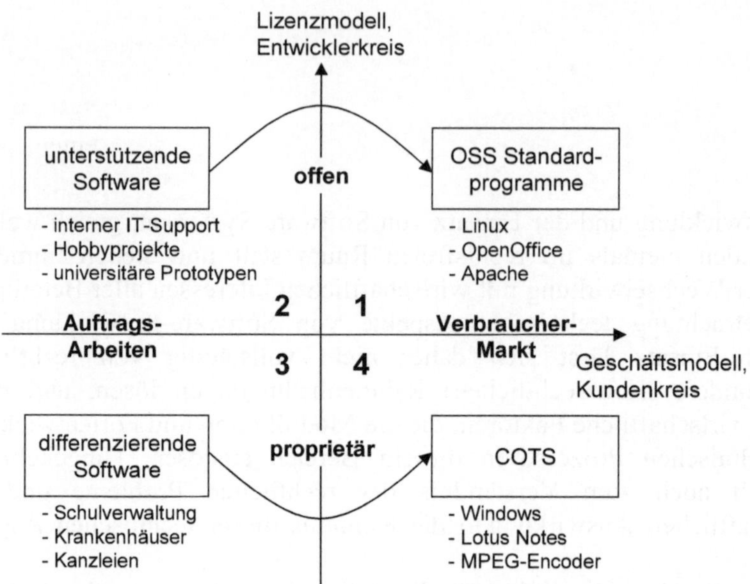

Abb. 9. Kategorisierung der Software-Entwicklung anhand von Lizenz- und Geschäftsmodellen

Geschäftsmodell und Lizenzmodell von Software-Erstellung müssen getrennt voneinander betrachtet werden, da jede Kombination denkbar ist. Geschäftsmodelle können je nach Verbraucherkreis in zwei Kategorien fallen: Benötigt ein Kunde eine für ihn maßgeschneiderte Lösung und gibt diese direkt in Auftrag, so befindet sich der Software-Hersteller in einer Situation des klassischen kundenorientierten Software Engineering (Quadranten 2 und 3 der Abb. 9): Kundenwünsche müssen so wirtschaftlich wie möglich umgesetzt werden; unabhängig vom vereinbarten Entlohnungsmodus (nach Aufwand, Festpreis, Angestelltenverhältnis) wird direkt die geleistete Arbeit bezahlt, nicht ein erworbenes Produkt. Ein im Umfeld OSS wichtiger Spezialfall von Auftragsarbeiten ist die Software-Erstellung im „eigenen Auftrag", also spezialisierte Lösungen, die der Entwickler selbst benötigt und somit sein eigener Kunde ist.

Existiert kein direkter Kunde, sondern entwickelt der Hersteller für einen Markt (Quadranten 1 und 4 der Abb. 9), so spricht man von

Herstellern von „commercial off-the-shelf“ (COTS) Komponenten, also möglichst vielfältig einsetzbaren, stabilen und mehrfach getesteten Produkten. Diese können in zwei Kategorien fallen:

1. vollständige Anwendungen für Textverarbeitung, Bildbearbeitung oder ähnlich klar definierte Nutzungsfälle für Endanwender.
2. Software-Bibliotheken, Programmierschnittstellen (Application Programmer's Interfaces, APIs)[177] oder vergleichbare Komponenten („Software-ICs“), die alleinstehend noch keinen Mehrwert für den Endanwender bedeuten, sondern von Software-Herstellern an andere Software-Hersteller verkauft werden, die keinen direkten Auftrag erteilen (d.h. Outsourcing von Subsystemerstellung betreiben).

In beiden Fällen erwirbt der Kunde die unter den Lizenzvereinbarungen festgehaltenen Rechte an den Produkten und entlohnt nicht mehr direkt die geleistete Arbeit.

Die Lizenzmodelle bestimmen, inwieweit dem Verbraucher Rechte an der erstellten Lösung eingeräumt werden. Gestattet die Lizenz einen unbegrenzten Entwicklerkreis (Quadranten 1 und 2 der Abb. 9), so spricht man von OSS, die von jedem Nutzer zu eigenen Zwecken (auch dem Weitervertrieb) modifiziert und rekombiniert werden kann. Eine Beschränkung der Wissensweitergabe oder der Möglichkeit, an spezielle Bedürfnisse angepasste Varianten herzustellen, findet nicht statt. Jeder Nutzer hat daher die Möglichkeit, die Software selbst weiterzuentwickeln. Bei proprietären Produkten (Quadranten 3 und 4 der Abb. 9) beschränkt die Lizenz ganz eindeutig, wer zum Kreis der Entwickler zählen darf. Üblicherweise ist eine indirekte Wissensweitergabe durch Analyse des Produkts (sogenanntes *Reverse Engineering)* ebenso untersagt wie das Vornehmen von Anpassungen für eigene, spezialisierte Zwecke.

Vereinfacht gesagt kann man die Software-Erstellungsmethodik entlang zweier Dimensionen systematisieren, nämlich der Anzahl der potenziellen Nutzer (horizontale Achse) einerseits und der Anzahl der potenziellen Entwickler (vertikale Achse) andererseits.

In den Quadranten 2 und 3 kann die Zahl der Entwickler höher als die Zahl der Nutzer der Software sein. Überschreitet eine Software während ihres Entwicklungszyklus die vertikale Achse, so geschieht dies meist, weil sie ein allgemeines Problem eines größeren Nutzerkreises löst und an Bekanntheitsgrad gewonnen hat. Damit geht einher, dass sich die Wissensverteilung um den Systementwurf und um Verbesserungs- und Erweiterungsmöglichkeiten grundlegend verändert. In den linken Quadranten ist eine enge Kooperation, im Extremfall sogar in Personalunion, zwischen Nutzer und Entwickler möglich. Nutzerwünsche müssen an die

Entwickler kommuniziert werden, was in den rechten Quadranten schwieriger ist. Die Kommunikation von exakten Anforderungen ist im Allgemeinen nicht trivial und erfordert Grundkenntnisse der Anforderungsanalyse. Wenn der Nutzerkreis wächst, dann kann es außerdem vorkommen, dass gar keine ideale Lösung existiert, die im Sinne aller Nutzer ist. Es ergibt sich die zusätzliche Schwierigkeit, unterschiedliche Nutzerwünsche gegeneinander abzuwägen. Software-Pakete, deren erwartete Nutzerzahl sehr groß ist, haben häufig das Problem, dass sie eine Unzahl von Sonderwünschen berücksichtigen müssen und deshalb eine hohe Komplexität aufweisen. Wird der Entwicklerkreis größer, so wird es immer wichtiger, auf Entwicklerebene fehlerfrei zu kommunizieren. Dafür bedarf es an Wissen in der Modellierungstechnik und einer Arbeitsweise, bei der die Modelle und die Implementierung nicht divergieren.

OSS entsteht häufig im 2. Quadranten als triviale Lösung für ein klar umrissenes Problem eines kleinen Kreises von Benutzern. Dies ist der „Inkubator"-Quadrant für viele Projekte, die nur Bekanntheit erlangen, falls sich eine kritische Masse an Entwicklern und Nutzern findet und die Software in den 1. Quadranten übergeht. Beispiele für so entstandene OSS sind der Linux Kernel oder der Hypertext Präprozessor PHP. Software, die so entsteht, stellt allein meist keinen Wettbewerbsvorteil dar. Sie ist lediglich unterstützender Natur und erlaubt den Benutzern, ihre Kernaufgaben kostensparender zu erfüllen.

Bei proprietärer Software-Entwicklung wird ebenfalls häufig eine erste einfache „Beta-Version" erstellt, die einem kleinen – aber möglichst repräsentativen – Nutzerkreis zur Verfügung gestellt wird. Diese frühen Nutzer haben auch die Möglichkeit, Defekte aufzuspüren, bevor die Software einem größeren Nutzerkreis zur Verfügung gestellt wird. Bringt die Software einen differenzierenden Wettbewerbsvorteil für ihre Benutzer, so ist ihre genaue Arbeitsweise und ihr Quellcode geheim zu halten.

Möchte ein Hersteller proprietärer Software den Absatz seiner Software vergrößern, so gibt es neben den klassischen Möglichkeiten des Marketing auch den Weg des Herauslösens wiederverwendbarer Komponenten. Branchenlösungen können sehr allgemeingültige Lösungen für wiederkehrende Probleme enthalten, die dann auch als eigenständige COTS Komponenten vertrieben werden.

Es ist auch ein Spektrum an Lizenz- und Entwicklungsmodellen zu erkennen, von der Software-Entwicklung für proprietäre Produkte – mit klar einschränkenden Lizenzbedingungen und damit potenziell involvierten Entwicklern – bis hin zu völlig freien Modellen, die sämtliche Rechte an der Software der Allgemeinheit zur Verfügung stellen. Es gibt auch Fälle, in denen sich Software entlang dieser Achse entwickelt. So wurde beispielsweise die proprietäre 3D-Modellierungs- und Animationssoftware Blender nach Insolvenz der Herstellerfirma NaN durch einen Spendenaufruf zu OSS unter GPL.[178] Die Blender Foundation hat sich allerdings das Recht vorbehalten, die von ihr – durch einmalige Zahlung von 100.000 € – erworbene Software ebenfalls unter nicht-GPL Lizenzen (vom BSD-Typ) zu vertreiben, falls Interessenten vorhätten, sie in nicht-GPL-Projekte zu integrieren.

Ein anderer interessanter Fall ist Microsofts Shared Source Initiative (SSI), in deren Rahmen beispielsweise der elementare *Common Language Infrastructure* (CLI)-Baustein von .Net auch vollständig mit Quellcode vertrieben wird. Es ist jedoch anzumerken, dass sich diese Software, trotz der vielfältigen Lizenzbedingungen Microsofts[179], die von der SSI für verschiedene Kundenkreise (Regierungen, Universitäten oder Großgeschäftskunden) unterschiedlich festgelegt wurden, dennoch im 4. Quadranten befindet. Der Entwicklerkreis ist weiterhin auf Microsofts Entwicklungsabteilung eingeschränkt, die an der Software trotz Offenlegung des Quellcodes ihre weitgehenden Eigentumsansprüche aufrecht erhält.

4.2 Der Software-Entwicklungsprozess

Dieser Abschnitt gibt zunächst einen Überblick über typische Aktivitäten beim Entwickeln von Software und über Lebenszyklus-Modelle, die im Laufe der vergangenen Jahre entstanden sind, um diese Aktivitäten zu planen und zu koordinieren (4.2.1). Es folgt die Beschreibung der Entitäten von Software-Entwicklung, die von der ursprünglichen Idee bis zum Ende der Lebensdauer eines Software-Systems entstehen (4.2.2). Der Abschnitt schließt in vergleichenden Bewertungen der Entwicklungsprozesse für proprietäre und Open Source Software (4.2.3).

4.2.1 Aktivitäten der Software-Entwicklung

Aktivitäten der Software-Entwicklung können in die folgenden hauptsächlichen Phasen untergliedert werden:[180]

- **Anforderungs-Ermittlung:** (*requirements elicitation*) In dieser Phase beschreiben Kunde und Entwickler das Problem, die Ziele und die Lösungsanforderungen des zu erstellenden Systems. Übliche Formen dieser Beschreibung beinhalten *actors* (externe Instanzen), die mit dem System interagieren, und *use cases* (Anwendungsfälle), die die möglichen Interaktionen zwischen einem *actor* und dem System im Rahmen einer gegebenen Funktionalität beschreiben.

- **Analyse:** Es wird versucht, die Realität adäquat (d.h. korrekt, vollständig, konsistent, eindeutig und verifizierbar) zu modellieren. Die Ergebnisse aus der Anforderungs-Ermittlung werden von Entwicklern zu einem Modell transformiert, das das System in der Anwendungsdomäne vollständig beschreibt. Anforderungs-Ermittlungs- und Analyse-Phase werden oft zusammen als *requirements engineering* bezeichnet.
- **Entwurf:** Eine Lösung wird konstruiert, die die Machbarkeit des Modells demonstriert und den Anforderungen gerecht wird. Dabei ist es Ziel des **System-Entwurfs** (*system design*), die Lösung in kleinere Subsysteme (Komponenten) zu zerlegen, die von individuellen Teams realisiert werden können. Der **detaillierte Entwurf** (*object design*) liefert ein detailliertes Modell mit Schnittstellenspezifikationen und präzisen Beschreibungen für jedes Objekt.
- **Implementierung:** Die Lösung wird in Quellcode übersetzt (programmiert). Dazu werden die Attribute und Methoden eines jeden Objekts aus dem detaillierten Entwurf implementiert und zu einem lauffähigen Gesamtsystem integriert. Das Ergebnis ist eine Anzahl von Quellcode-Dateien, die gemeinsam zu ausführbarem Maschinen-Code kompiliert werden können.
- **Test:** Alle Aktivitäten dieser Phase (Verifikation, Komponententests und Integrationstests) überprüfen, ob das System die gewünschten Ziele und Lösungsanforderungen erfüllt.

Konzeptionell gesehen schlägt die Entwicklung eines Software-Systems eine Brücke zwischen einem gegebenen Problem und seiner Lösung. Die Entwicklungs-Aktivitäten überbrücken dabei eine Lücke zwischen Konzepten der Anwendungsdomäne und Komponenten der Lösungsdomäne, die inkrementell identifiziert und definiert werden.

Die Aktivität der Anforderungsanalyse beispielsweise reduziert die Lücke zwischen dem Problem und der Maschine durch die Identifikation von problemspezifischen Konzepten.

Die Analyse beschreibt das System in Bezug auf sein externes Verhalten. Dies beinhaltet die gewünschte Funktionalität (Anwendungsfall-Modell), Konzepte aus der Anwendungsdomäne (Objekt-Modell), sowie das Interaktionsverhalten (Dynamisches Modell). Die Beschreibung enthält außerdem die nichtfunktionalen Anforderungen.

Die Aktivität Systementwurf kann die Lücke zwischen dem Analysemodell und der Maschine auf zwei Arten reduzieren.

– Erstens kann der Systementwurf eine virtuelle Maschine erzeugen, die einen höheren Abstraktionsgrad besitzt als die Zielplattform. Dies geschieht durch die Auswahl von verfügbaren Software-Komponenten (COTS-Komponenten) für standardisierte Dienste. Beispiele sind Middleware-Komponenten, Toolkits für die Erstellung von Benutzerschnittstellen und Klassenbibliotheken.

– Zweitens kann man im Systementwurf verfügbare COTS-Komponenten aus der Anwendungsdomäne verwenden, wie z. B. wieder verwendbare Klassenbibliotheken für ein Finanzsystem.[181]

Wenn durch den Einsatz von Komponenten eine Problemlösung erstellt werden kann, dann spricht man von **komponentenbasierter Software-Entwicklung**.

Ein Ziel der komponentenbasierten Software-Entwicklung ist es, möglichst nur bereits existierende Komponenten zu verwenden. In diesem Fall ist keine Implementierungsarbeit nötig, denn der Software-Entwickler braucht nichts selbst zu programmieren, um die Lösung herzustellen („0% Coding"). Die Herstellung der Komponenten wird von einem spezifischen Zweig der Software-Industrie übernommen (COTS-Komponenten-Hersteller). Ein großer Vorteil von komponentenbasiertem Software-Engineering ist also die reduzierte Entwicklungsarbeit. Im Allgemeinen sind COTS-Komponenten auch bereits sehr gut getestet, d.h. die Unit-Testing-Aktivität entfällt ebenfalls oder kann zumindest auf die Verifikation oder Zertifizierung von Komponenten beschränkt werden. Das Implementierungsproblem ist somit auf die Ausführung von Integrations-Tests und System-Tests reduziert.

Obwohl die Software-Komponenten-Industrie große Fortschritte in der Bereitstellung von COTS-Komponenten gemacht hat, ist „0% Coding" ein noch unerreichter Idealfall. Im Realfall ist der Software-Entwickler gewöhnlich nach der Analyse- und Systementwurfs-Phase mit einigen Komponenten konfrontiert, die entweder noch nicht existieren oder zwar existieren, aber nicht ganz genau passen.

Mit anderen Worten, es fehlen Komponenten, die ein bestimmtes API realisieren, oder es gibt zwar diese Komponenten, aber es gibt eine Differenz zwischen dem offerierten API und dem API, das benötigt wird, um dem Systementwurf zu genügen.

Für die Bereitstellung solcher fehlenden Komponenten gibt es zwei Möglichkeiten im klassischen komponentenbasierten Entwurf:

1. Neuimplementierung: die Implementierung des APIs mit einer neuen Komponente;

2. Wiederverwendung: die Anpassung des APIs einer existierenden COTS-Komponente.

4.2.1.1 Erstellung von Komponenten

Ausgehend von der API-Spezifikation wird bei der Erstellung die Komponente vollständig neu implementiert *(„from scratch“)*. Wenn diese Implementierung zu einer Komponente im definierten Sinne führen soll, dann ist ein wesentlicher Teil der Neuimplementierung die Spezifikation des APIs und die Strukturierung des Quellcodes.

Strukturierungs-Aktivitäten auf Quellcode-Ebene haben das Ziel, die Wiederverwendbarkeit zu ermöglichen oder den Code lesbarer zu machen. Es sind mittlerweile eine Anzahl von Heuristiken vorhanden, wie man aus Quellcode durch (Re-) Strukturierung lesbaren Quellcode erzeugen kann, der die Wiederverwendbarkeit des Quellcodes in anderen Projekten oder durch andere Entwickler erhöht.[182]

Es gibt auch Restrukturierungsaktivitäten auf Modellen, die einen höheren Abstraktionsgrad haben als Quellcode. Restrukturierungsaktivitäten auf höheren Modellebenen, wie z.B. auf dem Analyse-Modell oder dem Systementwurfs-Modell, kann man als Graphen-Transformationen auf dem Modell ansehen (siehe dazu auch den nachfolgenden Abschnitt 4.2.2 zu Entitäten der Software-Entwicklung). Typische Aktivitäten sind hier Transformation von n-ären Assoziationen in binäre Assoziationen, die Abbildung von binären Assoziationen in Referenzen *(pointers),* die Verschmelzung von ähnlichen Komponenten in eine einzelne Komponente, die Aufteilung von komplexeren Komponenten in einfachere Komponenten, und die Verpackung von Klassen und Operationen mit dem Ziel, die Wiederverwendbarkeit zu erhöhen.[183]

Im Allgemeinen ist es das Ziel jeder Restrukturierung, die nichtfunktionalen Anforderungen und Entwurfsziele („Qualitäten“) zu realisieren. Zusätzlich zur bereits erwähnten Verbesserung der Wiederverwendbarkeit sind hier zu nennen: bessere Wartbarkeit, bessere Lesbarkeit des Modells sowie die Verwendbarkeit als Komponente in mehr als einem Software-System.

Ein wichtiger Teil bei der Implementierung sind außerdem Optimierungs-Aktivitäten, um nichtfunktionale Anforderungen wie z.B. Leistungsanforderungen zu erfüllen. Dies schließt oft die Änderung von Algorithmen ein, um bestimmten Geschwindigkeits- oder Speicheranforderungen Genüge zu tun, z.B. um Datenbankanfragen zu beschleunigen oder die Zugriffszeit auf Komponenten zu verbessern.

4.2.1.2 Wiederverwendung von Komponenten

In diesem Fall konzentriert sich der Entwickler darauf, eine Komponente zu finden, die jene API realisiert, die während des Systementwurfs identifiziert wurde. Zum Beispiel kann der Entwickler versuchen, die Komponente in verfügbaren Klassenbibliotheken zu finden. Um einen Versatz zwischen dem API der gefundenen Komponente und der geforderten Komponente auszugleichen, kann der Entwickler existierende Entwurfsmuster einsetzen.[184] Dies wird vor allem dann relevant, wenn der Komponentenhersteller das API oder die Implementierung der COTS-Komponente ändern muss. Mehr zu diesem Thema findet sich im nachfolgenden Abschnitt zu Einsatzmöglichkeiten von Software-Komponenten (4.4.1).

4.2.2 Entitäten der Software-Entwicklung

Der Software-Entwicklungsprozess kann als eine Folge von Modelltransformationen betrachtet werden. Ausgehend von dem in der Analysephase entwickelten Modell der Realität W hat jede folgende Phase ein Modell als Eingabe und ein entsprechend verfeinertes Modell als Ergebnis:

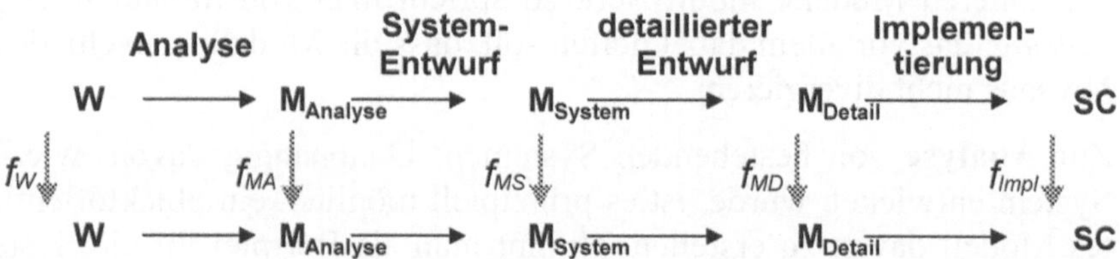

Abb. 10. Der Software-Entwicklungsprozess als Folge von Modelltransformationen

Der bei der Implementierung entstehende Quellcode SC ist in dieser Sichtweise nichts anderes als das in diesem Transformationsprozess am stärksten detaillierte Modell. Quellcode wird nur als eines von mehreren Modellen betrachtet, die alle zusammen das Ergebnis des Software-Entwicklungsprozesses bilden. Wird bei einer Modifikation die Abstraktionsebene nicht verlassen, weil etwa lediglich das Modell vervollständigt wird, so nimmt man eine Modell-Modifikation vor (vgl. auch Abb. 11). Diese Transformationen f haben einen identischen Definitions- und Wertebereich. Entwicklunsaktivitäten hingegen (Analyse, System-

Entwurf, detaillierter Entwurf, Implementierung) transformieren die Software-Modelle von einer Modell-Ebene in eine andere.

Software-Modelle werden für drei verschiedene Zwecke benötigt.

1. Zur **Kommunikation:** Das Modell stellt praktisch das Vokabular der beteiligten Personen dar. Daher ist es ausreichend, wenn es alle kennen und anwenden können, wie eine gemeinsame Sprache. Eine Besonderheit solcher Modelle ist, dass diese nicht konsistent oder vollständig sein müssen. Entwickler und Kunden sind auch dann in der Lage, erfolgreich zu kommunizieren, wenn nur Teile der Software – möglicherweise auch nur informell – modelliert sind.

2. Zur **Spezifikation:** Dies ist besonders bei der Analyse von zu konstruierenden Systemen entscheidend. Modelle dieses Typs können in der grafischen Modellierungssprache UML *(Unified Modeling Language)* verfasst sein. Der Einsatz von *Computer-Aided Software Engineering* (CASE) Werkzeugen erlaubt dann ein halbautomatisches *Forward Engineering*, in dem aus der grafischen Spezifikation Quellcode-Rümpfe abgeleitet werden. Derartiges Vorgehen führt zu *Model-driven Development,* also einer Methode, die die Modelle der Software als Bauplan verwendet, der bei jedem Änderungswunsch als erstes bearbeitet werden muss. Werden aus Änderungen am Quellcode automatisch die höheren Modelle modifiziert, so spricht man von *Roundtrip Engineering*, das vor allem dabei helfen soll, dass die Modelle verschiedener Niveaus nicht divergieren.

3. Zur **Analyse** von bestehenden Systemen: Unabhängig davon, wie ein System entwickelt wurde, ist es prinzipiell möglich, ein objektorientiertes Modell davon zu erstellen. Nimmt man als Beispiel für ein System unser Universum, so läßt sich eine Taxonomie ableiten, die von Astronomen und Archäologen erstellt wurde und nicht von Software-Entwicklern (ein Universum besteht aus n Galaxien, eine Galaxie aus m Sonnensystemen mit k Planeten, etc.). Diese Modelle kommen insbesondere zum Einsatz, wenn Wartungsarbeiten an Alt-Systemen vorgenommen werden sollen. Sie entstehen ebenfalls durch *Reverse Engineering*, das also von einem Endprodukt ausgehend die Abstraktionsstufen nach oben durchläuft, um handhabbar oder kommunizierbar zu werden.

In keiner Open-Source-Lizenz wird verlangt, dass Entwurfsentscheidungen oder gar höhere Modelle (z.B. $M_{Analyse}$, M_{System} und M_{Detail}, vgl. Abb. 10) zusammen mit dem Quellcode veröffentlicht werden. Der Entwickler wird lediglich dazu angehalten, den Quellcode lesbar zu gestalten.

Um eine möglichst große Zahl von Entwicklern für ein Open Source Projekt zu gewinnen, darf jedoch der Aufwand nicht zu groß sein, den Quellcode zu verstehen. Dies wird in der Regel dadurch zu erreichen versucht, dass der Code durch Strukturierung und Kommentierung für Entwickler mit gewissem Ausbildungsstand gut lesbar werden soll. Wichtige Entwurfsentscheidungen werden in einem getrennten Dokument kommuniziert. Höhere Modelle werden allerdings im Allgemeinen als zu aufwendig betrachtet. In vielen Fällen bleibt also der Quellcode das einzige Modell (auf niedrigster Abstraktionsebene), das zwischen verschiedenen Entwicklern der Community ausgetauscht wird. Um Quellcode modifizieren oder erweitern zu können, muss aber auch der Entwurf verstanden werden.[185] Dies bedeutet nichts anderes, als dass jeder Entwickler, der ändern oder erweitern will, mittels Reverse Engineering aus dem Quellcode ein mentales Modell ableitet (ohne dies notwendigerweise zu externalisieren und wieder zur Verfügung zu stellen, s.u.), dieses Modell modifiziert und (mittels Forward Engineering) wieder in Code umsetzt (siehe Abb. 11). Der Code wird dann wieder weitergegeben, das Modell allerdings nicht und geht damit für die Community verloren. Nach außen hat dies also dieselbe Wirkung wie reine Quellcode-Transformation (auch *Refactoring* genannt).

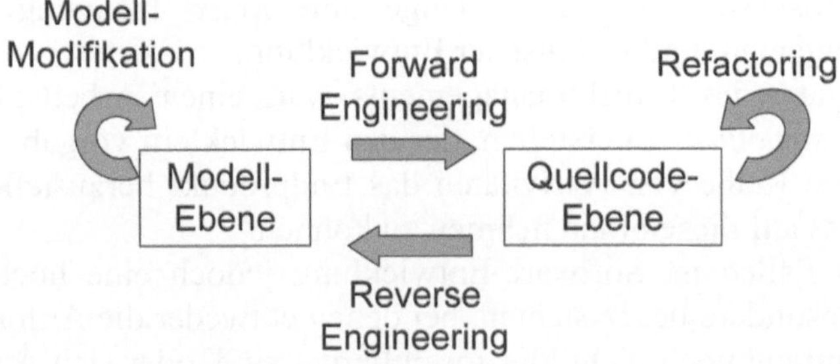

Abb. 11. Transformationen auf und zwischen Modell- und Quellcodeebene

Höhere Modelle werden üblicherweise nicht a priori von einem Design-Team erdacht, sondern a posteriori in einer Art Reverse Engineering angefertigt. So wie auch der Quellcode erst bei Bedarf und mit den vorhandenen Kapazitäten und Know How erzeugt wird. Dieser Bedarf entsteht einerseits, um den nächsten logischen Schritt in der evolutionären Entwicklung von OSS zu planen, und andererseits, um neu hinzugestoßenen Entwicklern den Einstieg zu erleichtern.

Eine in diesem Zusammenhang extrem wichtige Entität der Software-Entwicklung ist das sogenannte *Build Environment*. Darunter versteht man

Hilfsprogramme und Dokumentation, die es einem Entwickler erleichtern, den Quellcode in ein ausführbares Programm zu übersetzen. Neben dem eigentlichen Compiler, der Quellcodedateien in Binärobjekte übersetzt, gibt es eine Reihe von hilfreichen Werkzeugen, die beispielsweise die Reihenfolge, in der einzelne Dateien übersetzt werden, festlegen (Makefiles), oder sogar die gesamte Compilerumgebung (Header-Dateien, dynamische Bibliotheken, etc.) konfigurieren, so dass die OSS auf die entsprechende Zielplattform angepasst kompiliert wird. Die vollständige Weitergabe dieser Dateien wird durch die OSS-Lizenzen üblicherweise nicht gefordert. Wie das Beispiel von Mozilla gezeigt hat, führt dies bei manchen Projekten auch zu Anlaufschwierigkeiten, da es Einsteigern schwer fällt, dieses Build Environment zu duplizieren (vgl. Abschnitt 4.3.1 „Projektstart“ weiter unten).

4.2.3 Methoden zur Software-Entwicklung

Nach Fowler (2002) ist eine fundamentale Annahme von Taylors „Scientific-Management-Methode“ vom Anfang des 20. Jahrhunderts, dass Menschen verplanbare Ressourcen sind. Der Taylor'sche Ansatz ist ein typisches Beispiel für eine Methode zur Entwicklung von Software-Systemen. Insbesondere gab es lange eine klare Trennung zwischen Projektmanagement und technischer Entwicklung.

Die Aufgabe des Projektmanagements war, einen Arbeitsplan *(work break down structure)* zu erstellen, der den Entwicklern vorgab, wie sie in einer linearen Reihe von Aktivitäten das Endprodukt herzustellen hatten, ohne Einfluss auf diesen Plan nehmen zu können.

In vielen Fällen ist Software-Entwicklung jedoch eine hoch kreative Arbeit, insbesondere bei Systemen, bei denen entweder die Anforderungen bei Projektanfang noch nicht klar formulierbar sind, oder sich Änderungen während des Projektes ergeben. Die Tatsache, dass sich wichtige Parameter, die die Analyse oder den Entwurf eines Systems entscheidend prägen, noch während der Projektzeit ändern, ist ein Phänomen, mit dem im Software-Bereich jeder Projektmanager rechnen muss. Beispiele sind das Erscheinen von neuen Hardware-Plattformen (billigere, bessere, schnellere Rechner), neuen Speichermedien (billiger, schneller, geringerer Stromverbrauch) oder neuen Kommunikationstechnologien.

Eine zentrale Annahme des Taylor'schen Produktionsmodells ist, dass Personen, die die Arbeit ausführen, nicht dieselben Personen sind wie die, die herausfinden, wie die Arbeit am besten auszuführen ist. Dies führt zur klassischen Aufteilung der Aufgaben in Projektmanagement und technische Ausführung.

Diese Annahme stimmt nicht für die Produktion von Software. Programmierer können in vielen Fällen besser entscheiden als ein Manager, wie ein Problem zerlegt werden muss, um es in einem Software-System zu implementieren.[186]

Diese Erkenntnis führt zurzeit zu einer Neubesinnung, was ein Software-Prozess sein muss.[187] Die Taylor'sche Auffassung von Software-Erstellung funktioniert nur, wenn der Planer genau versteht, wie Software zu entwickeln ist, und dies besser versteht als die Software-Entwickler. Das Wasserfall-Modell, eines der zentralen Software-Lebenszyklusmodelle, das bis weit in die 90er Jahre des letzten Jahrhunderts benutzt wurde, beruhte genau auf diesem Taylor'schen Ansatz für die Aufteilung von Arbeit.

Mittlerweile kommt die Software-Entwicklergemeinde zu dem Schluss, dass die Erstellung von Software eher als kreativer Prozess zu verstehen ist, in dem Aktivitäten nichtlinear und oft parallel verlaufen. Erste Versuche, diese Nichtlinearität zu modellieren, waren iterative Modelle wie das Boehm'sche Spiral-Modell, in dem der Nichtlinearität der Entwicklung durch die Wiederholbarkeit von Aktivitäten Rechnung getragen wurde. Aber auch die iterativen Modelle waren sehr aktivitätsorientiert. Neuere Forschungsergebnisse deuten darauf hin, dass der Software-Prozess eher adaptiv sein muss. Damit ist gemeint, dass der Prozess selbst sich über die Zeit ändern muss, um sich an neue Ziele oder Lösungsanforderungen anzupassen. Das heißt, ein Projekt, das einen adaptiven Prozess benutzt, ändert diesen Prozess im Laufe der Zeit.

Ein wichtiger Aspekt von adaptiven Prozessen ist, dass man sie eher als entitätsorientiert bezeichnen kann und nicht als aktivitätsorientiert. Das Wichtige ist hier die Erstellung von Artefakten wie Modellen oder Quellcode.

Es ist zu vermuten, dass alle erfolgreichen communitybasierten Open-Source-Entwicklungen mit einem adaptiven Prozess durchgeführt wurden. Diese implizite Änderungsbereitschaft scheint sogar einer der Gründe für den Erfolg von communitybasierten Open-Source-Projekten zu sein.

Adaptive Prozesse scheinen auch für die Erstellung proprietärer Software möglich, insofern ist die communitybasierte Open-Source-Entwicklung eine neue Software-Projektmanagementmethode, die bei der Entwicklung von bestimmten Software-Systemen angewendet werden kann. Die Unterscheidung ist dabei nicht Open Source vs. proprietäre Systeme (viele Firmen experimentieren bereits mit neuen Prozessen), sondern eine Anzahl von Faktoren, die historisch gesehen allerdings zuerst bei Open-Source-Projekten auftraten.[188]

4.2.3.1 Aktivitätsorientierte Methoden

Das Wasserfallmodell[189] sieht eine sequentielle Ausführung der Aktivitätsphasen vor. Ziel ist es, niemals eine Aktivität wieder aufzugreifen, nachdem sie einmal beendet ist.

Das V-Modell ist eine Variante des Wasserfallmodells, die die Abhängigkeiten zwischen Entwicklungs- und Verifikationsaktivitäten explizit macht.

Boehms Spiralmodell[190] versucht eine Schwäche des Wasserfallmodells zu überwinden, indem es Änderungen im Entwicklungsprozess Rechnung trägt. Dabei werden die Einzelaktivitäten jeweils durch Hinzunahme von *Risk Management, Reuse-* und *Prototyping*-Aktivitäten zu **Zyklen** oder **Runden** ergänzt.

Der *Unified Software Development Process* (UP)[191] identifiziert ebenfalls Zyklen im Software-Entwicklungsprozess. Anders als bei Boehms Spiralmodell kann man diese Zyklen jedoch als Charakterisierung des Reifegrades eine Software-Systems betrachten. Jeder Zyklus besteht aus vier Phasen (*inception, elaboration, construction, transition*) und schließt mit der Auslieferung eines Systems an den Kunden ab. In jeder Iteration einer Phase treten die Aktivitäten Analyse, Entwurf, Implementierung und Test parallel auf, und in jeder Phase benutzen die verschiedenen Aktivitäten unterschiedlich viele Ressourcen.

4.2.3.2 Entitätsorientierte Methoden

Wenn es häufige Änderungen sowohl in der Anwendungs- als auch in der Lösungsdomäne gibt und wenn der zeitliche Abstand dieser Änderungen kleiner ist als die Dauer einer Aktivitätsphase, dann ist es bei den aktivitätsorientierten Software-Prozessmodellen schwierig, auf solche Änderungen zu reagieren. Diesen Schwierigkeiten versucht man mit entitätsorientierten Methoden in der Software-Entwicklung zu begegnen.

Im **Issue-basierten Modell**[192] beispielsweise startet jedes Software-Entwicklungsprojekt mit einer Menge von Problemfeldern (*issues*), deren Zustand entweder *offen* oder *geschlossen* ist. Die Problemfelder sind typischerweise deutlich kleiner als die Aktivitätsphasen in den klassischen Modellen (Beispiele für Problemfelder sind „Auf welcher Plattform soll das System laufen?“, „In welcher Programmiersprache soll implementiert werden?“, „Welche Software-Architektur wird verwendet?“). Ist ein Problemfeld zum aktuellen Zeitpunkt gelöst, so ist es damit geschlossen. Es kann wieder geöffnet werden, wenn Änderungen in den Zielen oder Lösungsanforderungen dies erforderlich machen. Explizit spezifizierte

Abhängigkeiten zwischen den verschiedenen Problemfeldern erlauben es den Entwicklern zu entscheiden, welche weiteren Problemfelder von diesem erneuten Öffnen betroffen sind.

Aktivitätsorientierte Modelle können als Spezialfälle des Issue-basierten Modells betrachtet werden. Im Wasserfallmodell sind zum Start beispielsweise genau die Problemfelder geöffnet, die zur Phase *Problemstellung* gehören. Erst wenn alle Problemfelder einer Aktivitätsphase geschlossen sind, werden die der nächsten Phase geöffnet. Problemfelder vergangener Phasen werden im Wasserfallmodell niemals erneut geöffnet.

4.2.3.3 Agile Prozesse

Die bisher charakterisierten Software-Entwicklungsprozesse werden von vielen Entwicklern als zu komplex empfunden. **Leichtgewichtige Entwicklungsprozesse** versuchen, den Aufwand für das Prozessmanagement so gering wie möglich zu halten. So genannte agile Prozesse versuchen sogar, das bei der Entwicklung verwendete Prozessmodell während der Laufzeit des Projekts selbst an die veränderten Ziele und Lösungsanforderungen anzupassen.

Ein besonderes Merkmal bei agilen Prozessen ist das Testen und Debuggen (Lokalisation und Behebung von Defekten). Testen/Debuggen ist eine Projekt-Aktivität, d.h. es wird während der gesamten Projektdauer durchgeführt, nicht am Ende des Projektes wie bei den sequentiellen aktivitätsorientierten Prozessmodellen. Die Ursache dafür ist, dass die Debugging-Aktivität hochgradig parallelisierbar ist[193]. Je mehr Entwickler an einem Subsystem arbeiten, desto leichter ist es nach Raymond, Bugs (Defekte) zu finden und eventuell gleich zu korrigieren. Raymond formuliert das so genannte Linus' Law „Given enough eyeballs, all bugs are shallow."[194]

Es muß jedoch festgestellt werden, dass neben der offensichtlichen Voraussetzung der notwendigen Fachkenntnis auch gilt, dass die Anzahl der nützlichen Inspekteure des selben Subsystems sehr begrenzt ist. Manche Untersuchungen schätzen diese auf lediglich zwei bis vier. Mehr Personen den selben Quellcode inspizieren zu lassen bringt keine nachweisbaren Qualitätssteigerungen.[195]

Die Korrekturen dieser Defekte können entweder direkt vorgenommen werden oder in Form von so genannten *Patches* (Textersetzungen im Quellcode) zwischen Entwicklern ausgetauscht und nach Überprüfung zentral übernommen werden.

Planung im traditionellen Sinne findet bei agilen Prozessen nicht statt. Bei der traditionellen Planungsauffassung werden Abweichungen vom

Plan als Fehler gesehen, die man korrigieren muss, um wieder zu der Lösung zu kommen, die im Plan beschrieben wurde. Im adaptiven Prozessmodell kann der Fehler den Entwickler zur korrekten Lösung führen, d.h. man kann vom geplanten Weg abweichen. In einem derartigen Software-Prozessmodell braucht der Entwickler eine reichhaltige Kommunikationsinfrastruktur, um mit anderen Entwicklern, und vor allem mit dem Kunden, in Kontakt zu sein, um beim Auftreten von Fehlern den nächsten Schritt zu besprechen. Ohne eine derartige Infrastruktur ist ein adaptives Software-Prozessmodell nicht möglich. Bei Open-Source-Projekten können sogar weltweit verteilte Personen diese Infrastruktur benutzen.[196]

Ein Bespiel für einen agilen Prozess ist *Extreme Programming*[197], das nur auf einer geringen Anzahl verschiedener Aktivitäten beruht. Transformationen erfolgen ausschließlich auf der Ebene von Quellcode und dies in enger Zusammenarbeit mit dem Kunden, der ständig präsent sein muss. Auf Modelle höherer Abstraktionsebenen ($M_{Analyse}$, M_{System} und M_{Detail}) wird verzichtet, der Kunde wird gewissermaßen als wandelndes Modell angesehen, das zu jeder Zeit und zu jeder Entwurfsfrage zu Rate gezogen werden kann.

Jedes neue Code-Stück und jede Änderung am Code wird bei *Extreme Programming* sofort in das Originalsystem übernommen. Mittels Regressionstests wird dabei überprüft, ob die Änderung die bisherigen Testfälle verletzt. Die Verzahnung von Programmierung und Test mittels Inspektion geht dabei so weit, dass jede Zeile Quellcode immer von zwei Entwicklern gemeinsam geschrieben wird *(Pair Programming).* Ein Entwickler hat dabei als *driver* die Kontrolle über Tastatur und Maus, der andere schaut ihm als *partner* über die Schulter. Gehen sie auseinander, verlieren sie die Zuständigkeit für den Code, auch wenn abschließende Korrekturen noch nicht durchgeführt wurden. Jedes andere Paar darf diesen Teil des Quellcodes aufgreifen und ändern bzw. weiter entwickeln *(Egoless Programming).*

4.3 Das communitybasierte Open-Source-Projekt

Eine Community kennzeichnet sich durch den Zusammenschluss von Personen, die aufgrund ähnlicher Interessen über einen längeren Zeitraum hinweg miteinander kommunizieren, kooperieren, Hilfe anbieten und voneinander lernen. Aufgaben und Rollen der Mitglieder können dabei auch wechseln. Ein kennzeichnender Aspekt einer Community ist die Identitätsstiftung durch die Herausbildung einer Projektkultur. Selbstorganisation spielt eine weitere wichtige Rolle: Eine Kommunikationsinfrastruktur wird zwar gepflegt, aber die Beiträge werden nicht kontrolliert, also inhaltlich geprüft. Die Qualität der Beiträge hängt somit stark von der Eigenverantwortung der Beteiligten ab.

Als communitybasierten Open-Source-Prozess bezeichnet man (allgemein) die Summe der Aktivitäten, die im Zusammenhang mit der Entwicklung von OSS innerhalb einer Community stehen. Ein communitybasiertes Open-Source-Projekt ist eine (konkrete) Inkarnation dieses Prozesses, die zum Ziel hat, für ein bestimmtes Problem OSS zur Lösung zu entwickeln. Das auslieferbare Produkt eines solchen Projekts bezeichnet man als OSS (oder auch Open-Source-Produkt) bzw. ein *Release* davon.

Ein Open-Source-Projekt ist dann erfolgreich, wenn eine große Anzahl von Benutzern die entstehende Software sofort anwenden bzw. adaptieren kann und wenn viele von ihnen zur Verbesserung und/oder Erweiterung beitragen.

Eine weitere charakteristische Eigenschaft von communitybasierten Open-Source-Projekten neben der Offenlegung des Quellcodes ist also die Existenz einer Gemeinschaft von geographisch verteilten Benutzern und Entwicklern (Open-Source-Community), von denen jeder Einzelne seinen Beitrag zum Projekt selbst oder aber zumindest zur Verbreitung des Produkts leistet.

4.3.1 Projektstart

Zentrale Annahme ist, dass am Anfang eines communitybasierten Open-Source-Projekts Benutzer und Entwickler motiviert werden können, sich daran zu beteiligen. Dazu sind nach Fogel[198] ein attraktives Projektziel, die Möglichkeit des öffentlichen Zugriffs und eine lauffähige Version der Software erforderlich:

Das Ziel des Projekts muss attraktiv sein.

Raymond[199] geht davon aus, dass ein Entwickler sich nur beteiligt, wenn er ein ganz persönliches Interesse an diesem Projekt hat *(„scratching a developer's personal itch")*. Dabei kann das Interesse in ganz unterschiedlichen Bereichen liegen, z.B.:

- „Diese Software brauche ich zur Lösung eines speziellen Problems."
- „Diese Software sollte mal geschrieben werden."
- Vorhandene Software hat ärgerliche Schwächen.

- Vorhandene Software ist zu teuer.
- Monopolstellungen sollen verhindert werden.

Das Projekt muss öffentlich zugreifbar sein.

Alle Dokumente und der vollständige Quellcode des Projekts müssen leicht über das Internet erreichbar sein (in der Regel als CVS Repository), und das Projekt muss in den dafür vorgesehenen Newsgroups und Mailing-Listen veröffentlicht werden.

Von Anfang an muss die Software verwendbar sein.

Ein reiner Benutzer ist nur an lauffähiger Software interessiert. Auch jemand, der sich an der Weiterentwicklung beteiligen will, wird eher anhand eines lauffähigen Prototyps die Attraktivität eines Projekts bewerten bzw. sich von ihr überzeugen lassen als anhand einer Zielbeschreibung oder durch das Studium von Quellcode.

Diese Erfahrung machte auch Netscape/Mozilla. Nach der Offenlegung des Quellcodes 1998 blieb das Projekt für überraschend lange Zeit im Wesentlichen ein Netscape-internes Projekt. Externe Entwickler leisteten kaum Beiträge. Jamie Zawinski, einer der beteiligten Entwickler bei Netscape, nennt dafür u.a. folgenden Grund:[200]

> „People only really contribute when they get something out of it. When someone is first beginning to contribute, they especially need to see some kind of payback, some kind of positive reinforcement, right away. For example, if someone were running a web browser, then stopped, added a simple new command to the source, recompiled, and had that same web browser plus their addition, they would be motivated to do this again, and possibly to tackle even larger projects.
>
> We never got there. We never distributed the source code to a working web browser, more importantly, to the web browser that people were actually using. We didn't release the source code to the most-previous-release of Netscape Navigator: instead, we released what we had at the time, which had a number of incomplete features, and lots and lots of bugs. And of course we weren't able to release any Java or crypto code at all.
>
> What we released was a large pile of interesting code, but it didn't much resemble something you could actually use."

4.3.2 Release Management

Sobald ein neues communitybasiertes Open-Source-Projekt erfolgreich platziert ist, d.h. eine genügend große Anzahl von interessierten Benutzern und Entwicklern gefunden ist, gehen oft in kurzen Abständen Verbesserungs- und Erweiterungsvorschläge in Form von *Patches* ein. In der Regel entscheiden ein oder zwei Projekt-Maintainer (siehe nachfolgenden Abschnitt 4.3.3), welche Vorschläge in das nächste Release aufgenommen werden. Wichtig ist, dass diese Entscheidungen schnell fallen und veröffentlicht werden und dass die Entscheidungen eindeutig sind. Hier wird eher in Kauf genommen, dass sich Entwickler, deren Vorschläge nicht aufgenommen werden, enttäuscht vom Projekt abwenden, als dass sich durch ein Verzögern der Entscheidungen das Projekt in verschiedene Seitenlinien aufspaltet, die nicht mehr vereinbar sind (*Forking)*.

Neue Releases müssen schnell veröffentlicht werden, damit der Synergieeffekt des parallelen Debuggens und Verbesserns optimal genutzt wird. Der Nachteil, dass schnelle Releases meist noch wenig stabil sind, tritt hinter diesem Vorteil zurück. Benutzer der Software können abwägen, ob ihnen die Stabilität eines älteren Release oder die neuen Features eines neueren Release wichtiger sind.

4.3.3 Der Projekt-Maintainer

Die Rolle des Maintainers ist unterschiedlich in verschiedenen communitybasierten Open-Source-Projekten. Einige Projekte haben einen Maintainer für das ganze Projekt, andere haben einen Maintainer pro Subsystem, andere rotieren die Rolle des Maintainers oder haben mehrere Maintainer für dieselbe Quellcode-Datei.

Häufig übernimmt die Rolle des Maintainers der Originalentwickler der Software, der damit auch entscheidet, wie sich die Managementstruktur der Software weiterentwickelt. Es bleibt auch aus Softwaretechniksicht ein sehr untersuchenswürdiges Thema, wie die Entscheidungs- und Kommunikationsstrukturen herausgebildet werden, die diverse erfolgreiche OSS-Communities aufzeigen.

4.3.4 Die „fehlende" Rolle des Kunden

Grundsätzlich hat ein communitybasiertes Open-Source-Projekt keinen externen Kunden, der die Software in Auftrag gibt und Ziele und Lösungsanforderungen festlegt. An seine Stelle treten sämtliche Benutzer, die das

Produkt nehmen, wie es ist, und auch die Entwickler, die das Produkt durch Weiterentwicklung ihren eigenen Bedürfnissen anpassen.

Neue Ziele und Lösungsanforderungen fließen üblicherweise dadurch in ein Projekt ein, dass ein Entwickler ein neues Feature integriert. Mit der neuen Anforderung wird dann zugleich eine erste lauffähige Lösung dieser Anforderung mitgeliefert. Akzeptiert wird die Lösung wiederum nicht von einem externen Kunden, sondern von der Community bzw. dem Projekt-Maintainer.

Produkt-Support für Kunden wird bei proprietärer Software häufig über viele Wege geleistet: Call Center, Webseiten, etc. Dort Angestellte sind nur in Ausnahmefällen berechtigt oder qualifiziert, auf Quellcode-Ebene Verständnis für das Problem der Supportanfrage mitzubringen. Es ist firmenabhängig, ob man mit dem Originalentwickler in Kontakt treten kann. Eine OSS-Lösung kehrt die Support-Ansprüche gewissermaßen um: Nicht die Entwickler helfen den Anwendern im Umgang mit der Software, sondern die Anwender den Entwicklern beim Verbessern der Software. Anwender sind angehalten, Verbesserungsvorschläge einzubringen, je nach technischer Versiertheit direkt als Patch oder als Entwurfsvorschlag auf Entwicklerforen, Mailing-Listen, oder ähnlichem Wege. Wenn der Maintainer des OSS-Projekts ein Mitarbeiter der eigenen Firma ist, so ergeben sich natürlich auch wesentlich besserere Kommunikationswege zur Entwickler-Community und mehr Steuerungsmöglichkeiten.

Durch diesen Kundenbegriff von OSS wird die Bindung an Software-Hersteller gelockert, da zwar je nach Komplexität und Güte des Quellcodes die Lernkurve des Originalautors immer im Vorteil ist, aber es jederzeit möglich ist, Defekte verbessern oder Änderungen vornehmen zu lassen und dafür auch den Anbieter dieser Arbeit zu wechseln. Dieser Vorteil freier OSS für den Kunden ist nicht exklusiv auf Projekte anwendbar, die von nicht-kommerziellen Communities entstanden sind. Ein Umdenken des Kundenanspruchs, der anstelle eines Verwendungsrechts von ausführbaren Programmen die Ingenieursleistung der Entwickler bezahlt und sich die Rechte vorbehält, die Software in neuen Umgebungen neuen Nutzen zu widmen, ist ebenfalls bei proprietärer Software denkbar.

Umgekehrt ist bei sehr erfolgreichen Open-Source-Produkten (beispielsweise Linux) eine vergleichbare Tendenz zu verspüren wie bei proprietären Produkten: Die Zahl der Nutzer, die sich für den Quellcode eigentlich gar nicht interessieren, übersteigt die Zahl der Entwickler deutlich. Diese Nutzer melden Defekte oder Verbesserungsvorschläge üblicherweise ihrem technischen Sachverständigen, der dann für sie die entsprechenden Maßnahmen einleitet. Entweder er behebt den Defekt selbst, oder er lässt die Entwicklergemeinde von dem „Kundenwunsch“

wissen. So ist es auch zu erklären, dass Entwickler oder Distributoren teilweise als „Proxy-Kunden" auftreten und nichtfunktionale oder funktionale Anforderungen in OSS-Projekte einbringen.

4.3.5 OSS-Entwicklung durch Unternehmen

Es ist eine Tendenz zu erkennen, dass Großunternehmen verstärkt in OSS investieren. Aus technischer Sicht sind hierbei zwei Herangehensweisen zu unterscheiden: Vormals proprietäre Software kann zu OSS werden, was bedeutet, dass die Software ursprünglich in einem Prozess entstanden ist, wie er zu Anfang dieses Kapitels charakterisiert wurde. Die zweite Möglichkeit, OSS-Projekte aufzugreifen und weiterzuentwickeln, soll nun näher betrachtet werden.

Besteht im Rahmen einer größeren Software-Strategie Bedarf an einzelnen Komponenten, so können initiale Entwicklungszyklen in Firmen gespart werden, indem ein OSS-Projekt identifiziert, analysiert und anschließend adaptiert wird, um diesen Bedarf zu decken. Es muss dabei natürlich auf die Lizenzbedingungen des OSS-Projekts geachtet werden, die mit der eigenen Software vereinbar sein müssen.

Ein größtenteils psychologisch wichtiger Punkt für erfolgreiche Beteiligung von Firmen an communitybasierten OSS-Projekten ist das Auftreten der Firma in der Community. Hier ist ein „Geben und Nehmen"-Verhalten notwendig, um die für den Erfolg notwendige Kooperation aller Beteiligten zu erhalten.

Beispiele für erfolgreichen Eintritt in eine Entwickler-Community von Unternehmen sind etwa Oracle, die im Rahmen von speziellen Support-Verträgen, die allerdings den Oracle-Kunden auf spezielle (zertifizierte) Linux-Distributionen festlegen, auch Quellcode von Linux verbessern, sollte ein Problem seinen Ursprung dort haben. Dies bedeutet für den Kunden natürlich eine zweckgerichtete Orientierung des Support, die erst durch die Verfügbarkeit des Quellcode möglich ist. Auch IBM beteiligt sich aktiv an diversen Open Source Communities. So finden sich mehrere Mitarbeiter von IBM auf der Liste der Beitragenden des Apache Webserver-Projekts.

Exemplarisch soll hier anhand der Bemühungen von Apple dargestellt werden, wie eine derartige Beteiligung prinzipiell funktioniert.

Das Betriebssystem Mac OS X enthält ein auf dem Mach Kernel und BSD basierendes UNIX „Apple Darwin". Dieses ist von Apple im Quellcode erhältlich und wird von einer geförderten, aber unabhängigen Community als OpenDarwin entwickelt und vertrieben. Diese ermöglicht jedem, einzelne Teile zu modifizieren, neu zu kompilieren und in eine

Installation von Mac OS X zu integrieren. Da Apple intern Qualitätssicherung und auch proprietäre Entwicklung betreibt, ist diese Konstruktion sinnvoll gewesen, wobei man hier nicht von einer Beteiligung an einer Community sprechen kann, sondern hier ein Unternehmen eine Community erfolgreich initiiert hat.

Das Beispiel von Safari, einem Webbrowser von Apple, verdeutlicht besser, wie eine Beteiligung funktionieren kann. Safari verwendet die OSS-Bibliotheken KHTML, KJS, PCRE und Expat[201]. KHTML und KJS sind LGPL-lizenzierte Bibliotheken des KDE-Projekts, die sehr leichtgewichtige Implementierungen für HTML-Darstellung und JavaScript-Interpretation bieten. Apple entschied sich wegen der klaren Fokussierung und des geringen Überbaus für diese Bibliotheken und entwickelte den notwendigen *glue code*, um sie in Mac OS X zu integrieren. Apple nahm auch zahlreiche Verbesserungen an den Bibliotheken vor, und als die erste Version von Safari veröffentlicht wurde, wurden diese den Entwicklern von KHTML und KJS zur Verfügung gestellt.

Der Prozess, nach dem sich Unternehmen an OSS-Projekten beteiligen können, lässt sich demnach in die folgenden Schritte einteilen:

1. Eine geeignete OSS-Komponente wird **identifiziert.** Kriterien sind hierbei klare Fokussierung, Funktionsweise, Lizenzierung und Anzahl der Nutzer.

2. Eine neue Komponente, die die OSS **adaptiert,** wird entworfen und implementiert. Sie stellt das Zwischenstück zur eigenen Software dar.

3. Die OSS Komponente wird **modifiziert,** um die Anforderungen an die eigene Software zu erfüllen. Dabei sollte genau darauf geachtet werden, welche Modifikationen allgemeingültig sind, da diese – typischerweise Behebungen von Defekten – zurück in die OSS-Komponente fließen sollten.

4. Die Modifikationen werden den Entwicklern der OSS zur Begutachtung geschickt und als Änderungen vorgeschlagen. Dies wird im Englischen mit dem Wort „**advocate**“ (verfechten) bezeichnet.

5. Bei erfolgreicher Beteiligung an der Community (anstelle von *Forking*) wird es dann notwendig, Modifikationen in beiden Richtungen zu **synchronisieren**, oder sogar, falls dies möglich ist, zu einer gemeinsamen Code-Basis zu migrieren.

4.3.6 Open-Source-Projekt als genetischer Prozess

Man kann ein Open-Source-Projekt auch als einen genetischen, im Darwin'schen Sinne evolutionären Prozess auffassen. Das genetische Material ist der Quellcode. Der Entwickler nimmt Veränderungen vor (Mutationen) und die Community entscheidet, welche Mutationen Erfolg versprechen und weiterverfolgt werden. Dies kann auch als eine opportunistische, d.h. wenig geplant oder strukturierte Suche nach einer Lösung in einem großen Suchraum aufgefasst werden. Nicht weiterverfolgte Mutationen sterben nicht ab, sondern bleiben im CVS Repository erhalten und können eventuell später wieder belebt werden.

Die Techniken, die bisher erfolgreich bei OSS-Projekten eingesetzt wurden, funktionieren sehr gut bei Konstruktionsaufgaben wie Implementierungen oder Veränderungen von Quellcode oder APIs.

Der communitybasierte Open-Source-Entwicklungsprozess hat sich vorherrschend in der Konstruktion von Software-Systemen bewährt,

1. deren Funktion bekannt ist – z.B. in einer bereits existierenden Version – *(Cloning)* oder
2. die keinen komplizierten Entwurf haben, sondern einen Entwurf, der von Programmierern aus dem Quellcode abgeleitet werden kann, oder
3. deren Spezifikation ohne Zuhilfenahme aufwendiger Modellierungstechniken oder breitbandiger, synchroner Kommunikationswege, beispielsweise nur persönlich oder telefonisch, kommunizierbar ist. Mit anderen Worten, die Spezifikation muss intuitiv erfassbar, oder sehr leicht – auch asynchron – kommunizierbar sein (wie etwa die ausreichende Spezifikation von GNU im Usenet von Richard Stallman als ein „complete Unix-compatible software system")

Wenn der Entwurf zu kompliziert ist, dann ist ein Community-Prozess von manchen Open-Source-Projekten, die sich auf kommentierten Quelltext beschränken, nicht die richtige Methode. Modellbasierte Entwicklung ist dann vorzuziehen.[202]

4.4 Einsatz von OSS

Im Folgenden wird näher auf technische Aspekte beim Einsatz von OSS eingegangen. Dabei wird zunächst beschrieben, wie mehrere Software-Systeme zu einem Gesamtsystem komponiert werden (4.4.1), worauf eine Betrachtung der dabei besonders relevanten Aspekte der Qualität und Sicherheit folgt (4.4.2). Als Abschluss werden einige Anforderungen an

Software-Systeme beschrieben, die beim Einsatz von Software immer von Bedeutung waren, jedoch durch die Bestrebungen der Open Source Community an Achtung gewonnen haben (4.4.3).

4.4.1 Einsatzmöglichkeiten von Software-Komponenten

Für den Einsatz von Software-Komponenten im Allgemeinen sprechen eine Reihe von sowohl ökonomischen als auch technischen Gründen. Neben der offensichtlichen Möglichkeit, Kosten zu sparen, indem nicht immer „das Rad neu erfunden" wird, steht auch die Unterstützung von Standardisierung in zwei Ausprägungen. Für Entwickler ist der Einsatz einer mehrfach verwendeten und damit in breiterem Umfeld getesteten „Standard-Komponente" vorteilhaft. Ihre Rolle für das Gesamtsystem wird somit weniger kritisch, da ihr Umfang, ihre Leistung und ihre Stabilität, also ihre Gesamtqualität bekannt sind. Für Anwender bedeutet die Standardisierung von Subsystemen ein erleichtertes Erlernen des Umgangs mit einem Gesamtsystem, da die standardisierten Teile bereits bekannt sind und über verschiedene Systeme hinweg gleich arbeiten.

Falls im Gesamtsystementwurf eine Komponente identifiziert wurde, die dem Entwickler nicht zur Verfügung steht, so ist ein naheliegender und sehr oft verfolgter Ansatz, diese selbst zu erzeugen *(Build)*, wie im Abschnitt 4.2 über den Software-Entwicklungsprozess beschrieben: es folgt der detaillierte Entwurf der Komponente und die für sie notwendige Schnittstelle, ihr Leistungsumfang und ihre Rahmenbedingungen werden spezifiziert. Falls eine tatsächlich neue, innovative Komponente benötigt wird, ist dies sogar der einzige Weg.

Wenn eine Komponente identifiziert werden kann, die den Spezifikationen der benötigten Komponente im Wesentlichen enstpricht, ergibt sich die Möglichkeit, diese zu erwerben *(Buy)* und als Teillösung einzusetzen, was im Fall von OSS auch gratis sein kann. Dies kann in unterschiedlichen Ausprägungen geschehen.

Ein Beispiel: Für einen elektronisch gestützten Arbeitsablauf *(Workflow)* einer Behörde identifiziert der Entwickler die Notwendigkeit für eine Textverarbeitungskomponente, da ein Arbeitsschritt das Versenden eines Serienbriefs ist. Die benutzerfreundlichste Variante ist jene, die den Arbeitsablauf am wenigsten unterbricht.[203] Wenn nun nur zum Zweck der Serienbrieffunktionalität eine vollständige Textverarbeitung eines anderen Herstellers aufgerufen wird, so muss der Anwender mental den Kontext wechseln. Er befindet sich plötzlich in einer ganz anderen Anwendung, die womöglich vom Workflow, in dem dieser eine Arbeitsschritt stattfindet, gar nichts weiß. Die aufgerufene Textverarbeitung kann dann auch keinen offensichtlichen Weg „zurück" bieten. Erst wenn der Anwender diese beendet, kann er den Workflow fortsetzen. Eine bessere Integration, die keinen Kontextwechsel erfordert, wäre wünschenswert, nicht zuletzt, weil eine vollständige Textverarbeitung vermutlich eine Vielzahl von Möglichkeiten und Optionen bietet, die weder benötigt werden noch ein fokussiertes Arbeiten fördern.

Beim Kauf oder der Lizenzierung von Komponenten erwirbt ein Entwickler die Rechte, geistiges Eigentum eines anderen Entwicklers zu verwenden. Unabhängig von den lizenzrechtlichen und ökonomischen Betrachtungen unterscheidet man drei Kategorien, dieses Wissen einzusetzen: Als Anwendung, Bibliothek oder Vorlage.

Im Falle der **Anwendung** muss die erworbene Komponente für Endanwender entweder in den Systemanforderungen dokumentiert werden oder kann auch gleich im Rahmen des Installationsvorgangs mit eingerichtet werden. Man spricht dann von einem *Software-Bündel,* da Anwendungen unterschiedlicher Herkunft, und potenziell unterschiedlicher Lizenzierungen, in einem Vorgang installiert werden. Ein besonders hervorzuhebendes Software-Bündel stellt das Betriebssystem selbst dar, das nur in den seltesten Fällen ausschließlich aus dem klassischen Betriebssystem besteht, das benötigt wird, um Speicher, Prozesse und Ein-/Ausgaben zu verwalten. Die unterschiedlichen Betriebssystemshersteller rühmen sich häufig einer großen Palette von „bereits vorinstallierten" Programmen, die zur Standardinstallation gehören.

Eine Besonderheit dieses Vorgehens bei der Software-Entwicklung ist, dass die Komponenten sehr lose aneinander gekoppelt sind, was sich in diesem Fall auch zu einem Nachteil entwickeln kann, wenn beispielsweise die verwendete Komponente aktualisiert wird und damit unerwartete Seiteneffekte entstehen. Beim obigen Beispiel der Textverarbeitung als Komponente des Behördenverfahrens könnte eine zusätzlich installierte, andere Anwendung eine neuere Version derselben Textverarbeitung benötigen. Nun muss sich der Endanwender zwischen der Workflow-Anwendung und dieser anderen Anwendung entscheiden, oder er muss die Textverarbeitung aktualisieren, und verliert damit womöglich die Fähigkeit, Serienbriefe direkt aus der Workflow-Anwendung zu drucken.

Im Falle einer **Bibliothek** benötigt der Entwickler die Dokumentation der Bibliotheksschnittstelle und in vielen Fällen auch Dateien, die vom Linker benötigt werden, um die einzelnen Bausteine korrekt zusammen zu fügen.

Das Zusammenfügen *(linking)* der Komponenten kann zur Übersetzungszeit (statisch) oder zur Laufzeit (dynamisch) geschehen. Beim dynamischen Zusammenfügen wird die Bibliothek nach Programmstart vom Betriebssystem angefordert, und das Programm hat damit die

Möglichkeit, Routinen aus der Bibliothek zu nutzen. Beim statischen Zusammenfügen werden die Routinen in das Programm integriert, werden also ein untrennbarer Teil des Gesamtssystems.

Dieses Vorgehen koppelt die Komponenten stärker aneinander; dem Endanwender fällt die Integration kaum noch auf, da sowohl statische als auch dynamische Bibliotheken nahtlos als Teil der Anwendung erscheinen. Bezüglich der Aktualisierbarkeit gilt für dynamisch verbundene Bibliotheken praktisch dieselbe Problematik wie bei eigenständigen Anwendungen. Ergänzend sei noch gesagt, dass in der Entwicklungsentscheidung eigentlich von „licence“ anstatt von „buy“ gesprochen werden müsste, da die Endanwender eine Gesamtlösung kaufen und der Entwickler lediglich das Recht lizenziert hat, die benötigten Teillösungen weiter zu verkaufen oder zu bündeln, also in einem gemeinsamen Software-Paket mit zu installieren.

Im Fall einer **Vorlage** findet der Entwickler zunächst eine mit seinem direkten Problem verwandte Lösung. Darauf aufbauend kann er nun maßgeschneidert seine Lösung entwerfen und das hinzugelernte Wissen wertschöpfend einsetzen. Je nach Güte der Dokumentation der verwandten Lösung wird er es vermeiden können, übliche Fehler zu wiederholen und Ausnahmen zu übersehen.

4.4.1.1 Black-Box- vs. White-Box-Komponente

Bei der Anpassung der ausgewählten Komponente an den Rest des Systems unterscheidet man zwei Fälle.

1. Die Komponente ist nicht veränderbar. Dafür kann es mehrere Gründe geben: die Komponente liegt nur in Binärform als lauffähiges Objekt vor. Oder der Quellcode steht zur Verfügung, die Entwickler dürfen aber keine Änderungen am Quellcode machen. (Dieser Fall tritt oft auf, wenn proprietäre Software von Firmen im Rahmen eines Geheimhaltungsvertrages an auswärtige Entwickler weitergegeben wird, die diese Komponenten für ihre eigene Software benötigen.) Ein dritter Grund liegt vor, wenn die Komponente in einem noch unreifen Zustand ist *(„alpha release“)* und die Entwickler die erwarteten Änderungen nicht dadurch verkomplizieren möchten, dass sie auch noch Änderungen importieren. Ein beliebtes Werkzeug zur Lösung dieses Falles ist das Adapter-Entwurfsmuster.[204] Dieses Muster legt einen *Wrapper* um die nicht veränderbare Komponente, der wie ein Schutzwall alle benutzenden Komponenten von dieser Komponente trennt. Eine andere Methode, die insbesondere bei objektorientierten Programmiersprachen verwendet

wird, ist die Vererbung. Mithilfe der Vererbung kann man alle notwendigen Anpassungen separat von der COTS-Komponente halten.

2. Der Quellcode der Komponente ist vorhanden und darf auch verändert werden. Dies ist der Fall bei Komponenten aus Open-Source-Projekten. In diesem Fall kann der Entwickler das Anpassungsproblem ziemlich leicht lösen, wenn die Anpassung durch Veränderungen am Quellcode der Komponente möglich ist.

Bei proprietären Komponenten wird üblicherweise eine ausführbare Version geliefert, nicht allerdings der Quellcode. Sie ist vom Verwender nicht veränderbar oder einsehbar, wird deshalb als Black-Box-Komponente bezeichnet. Bei Quellcode hat der Entwickler Einsicht in die innere Struktur der Implementierung, und kann sie, falls erforderlich, verändern. Sind zusätzlich zum Quellcode noch die wichtigen Elemente einer Komponente vorhanden, nämlich die Spezifikation des APIs und eine ausführbare Version, dann wird sie als White-Box-Komponente bezeichnet.

4.4.1.2 Komponentenbasierte Software-Entwicklung und OSS

Die oben beschriebenen komponentenbasierten Entwicklungsaktivitäten behandeln unterschiedliche Anforderungen und müssen oft zusammen durchgeführt werden. Eine COTS-Komponente reduziert die Implementierungsarbeit für die benötigte Komponente, erfordert aber oft neue zusätzliche Objekte, die eine bindende Funktion übernehmen, ähnlich wie der Mörtel eine bindende Funktion zwischen Beton-Bausteinen übernimmt *(glue objects)*. Eine spezifische Methode der COTS-Komponente könnte beispielsweise Ausnahmen selbst behandeln, die dem Aufrufer signalisiert werden müssten und damit eine direkte Verwendung ausschließen.

Komponentenbasierte Software-Entwicklung und communitybasierte Open-Source-Entwicklung unterscheiden sich in Bezug auf die Verfügbarkeit von Modellen, und zwar aller Modelle, die über den Quellcode hinausgehen.

Ansonsten bestehen starke Parallelen zwischen komponentenbasiertem Software-Engineering und OSS-Entwicklung, denn einer der Vorteile von OSS ist die Verfügbarkeit von bereits existierendem Quellcode, der die Abstraktion einer Problemlösung für ein bereits bestehendes System darstellt. Es bleibt jedoch anzumerken, dass die Erzeugung von Quellcode nur einen beschränkten Teil der Entwicklungsarbeit ausmacht. Brooks schätzt diesen auf etwa 1/6 des Gesamtaufwands, der Rest wird für Planung und verschiedene Tests veranschlagt.[205]

4.4.2 Qualität und Sicherheit

Unbestreitbar sind die erfolgreichen Open-Source-Produkte wie Linux, Apache etc. von hoher Qualität. Ein wichtiger Punkt dafür ist die große Anzahl von Entwicklern, die nicht nur mittels Tests, sondern auch mittels Inspektionen von Quellcode Defekte aufspüren und gegebenenfalls beheben.[206]

Die Offenlegung des Quellcodes gibt jedermann die Möglichkeit, Quellcode-Inspektionen nach eigens entwickelten Methoden auf verbreiteten Produkten durchzuführen. Dies wird auch tatsächlich unternommen, beispielsweise von Wissenschaftlern, die im Rahmen von Computersicherheits-Vorlesungen oder anderen universitären Projekten auf realistische Codebasen zurückgreifen wollen.[207]

Die Größe der Community ist jedoch nicht ausschlaggebend für die Qualität der Architektur bzw. des Designs eines Projekts. Hissam et al. haben gezeigt,[208] dass Architektur- bzw. Modellierungsfehler im communitybasierten Apache-Projekt nur von einer kleinen Kerngruppe von Entwicklern verbessert werden, die in der Größe derselben Gruppe in vergleichbaren proprietären Projekten entspricht. Der Grund dafür dürfte sein, dass, wie bereits erwähnt, höhere Modelle in Open-Source-Projekten entweder gar nicht explizit in der Community kommuniziert werden, oder aber nur wenige typische Open-Source-Entwickler die entsprechende Kompetenz haben. Daraus ergibt sich, dass

- OSS aus communitybasierten Entwicklungsprojekten nicht automatisch von höherer Qualität ist als proprietärer Code (und ebenso wenig umgekehrt), sondern
- im Einzelfall berücksichtigt werden muss, ob in der Community die nötige Kompetenz und die nötigen organisatorischen Voraussetzungen für die Qualitätssicherung (auch auf Architektur- bzw. Modellebene) vorhanden sind.

In Hissam, Weinstock, Plakosh und Asundi (2001) werden Schlüssel-Bedingungen genannt, die entscheidend für den Erfolg eines communitybasierten Open-Source-Projekts sind. Dabei wird nicht ausgeschlossen, dass Projekte, die diese Bedingungen nicht erfüllen, dennoch zum Erfolg führen. Aber alle dort untersuchten, erfolgreichen Projekte erfüllen diese Bedingungen. Im Einzelnen sind dies:

- Das Projekt startet mit einem arbeitsfähigen Produkt, zumindestens mit einem Prototypen.
- Das Projekt hat engagierte Maintainer.

- Die entstehende Software ist von allgemeinem Interesse.
- Das Projekt ist in technischer Hinsicht neu und interessant.
- Die Entwickler sind auch Anwender des Produkts.

Dabei wird die letzte Bedingung als die eigentlich typische genannt, da – wie schon in Abschnitt 4.3.4 beschrieben – in communitybasierten Open-Source-Projekten nicht die Ziele und Lösungsanforderungen eines **externen** Kunden umgesetzt werden.

4.4.3 Anforderungen an Software-Systeme

Wenn man den Begriff Anforderung auf die Eigenschaften eines Software-Systems bezieht, unterscheidet man zwischen funktionalen und nichtfunktionalen Anforderungen. Funktionale Anforderungen können in Form von Funktionen beschrieben werden, die das System erfüllen soll. Unter dem Begriff „nichtfunktionale Anforderungen" fasst man Eigenschaften zusammen, die nicht als Funktion ausgedrückt werden können, wie zum Beispiel gute Lesbarkeit des Quellcode oder Verfügbarkeit auf mehreren Plattformen. In diesem Sinne ist die Offenlegung von Quellcode eine nichtfunktionale Anforderung.

Es ist nicht möglich, hier eine vollständige Liste von Anforderungen für Software-Systeme im Allgemeinen zu erstellen. Deshalb folgen nun einige Anforderungen, die als Diskriminatoren eingesetzt werden können, wenn es um die Frage geht, ob OSS oder proprietäre Software für die Lösung eines Problems eingesetzt werden soll.

Besonders im öffentlichen Sektor gibt es zurzeit Diskussionen über den Einsatz von OSS bei informationstechnischen Anwendungen. Im Zusammenhang mit dem Einsatz solcher Systeme lassen sich einige wichtige Anforderungen formulieren.[209]

4.4.3.1 Datenschutz

Ein informationstechnisches System muss die verarbeiteten Daten schützen. Keine unerwünschten Informationsübermittlungen irgendeiner Art dürfen an Dritte erfolgen. Dritte dürfen keine Möglichkeit haben, die Daten zu lesen, zu verändern oder den Zugriff auf Daten einzuschränken. Zum Kreis der Dritten zählen selbstverständlich auch die Hersteller der Software und die Support-Dienstleister. Vor allem der Hersteller hat Möglichkeiten, sich Zugriff zu dem von ihm angebotenen System zu verschaffen, ohne dass diese im Endprodukt erkennbar sind oder kontrolliert werden könnten. Mittels gesetzlicher Bestimmungen lassen sich Hersteller zum Datenschutz verpflichten. Die Einhaltung wirksam zu überprüfen, ist jedoch nicht ohne teilweise erheblichen Aufwand möglich.

Datenschutz ist die Sicherheit des Staates und seiner Bürger vor der unbefugten Weiterleitung oder Verarbeitung von personenbezogenen Daten. Um Datenschutz zu ermöglichen, darf das Software-System keine Viren, trojanische Pferde oder Spion-Code enthalten. Dies ist oft feststellbar durch Inspektion des Quellcodes (Viren und trojanische Pferde können auch in die ausführbare Form, d.h. Binärcode, implantiert werden, sind dann aber mit einfachen Verifikationstechniken zu entdecken).

4.4.3.2 Datensicherheit

Ein informationstechnisches System muss die Verfügbarkeit der Daten sicherstellen. Berechtigte Benutzer sollen jederzeit auf ihre Daten zugreifen können. Eine Lösung muss daher maximale Verfügbarkeit durch sinnvoll angelegte Redundanzen gewährleisten.

Hierzu gehört auch die Sicherstellung der Transparenz, d.h. die Ermöglichung des freien Zugriffs auf öffentliche Informationen für alle Bürger. Um freien Zugriff – frei im monetären Sinne – auf Daten zu ermöglichen, muss das Datenformat offen, d.h. herstellerunabhängig und gebührenfrei sein.

4.4.3.3 Permanenz

Kommunikation von Programmen kann nur erfolgreich sein, wenn alle Kommunikationspartner dieselben Protokolle benutzen. Deshalb sollen eingesetzte Protokolle von unabhängigen und firmenübergreifenden Gremien standardisiert und auf Machbarkeit und Sinn geprüft sein.

Um einen dokumentenbasierten Arbeitsprozess zu unterstützen, müssen Datei-Inhalte von einer Vielzahl von Programmen verarbeitbar sein. Auch hierfür sind offene Standards definiert, damit Endbenutzer größtmögliche Flexibilität in ihrer Datenverarbeitung erhalten.

Ein solcher Standard, die *eXtensible Markup Language* (XML), wird in diesem Zusammenhang oft erwähnt. Die leichte Erweiterbarkeit dieses Textformats war ein wesentliches Ziel im Entwurf der Sprache, jedoch stellt diese gleichzeitig auch eine Schwierigkeit dar: XML-Unterstützung ist noch kein Garant für reibungslosen Datenaustausch. Es ist sehr einfach, ein XML-Format zu schaffen, das zwar dem Standard genügt, aber dennoch keinen einfachen Austausch ermöglicht.

Um Produktvielfalt und damit Herstellerunabhängigkeit zu gewährleisten, muss es Entwicklern technisch und rechtlich möglich sein, Standards zu lesen und selbst Implementierungen zu erstellen.

Permanenz bezeichnet die Zusicherung der Weiterverarbeitbarkeit von Daten, wenn Alt-Systeme abgeschafft werden. Um die Permanenz von Daten zu garantieren, also um nachhaltig freien Zugriff auf Daten zu ermöglichen, muss die Benutzbarkeit und Wartbarkeit durch vollständige Dokumentation des Formats garantiert werden. Zu vollständiger Dokumentation gehört auch der Quellcode, damit ein beliebiger Benutzer ein Software-System erstellen kann, das diese Daten lesen kann. Diese Anforderung verhindert die elektronische Obsoleszenz von Information.

4.4.3.4 Aktualisierbarkeit

Software ist nie vollkommen frei von Defekten. Die Auswirkungen dieser Defekte können für jeden Anwender unterschiedlich signifikant sein, deshalb soll dieser entscheiden können, wann und wie er diese Defekte beheben möchte.

Neue Funktionalität muss grundsätzlich anders behandelt werden als Wartungs- und Instandsetzungsarbeiten an laufenden Systemen. Obwohl neben Defekten auch der Wunsch nach neuer Funktionalität die Ursache für eine Aktualisierung der Software sein kann, soll eine solche Aktualisierung unabhängig von einer Aktualisierung zur Behebung von Defekten erfolgen können.

Bei einer Aktualisierung darf auf keinen Fall bestehende Funktionalität beeinträchtigt werden. Darüber hinaus soll es immer möglich sein, eine Aktualisierung ohne großen Aufwand rückgängig zu machen. Eine grundlegende Migration eines Systems soll prinzipiell nicht notwendig werden, da es technisch machbar ist, Systeme zu entwerfen, die – bei entsprechender Wartung – beliebig lange im Einsatz bleiben können.

Durch neue Software werden Benutzer von proprietären Software-Systemen oft ungewollt zu Software-Updates gezwungen, da ihre alten Versionen Dokumente im neuen Datenformat nicht lesen können. Dies kann schon eintreten, wenn das Datenformat eine Versionsnummer enthält und der Software-Hersteller nur die Versionsnummer des Datenformats geändert hat. Da das Datenformat proprietär ist, kann dies der Benutzer nicht sehen. Um die neuen Dokumente lesen zu können, ist der Benutzer zum Update gezwungen. Es ist zurzeit üblich, dass diese Update-Kosten vom Benutzer getragen werden.

Der Update-Zwang kommt noch aus einem anderen Problemkreis, nämlich der Wartung von Alt-Systemen *(Legacy Systems),* die nur noch von einigen wenigen Kunden benutzt werden. Die Kosten für die Wartung dieser Systeme sind oft immens und stehen in keinem Verhältnis zum Nutzen. Oft entscheiden die Software-Hersteller deshalb, die technische Unterstützung für derartige Systeme aufzugeben (z.B. Windows NT, Mac OS 9). In diesem Fall ist der Kunde ebenfalls gezwungen, ein Update durchzuführen, wobei die Update-Kosten oft erheblich sind, da damit auch meist ein Update der Hardware verbunden ist. Ein etwaiges Überwechseln zu einem anderen Hersteller ist ebenfalls mit hohen Migrationskosten verbunden. Bei OSS besteht prinzipiell die Möglichkeit, die Alt-Systeme weiterzupflegen, da man nicht an den Originalhersteller gebunden ist.

4.4.3.5 Verfügbarkeit des Quellcodes

Eine wiederkehrende Schlussfolgerung aus den obigen Anforderungen ist die Anforderung der Verfügbarkeit – zumindest von Teilen – des Quellcode des einzusetzenden Systems.

Man könnte einwenden, dass für manche Anforderungen entsprechend ausgelegte Black-Box-Tests des Binärcodes ausreichen würden. Das ist aber nur der Fall, wenn die Hardware-Plattform, auf der dieser Binärcode läuft, am Markt käuflich verfügbar bleibt. Dass diese Annahme nicht realistisch ist zeigt das Ableben von Rechnern wie Commodore 64, Amiga, Atari oder dem Intel 486. Auch Binärcode-Simulatoren würden diesen Anforderungen nicht genügen, da dann die Verfügbarkeit des Simulatorquellcodes garantiert sein muss, was ebenfalls noch nicht realistisch ist. Bei OSS ist diese Anforderung per Definition erfüllt.

Die technischen Aspekte der Entwicklung und des Einsatzes von Software, gleichgültig ob proprietär oder OSS, betreffen vor allem die Fähigkeiten und die Motivation ihrer Entwickler. Das Entwickeln von Software ist ein kreativer Prozess, der mit Inspiration und Sorgfalt durchgeführt werden muss. Die Impulse aus der OSS-Community zielen dabei auf eine beinahe literarische Betrachtung von Quelltext. Er ist eine Veröffentlichung – das bedeutet, dass neben der Dimension der Funktionalität eine weitere, die der Schönheit und Eleganz der Lösung, steht. Wirklich schöne Lösungen haben aber auch einen starken und durchdachten Entwurf, der eine noch zentralere Rolle in der Bewertung der Qualität von Software spielt. Der Entwurf kann jedoch selten in Programmiersprachen direkt erkannt werden. Erst durch Modellierung, formal oder mental, wird Software begreifbar.

5 Ökonomische Aspekte der Entwicklung und des Einsatzes von OSS

5.1 Motive für die Beteiligung von privaten Entwicklern

Der Umstand, dass weltweit Millionen von Menschen bereit sind, freiwillig teilweise erheblichen Zeitaufwand in Kauf zu nehmen, um Software zu entwickeln, von der sie nicht ausschließlich selbst profitieren, erzeugt Fragen bezüglich der Ursachen diesen Verhaltens. Im Folgenden werden ergänzend zu den in Kapitel 3 genannten Erkenntnissen aus den OSS-Fallstudien Studien aufgezeigt, die die Motivation von privaten Entwicklern zur OSS-Beteiligung empirisch untersuchen (vgl. Abb. 12).[210]

Autoren	**Untersuchter Zusammenhang, Stichprobe, Erhebungsmethode**	**Befunde**
International Institute of Infonomics und University of Maastricht (2002)	Gründe, um der OSS Community beizutreten und dabeizubleiben 2784 OSS Entwickler Fragebogenerhebung	*Die wichtigsten Gründe, um der Open Source Community beizutreten sind:* Lernen und entwickeln neuer Fähigkeiten (78,9%) Wissen und Fähigkeiten teilen (49,8%) Teilnahme an einer neuen Form der Kooperation (34,5%) Verbesserung von OSS-Projekten anderer Entwickler (33,7%) Teilnahme an der OSS-Szene (30,6%) Überzeugung, dass Software nicht proprietär sein sollte (30,1%) Lösen eines Problems, dass durch proprietäre Software nicht gelöst wird (29,7%) *Die wichtigsten Gründe, um bei der Open Source Community dabeizubleiben sind:* Lernen und entwickeln neuer Fähigkeiten (70,5%) Wissen und Fähigkeiten teilen (67,2%) Verbesserung von OSS-Projekten anderer Entwickler (39,8%) Überzeugung, dass Software nicht proprietär sein sollte (37,9%) Teilnahme an einer neuen Form der Kooperation (37,2%) Teilnahme an der OSS-Szene (35,5%) Lösen eines Problems, dass durch proprietäre Software nicht gelöst wird (29,7%)

Abb. 12. Empirische Studien zur Motivation von Open-Source-Entwicklern (vgl. Fiedler (2002))

Hars und Ou (2002)	Motivation zur Teilnahme an Open Source Projekten, 79 Open Source Entwickler, Fragebogen-erhebung	Die wichtigsten Motive für Open Source Entwickler zur Teilnahme an OSS sind: Intrinsische Motivation: Selbstbestimmung/-entfaltung (79,9%) Identifikation mit der Community (27,8%) Altruismus (16,5%) Extrinsische Motivation: Zukünftige Belohnungen: Humankapital (88,3%) Anerkennung in der Peergroup (43%) Persönliches Bedürfnis (38,5%) Selbstmarketing (36,7%) Verkauf von Produkten (13,9%)
Hertel, Niedner und Herrmann (2002)	Zusammenhang zwischen immateriellen sowie materiel-len Anreizen und der Motivation zur Entwicklung von Linux, 141 Linux-Entwickler und Interessierte, Fragebogen-erhebung	Die wichtigsten Anreize zur Mitarbeit an Linux sind: 1. Generelle Identifikation mit der Gruppe 2. Spezielle Identifikation mit der Sub-Gruppe 3. Normorientierte Motive (Reputation in der OSS Community) 4. Pragmatische Motive (Erleichterung des Arbeitsablaufs durch bessere Software, Verbesserte Karrieremöglichkeiten) 5. Soziale Motive (Software sollte frei sein, Persönlicher Austausch mit anderen Software Entwicklern) 6. Hedonistische Motive (Spaß haben)

Abb. 12. Empirische Studien zur Motivation von Open-Source-Entwicklern (vgl. Fiedler (2002)) (Fortsetzung)

Hippel und Lakhani (2001)	Gründe für Geben und Nehmen von Informationen im Apache Usenet. Postings im Apache Usenet Help Forum zwischen 1996 und 1999 sowie Befragung der 1288 Informationssucher und 421 Informationsgeber im Apache Usenet Help Forum zwischen 01.10.1999 und 15.02.2000, Sekundärdatenauswertung der im Apache Usenet Help Forum geposteten Beiträge sowie Fragebogenerhebung bei den 1288 Informationssuchern und 421 Informationsgebern	50 Prozent aller gegebenen Antworten im Usenet stammen von etwa 100 Personen. Usenet-Nutzer verbringen viel Zeit mit dem Lesen der Usenet Beiträge aus folgenden Gründen: 1. um zu lernen, 2. um zu antworten, 3. aus Spaß und 4. als Pausenvertreib. Der Wunsch zu lernen ist bei Informationsgebern und Informationsnehmern etwa gleich stark, besonders ausgeprägt ist er bei den häufigen Informationsnehmern. Für das Einstellen von Informationen ins Usenet, waren folgende Ursachen am wichtigsten: 1. Generelle Reziprozitätserwartung und Reziprozitätsverpflichtung (d.h. es wurden vor allem deshalb Informationen in das Usenet gestellt, weil erwartet wird, dass einem auch mal geholfen wird, bzw. weil einem bereits geholfen wurde), 2. Intrinsische Motivation (Überzeugung bzgl. Apache), 3. Spaß. Vor allem für seltenere Informationsbereitsteller ist Reziprozität der wichtigste Einflussfaktor. Nach dem Finden einer Frage, die man beantworten möchte, sind die Kosten der Beantwortung relativ niedrig (ca. 1-5 Minuten Zeitaufwand). Es wird typischerweise nur das ins Usenet als Antwort gestellt, was man schon weiss (d.h. um eine Frage zu beantworten, wird nicht nach Informationen gesucht oder neuartige Probleme gelöst).

Abb. 12. Empirische Studien zur Motivation von Open-Source-Entwicklern (vgl. Fiedler (2002)) (Fortsetzung)

Krishnamurthy (2002)	Zusammenhang zwischen Open Source Projekten und der Art der Entwicklung (alleine oder als Gemeinschaft), Die 100 aktivsten Open Source Projekte der „Mature“-Phase, die in SourceForge.net eingestellt waren (basierend auf SourceForges Aktivitätsprozentsatz). Entspricht 20 Prozent aller „Mature“ Projekte Sekundärdatenauswertung der SourceForge.net Webseite vom 23. April bis 01. Mai 2002.	Die meisten untersuchten Open Source Projekte werden von Individuen statt von Gemeinschaften entwickelt (Der Median der Anzahl an Entwicklern lag bei 4 und der Modalwert betrug 1). Die meisten Open Source Projekte erzeugen nicht viel Diskussion. Projekte mit mehr Entwicklern werden häufiger heruntergeladen. Die Anzahl der Entwickler korreliert positiv mit dem Alter des Projekts. Je größer das Projekt, desto kleiner ist der Anteil der Projektadministratoren.
Lakhani, Wolf und Bates (2002)	Zusammenhang zwischen immateriellen sowie materiellen Anreizen und der Motivation zur Entwicklung von Open Source Projekten 526 Open Source Entwickler, Fragebogenerhebung	Die wichtigsten Motivationen zur Mitarbeit an Open Source Projekten sind: 1. Intellektuell stimulierend 2. Verbesserung der Fähigkeiten 3. Code sollte offen sein 4. Nicht-arbeitsbezogene Funktionalität 5. Arbeitsbezogene Funktionalität 6. Verpflichtung von der Nutzung 7. Arbeiten im Team

Abb. 12. Empirische Studien zur Motivation von Open-Source-Entwicklern (vgl. Fiedler (2002)) (Fortsetzung)

Die Befunde bezüglich des Nutzens, den private Entwickler aus der OSS-Beteiligung ziehen, sind grob in folgende vier Gruppen zusammenzufassen:

- *Nutzen aus Beschäftigung mit der Software selbst*
  Hierunter fallen Motive wie die Nutzung der erstellten OSS für ein eigenes Problem; das Lösen eines Problems, das durch proprietäre Software nicht gelöst wird; Freude am Programmieren (Erleben von Flow); Selbstentfaltung sowie Kontakt zu anderen Entwicklern.
- *Nutzen aus Lernen und Weiterentwickeln*
  Motive, die hierhinein fallen, umfassen die intellektuelle Stimulation; Lernen und Verbesserung der eigenen Fähigkeiten; den Wunsch, etwas Neues auszuprobieren (Teilnahme an neuer Form der Kooperation) und verbesserte Berufschancen.
- *Nutzen aus Sozialstatussteigerung*
  Hierzu gehört der Wunsch nach Reputation/Anerkennung, die generelle und spezifische Identifikation mit der OSS-Community sowie die Teilnahme an der OSS-Szene.
- *Nutzen aus Befriedigung altruistischer Präferenzen*
  Dazu gehört der Wunsch, Wissen zu teilen, der Wunsch Projekte anderer OSS-Entwickler zu verbessern sowie die Überzeugung, das Quellcode offen sein sollte oder auch dass Reziprozität geboten ist.

Die Bereitschaft, zur OSS-Entwicklung beizutragen, d.h. Zeit zu investieren, steigt bei den privaten Entwicklern mit dem Grad der Übereinstimmung der Präferenzen mit dem aus dem OSS-Projekt erwarteten Nutzen.

OSS-Entwickler sind zumeist von einer der genannten Nutzengruppen besonders motiviert. So können nach einer Studie von BCG/OSDN die vier Gruppen „Believer“, „Fun seeker“, „Skill Enhancer“ und „Professionals“ unterschieden werden.[211]

Believer beteiligen sich an OSS, weil sie der Überzeugung sind, dass Quellcode offen sein sollte, Fun seeker sind dagegen vor allem durch die intellektuelle Stimulation und nicht-arbeitsplatzbezogene Funktionalitäten motiviert, Skill Enhancer sind durch die Möglichkeit zur Verbesserung der eigenen Fähigkeiten angezogen und Professionals schreiben OSS, weil sie die Funktionalität des Programms im Beruf benötigen und ihren beruflichen Status verbessern wollen.

Ein Großteil der OSS-Beteiligung verursacht bei den Beitragenden nur geringe Kosten. Beispiele hierfür sind die Beteiligung in Anwenderforen, bei denen basierend auf vorhandenem Wissen Hilfe geleistet wird oder auch Software, die der Entwickler sowieso programmieren muss (z.B. Bug fixes) und bei der die Veröffentlichung zu sehr geringen Opportunitäts- und Transaktionskosten erfolgt.

Dennoch ist der Zeitaufwand für die OSS-Beteiligung nicht zu unterschätzen. So gaben bei der Studie von BCG/OSDN die Befragten an, dass sie im Durchschnitt 14,4 Stunden pro Woche in OSS-Entwicklung investieren.

Von besonderer Bedeutung für die Beteiligung ist der Nutzen, den die Software dem Entwickler stiftet. Ohne Bedarf für diese Software ist er in den meisten Fällen nicht bereit, Zeit für die Entwicklung von OSS aufzuwenden. So ergab beispielsweise eine Untersuchung der 100 aktivsten Projekte auf Source Forge in der „Mature" Phase, dass die durchschnittliche Anzahl der Beteiligten bei 4 liegt.[212] Neben den genannten Nutzenmotiven ist als weitere wichtige Ursache für die Beteiligung an OSS die Möglichkeit zum Schutz vor Enttäuschung/ Ausnutzung der eigenen Arbeit zu nennen.

Die OSI-Lizenzen sichern die Arbeit des OSS-Entwickler mehr oder weniger gut gegen eine ungerechtfertigte Ausnutzung ab. So führen die restriktiven Bedingungen der GPL, insbesondere das Verbot, den Quellcode im Distributionsfall proprietär zu machen, dazu, dass private Entwickler sich immer noch in weit überwiegendem Maß für die Vergabe dieser Lizenz entscheiden (vgl. Kapitel 3).

Lizenzen in der Art von BSD oder MIT ermöglichen dagegen, das entsprechende Programm in proprietäre Software zu verwandeln, und wirken so hinderlich auf die Bereitschaft des nicht-kommerziellen Entwicklers, sich an der OSS-Entwicklung zu beteiligen.

5.2 Initiierung und Unterstützung von OSS-Projekten durch Unternehmen

5.2.1 Grundlagen

Es mutet auf den ersten Blick widersinnig an, dass Unternehmen zu OSS beitragen sollten: es ist nicht möglich, Lizenzgebühren für OSS zu erheben, und jeder Empfänger der Software kann den Quellcode beliebig verändern und seinerseits weiter verbreiten.

Dennoch tragen viele Unternehmen zur Entwicklung von OSS bei, wie die Fälle von NetBeans, Eclipse und MySQL in Kapitel 3 schon gezeigt haben. Lakhani, Wolf und Bates (2002) fanden in einer Befragung von

OSS-Entwicklern auf der OSS-Plattform „SourceForge.net“, dass 30% der Teilnehmer für ihre Entwicklungsbeiträge bezahlt werden, und dass diese bezahlten Programmierer im Schnitt doppelt so viel Zeit pro Woche in OSS-Entwicklung investieren wie die nicht bezahlten. Die Entwicklung des Apache Webservers liefert einen weiteren Beleg: die Initiatoren der Apache Group waren Mitarbeiter von Unternehmen, verantwortlich für den Betrieb von Webservern.[213] Es ist somit durchaus gängig, dass am prototypischen OSS-Entwicklungsprozess innerhalb von Communities bezahlte Entwickler, damit also Unternehmen, teilnehmen.

Bei den genannten Beispielen handelt es sich um Fälle, in denen OSS in Unternehmen genutzt, bei Bedarf weiterentwickelt und dann teilweise freigegeben wird. Mehr Aufsehen haben dagegen Fälle erregt, in denen Unternehmen gezielt, mit strategischen Absichten und in großem Umfang zu der Entwicklung von OSS beitragen. Das wichtigste Beispiel einer solchen strategischen Unterstützung von OSS stellt das Engagement von IBM für Linux dar. Dem IT-Konzern könnte mit diesem OSS-Ansatz gelingen, was er mit seinem proprietären Betriebssystem OS/2 in den neunziger Jahren nicht erreichte, nämlich, die Vormachtstellung von Microsoft im Bereich der Betriebssysteme einzuschränken. Weitere wichtige Beispiele sind die Unterstützung von IBM für Apache und GNOME, ebenso die Freigabe der vormals proprietären Programme Mozilla durch Netscape, Star Office (jetzt OpenOffice) durch Sun und Eclipse durch IBM. In diesen Fällen wurde die Software großenteils in hierarchischen Strukturen innerhalb von Unternehmen entwickelt, entstammte also nicht dem typischen OSS-Entwicklungsprozess.

Der oft vermittelte Eindruck, OSS-Entwickler seien ausschließlich Hobby-Programmierer, muss somit korrigiert werden: Beiträge von Unternehmen zu OSS sind umfangreich und wichtig. Dies gilt nicht nur für die gut sichtbaren Aktivitäten von z.B. IBM, sondern auch für viele Einzelbeiträge kleinerer Unternehmen und individueller angestellter Programmierer. Im Folgenden werden diese Beiträge systematisiert und es werden die Gründe beleuchtet, warum Unternehmen zur Entwicklung von OSS beitragen. Dabei können drei Fälle unterschieden werden: ein Unternehmen kann zur Weiterentwicklung eines existierenden OSS-Programms beitragen, wie beispielsweise IBM zu Linux; es kann eigene, vormals proprietäre Software als OSS freigeben (z.B. gab IBM Eclipse und Sun NetBeans frei); oder es kann ein neues OSS-Projekt initiieren. Wo nötig, werden diese Fälle im Folgenden unterschieden.

Die wichtigste Unterscheidung betrifft jedoch die Rolle, die das Unternehmen in Bezug auf die betreffende Software einnimmt. Hier kann man grob folgende vier Fälle unterscheiden:

a) Bereitstellung von OSS als Komplement zu eigenen Produkten (vgl. 5.2.3)

b) Nutzung von OSS in internen Prozessen (vgl. 5.2.4)

c) Verwendung von OSS in eigenen Produkten (vgl. 5.2.5)

d) Entwicklung von OSS als Kerngeschäft (vgl. 5.2.6)

Die Vor- und Nachteile, die einem Unternehmen aus einem Beitragen zu OSS erwachsen, sind teilweise allgemeingültig, teilweise abhängig davon, welcher dieser vier Fälle auf das Unternehmen zutrifft. Im Folgenden werden zuerst Aspekte diskutiert, die für alle Beitragenden relevant sind, danach solche, die spezifisch für die einzelnen Fälle a) bis d) sind.[214]

5.2.2 Aspekte für alle Typen von Beitragenden

Vorteile

Das Recht jedes Nutzers, die Software zu verändern, führt zu dem meistzitierten Vorteil von OSS: dass andere Entwickler an der Software arbeiten, Fehler beheben, sie verbessern und erweitern.[215] Beispielsweise nannten sowohl HP als auch Sun Microsystems das Ziel „to increase collaboration in the development process" als Grund für die Freigabe eigener Software als OSS.[216] Eine offensichtliche Bedingung dafür, dass dieser Vorteil realisiert wird, ist, dass sich unter den potenziellen Nutzern genügend technisch versierte Personen finden, die die erforderlichen Kenntnisse besitzen. Gute Bedingungen für externe Entwicklungsunterstützung bestehen also offensichtlich dann, wenn unter den Nutzern der betreffenden Software zahlreiche IT-Fachleute sind. System- und Netzwerksoftware wie Linux, Samba und Apache sind gute Beispiele dafür, aber auch Entwicklungsumgebungen wie Eclipse und NetBeans.

Die Freigabe vormals proprietärer Software durch Unternehmen zielt oft auf diesen potenziellen Vorteil ab, indem sie den Aufbau einer Community von OSS-Programmierern anstrebt, die zur Weiterentwicklung der Software beitragen sollen. Auch Beiträge zu existierender OSS werden oft deshalb getätigt, weil erwartet wird, dass andere Akteure Weiterentwicklungen des Beitrags vornehmen. Für eine solche externe Entwicklungsunterstützung spielen Hobby-Entwickler oft eine wichtige Rolle. Aber auch dann, wenn Software ausschließlich für Unternehmen relevant ist, wie beispielsweise bei embedded Linux, kann eine informelle Entwicklungskooperation mit anderen Unternehmen erfolgen.[217]

Die Veröffentlichung von Beiträgen zu existierender OSS erfolgt oft auch mit dem Ziel, eine Aufnahme des Beitrags in die Standardversion zu erreichen. Gelingt dies, muss das Unternehmen die betreffende Entwicklung in zukünftige Releases der Software nicht von neuem integrieren. Für Gerätetreiber beispielsweise bedeutet dies, dass, wenn Änderungen an anderen Modulen der Software vorgenommen werden, die Maintainer dieser Module die Schnittstellen der Treiber entsprechend anpassen.

Standardsetzung ist ein weiterer möglicher Vorteil, den sowohl Nutzer einer bestimmten Software als auch Anbieter komplementärer Güter durch Freigabe der Software als OSS bzw. durch deren Weiterentwicklung realisieren können.[218] Dies ist vor allem relevant bei Infrastruktursoftware und Softwaretools sowie allgemeiner dort, wo Netzeffekte vorliegen. Die Freigabe als OSS von sicherheitsrelevanter Software kann sogar als eine wichtige Methode angesehen werden, einen Standard für DRM oder Geheimhaltungsdienste von allen beteiligten Herstellern korrekt umsetzen zu lassen. Wenn lediglich Protokolle spezifiziert und ausgetauscht werden, besteht prinzipiell die Möglichkeit, dass (absichtlich oder unabsichtlich) Interpretationsspielraum genutzt wird. Erst bei Festlegung eines Standards auf Quellcode-Ebene kann wirklich sichergestellt werden, dass er auch von allen Herstellern gleichermaßen eingehalten wird.

Standardsetzung hat zwei Aspekte: erstens, dass überhaupt ein Standard gesetzt wird; zweitens, dass der Standard für das betreffende Unternehmen vorteilhaft ist. Hinsichtlich des ersten Punktes hat OSS den großen Vorteil, allen Beteiligten gleiche Chancen zu bieten, insbesondere dann, wenn die Software ursprünglich nicht von einem bestimmten Unternehmen ausging.[219] IBM nutzt diese Tatsache in seinen Bestrebungen, Linux als Standard in möglichst vielen Segmenten des Computermarktes zu etablieren, konsequent aus.

Hinsichtlich des zweiten Punktes gilt: je mehr der angestrebte Standard den potenziellen Standardsetzer begünstigt, desto schwieriger ist eine breite Akzeptanz zu erreichen. Insbesondere implizieren OSS-Lizenzen das Risiko, dass andere Unternehmen den intendierten Standard modifizieren und ihre eigenen Versionen in Umlauf bringen. Auch wenn ein solches „Forking" in der Praxis relativ selten aufzutreten scheint[220], tut ein potenzieller Standardsetzer daher gut daran, die eigenen Interessen nicht zu sehr in den Vordergrund zu stellen.

Wie groß das öffentliche Interesse an einem neuen Open-Source-Projekt ist, ist schwierig vorherzusagen. Besteht nur geringes Interesse, sind die externen Entwicklungsbeiträge entsprechend gering. Aber selbst in diesem Fall kann die Offenheit der Software eine positive Auswirkung haben: die bloße Möglichkeit, dass Unternehmensfremde den Quellcode inspizieren, kann einen disziplinierenden Effekt auf Programmierer haben (sauberer Code, klarere Struktur, bessere Dokumentation).

Verschiedene potenzielle Vorteile davon, zu OSS beizutragen, beziehen sich auf die Reputation des Unternehmens. Ein Unternehmen, das wertvolle Beiträge liefert, wird in der Open-Source-Community eher als „good citizen" wahrgenommen, d.h. als jemand, der sich an die Regeln der Gemeinschaft hält.[221] Je besser dies erfüllt ist, auf desto mehr Unterstützung aus der Open-Source-Community kann das Unternehmen rechnen.[222]

Auch technische Reputation kann durch OSS erreicht werden. Da der Quellcode inspiziert werden kann, können sich Nutzer besser eine Meinung von der technischen Leistungsfähigkeit des Unternehmens bilden als bei Verfügbarkeit nur des Binärcodes.[223] Ein dritter Reputationsaspekt ist, dass die Entwicklung von OSS den Arbeitsplatz für Programmierer attraktiver machen kann, da OSS vielfach als „cool" angesehen wird.[224]

Schließlich spielt für manche Unternehmen das Motiv eine Rolle, einen Wettbewerber zu schwächen oder die Abhängigkeit von einem Zulieferer, insbesondere von Microsoft, zu reduzieren. Dieses Motiv dürfte bei vielen Firmen, die Linux unterstützen, eine Rolle spielen, aber z.B. auch bei der Freigabe und Unterstützung von StarOffice bzw. OpenOffice als OSS durch Sun Microsystems. In ähnlicher Weise richtet sich die Lizenzierung der Entwicklungsumgebung Eclipse durch IBM als OSS gegen die Wettbewerber Sun und Microsoft (vgl. Kapitel 3).

Nachteile

Unternehmen entscheiden sich dafür, zur Entwicklung von OSS beizutragen, wenn sie netto daraus einen Vorteil erwarten. Die oben genannten Vorteile existieren in gewissem Maße immer; trotzdem wird nicht jegliche Software als OSS lizenziert. Die Frage ist daher, wann die Vorteile die Nachteile überwiegen, die typischerweise mit der Freigabe von Software als OSS einhergehen. Um diesen Saldo bilden zu können, werden im Folgenden die potenziellen Nachteile eines OSS-Engagements diskutiert.

Ein offensichtlicher Nachteil davon, Software als OSS freizugeben, liegt im weitgehenden Verlust des geistigen Eigentums. Zwar kann man OSS geheim halten oder nur gezielt an einzelne Empfänger geben, aber man kann diesen nicht untersagen, die Software ihrerseits weiterzugeben oder sogar öffentlich zu machen. Wie schwerwiegend diese Nachteile sind, hängt unter anderem von der gewählten OSS-Lizenz ab. Je nach Situation können die GPL oder BSD-artige Lizenzen vorteilhaft sein.

In mancher Hinsicht sind BSD-artige Lizenzen problematischer als die GPL: BSD-Lizenzen erlauben Nutzern, insbesondere also Wettbewerbern, die freigegebene Software in proprietäre umzuwandeln.[225] Der Verlust an

Wettbewerbsvorteilen ist bei einer BSD-Lizenzierung ehemals proprietärer Software somit höher als bei Lizenzierung unter der GPL. Das Unternehmen Trolltech wählte aus diesem Grund für seine Software Qt ausdrücklich die GPL anstatt der LGPL.[226] Letztere hätte, ähnlich wie eine BSD-Lizenz, Wettbewerbern und potenziellen Kunden ermöglicht, die Software für proprietäre Programme zu verwenden.

Wenn es dagegen um Beiträge zu existierender OSS geht, kann eine weniger restriktive Lizenz als die GPL für Unternehmen attraktiver sein, da sie eine engere Verzahnung der OSS mit eigener proprietärer Software erlaubt. So verstärkten Intel und HP ihr Engagement in das Mono-Projekt erheblich, nachdem dessen Lizenz von GPL auf LGPL umgestellt worden war.[227]

Ein weiterer Nachteil einer Freigabe von Software als OSS ist, dass für OSS keine Lizenzgebühr verlangt werden kann (abgesehen von Fällen, in denen eine Software unter verschiedenen Lizenzen vertrieben wird)[228]. In vielen Fällen, insbesondere bei Beiträgen zu existierender OSS und bei selbstentwickelter, eigengenutzer Software, stellt Lizenzierung jedoch keine realistische Option dar.[229] Andernfalls müssen die entgangenen Gewinne aus Lizenzierung gegen die Vorteile einer Open-Source-Strategie abgewogen werden.

Probleme können möglicherweise daraus entstehen, dass ein als OSS begonnenes Entwicklungsprojekt umfangreichere und komplexere Software-Bausteine erfordert als ursprünglich vorgesehen, so dass das Unternehmen am Ende mehr Software in den Open-Source-Bereich geben muss als geplant. Allerdings erscheint ein solcher Fall von Fehlplanung vermeidbar. Zudem kann ein Unternehmen selbstentwickelte OSS jederzeit als proprietäre Software weiterentwickeln, soweit alle Inhaber von Copyright an der OSS zustimmen oder, im einfachsten Fall, das Unternehmen der einzige Inhaber von Copyright ist.

Schließlich darf nicht erwartet werden, dass die reine Freigabe einer Software als OSS dem Unternehmen schon Vorteile beschert. Ohne eine geeignete Vorbereitung der Freigabe und nachfolgende Unterstützung der OSS besteht eher die Gefahr einer negativen Öffentlichkeitswirkung. Zur Vorbereitung gehört u.a., Code von unpassenden Kommentaren zu reinigen, ihn zu dokumentieren, ggf. Module von anderen Quellen zu ersetzen sowie zu überprüfen, dass Rechte Dritter nicht verletzt werden.[230] Dadurch entstehen dem Unternehmen Kosten, die in Betracht gezogen werden müssen.

Anhand der genannten Vor- und Nachteile können Situationen identifiziert werden, in denen ein OSS-Engagement für Unternehmen per Saldo vorteilhaft ist. Beispielsweise wiegen verlorene Lizenzierungsmöglichkeiten nur gering, wenn es um Beiträge zu Linux geht; umgekehrt sind externe Entwicklungsunterstützung, Standardsetzung und die Etablierung eines OSS-Betriebssystems in diesem Fall sehr wichtige Aspekte, so dass die Vorteile von IBM, HP und anderen Unternehmen aus ihren Beiträgen zu Linux sehr plausibel erscheinen.

Im Folgenden wird untersucht, welches besondere Kalkül im Hinblick auf OSS-Entwicklung verschiedene Gruppen von Unternehmen anstellen.

5.2.3 Anbieter von Komplementen

Eine Reihe von Autoren haben mögliche Geschäftsmodelle im Zusammenhang mit OSS beschrieben.[231] Die meisten davon implizieren, dass das OSS entwickelnde Unternehmen Gewinne erwirtschaftet durch den Verkauf von Komplementen. Darunter werden Produkte verstanden, die mit der betreffenden OSS zusammen als Ganzes mehr wert sind als die Summe der Teile. Damit gleichbedeutend ist, dass die Nachfrage nach dem Komplement steigt, wenn das betreffende OSS-Programm besser wird. Solche Komplemente können Hardware sein (z.B. bei IBM und Hewlett Packard), proprietäre Software (z.B. die integrierte Linux-Entwicklungsumgebung „TimeStorm" von TimeSys) oder Software-Support (z.B. von IBM, Red Hat, SuSE).

Eine solche Strategie der Quersubventionierung der Entwicklung von OSS aus dem Verkauf eines Komplementes ist nur dann sinnvoll, wenn das Komplement eng genug an die OSS gebunden ist. Andernfalls haben Verbesserungen der Qualität eines OSS-Programms nicht den gewünschten Effekt einer Nachfragesteigerung nach dem Komplement. Beispielsweise wird bessere OSS nicht die Nachfrage nach Strom erhöhen, da die Beziehung zwischen diesen Komplementen nicht eng genug ist.

Wenn eine Nachfragesteigerung wie gewünscht erreicht wird, muss außerdem sichergestellt sein, dass sie dem betreffenden Unternehmen zugute kommt und nicht allein seinen Wettbewerbern. Große Unternehmen wie IBM oder Hewlett Packard haben in dieser Hinsicht Vorteile: aufgrund ihrer hohen Marktanteile profitieren sie, absolut gesehen, wesentlich stärker von Nachfragesteigerungen als kleine Marktteilnehmer. Für diese lohnt sich ein Beitragen zur OSS-Entwicklung im Rahmen der Komplementstrategie nur dann, wenn ihre Beiträge eine genügend hohe Spezifität zu ihren eigenen Produkten aufweisen. Beispielsweise würde ein kleiner PDA-Hersteller nur solche Entwicklungen zu Linux beisteuern, die sicherstellen, dass das Betriebssystem auch auf seinen Produkten einsetzbar ist. Große Hersteller dagegen wären eher bereit, auch zu allgemein verwendbaren Entwicklungen beizutragen.

5.2.4 Nutzung von OSS in internen Prozessen

Software wird in vielen Fällen nicht für den Verkauf auf dem Markt entwickelt, sondern gezielt für die Nutzung durch ein einzelnes Unternehmen. Raymond (1999) schätzt den Anteil an Code, der solchermaßen individuell entwickelt wird, sogar auf mehr als 90 Prozent.

Solche Software in den OSS-Bereich zu geben, kann die in 5.2.2 genannten Vorteile mit sich bringen – vor allem externe Entwicklungsunterstützung, Standardsetzung und positive Signale. Ein zusätzlicher Vorteil kann in reduzierter Abhängigkeit von Software-Zulieferern liegen, die möglicherweise einfacher überzeugt werden können, ihren Quellcode ebenfalls offenzulegen.[232]

Wird für Eigennutzung entwickelte Software in den OSS-Bereich gegeben, sind vor allem drei Nachteile denkbar: Dem Unternehmen könnten Umsätze entgehen, Wettbewerber könnten aus der Nutzung der Software Vorteile ziehen und Externe könnten Einsichten in Geschäftsprozesse sowie Schwachstellen der Software gewinnen. Diese Punkte werden im Folgenden diskutiert.

Der Verkauf von Software, die ursprünglich für internen Gebrauch entwickelt wurde, ist zumindest theoretisch eine Möglichkeit. Der dazu erforderliche Wechsel der funktionalen Rolle – vom Nutzer zum Verkäufer – ist in den meisten Fällen jedoch äußerst schwierig.[233] Selbst wenn das Unternehmen im Software-Sektor tätig ist, wird es im Allgemeinen nicht in dem Marktsegment aktiv sein, dem die selbstgenutzte Software zuzuordnen ist. Typischerweise werden ihm dort „komplementäre Güter" fehlen wie eine Serviceorganisation, Verkaufskanäle und eine vollständige Produktlinie.[234] Entgangene Umsätze aus Verkäufen spielen daher im Allgemeinen keine Rolle.

Ein Verlust von Wettbewerbsvorteilen ist dagegen offensichtlich möglich. Wie schwerwiegend dieser Punkt ist, hängt von vier Faktoren ab:[235] (a) dem Ausmaß des Wettbewerbs; (b) der Beziehung der Software zum Wettbewerb; (c) der Verfügbarkeit alternativer Software; und (d) der Spezifität der Software für das Unternehmen. Je stärker der Wettbewerb ist (Punkt a), desto stärker wirken sich Wettbewerbsvorteile, die ein Wettbewerber aus der OSS zieht, negativ auf das Unternehmen aus. Wenn jedoch (Punkt b) der Wettbewerb schwerpunktmäßig im Bereich von z.B. Produktqualität, Marke oder Kundendienst stattfindet, die betrachtete OSS jedoch Entwicklungskosten senkt, wird der Verlust an Wettbewerbsvorteilen sehr limitiert sein.[236] Dieser Punkt wird häufig für Softwaretools und Infrastruktursoftware gelten. Wenn die Software nicht einmal für die Branche spezifisch ist, sondern für ein anderes Merkmal des Unternehmens (z.B. Standort, Belegschaft oder technische Infrastruktur), sind

Verluste von Wettbewerbsvorteilen nahezu ausgeschlossen. Die Druckernetzwerksoftware CEPS stellt ein gutes Beispiel für solche Infrastruktursoftware dar.[237] Wenn schließlich Alternativen zu der betrachteten Software leicht verfügbar sind (Punkt c), stellt die Geheimhaltung der Software nur einen geringen Vorteil dar.

Punkt (d), die Spezifität der Software für das entwickelnde Unternehmen, ist in zweierlei Hinsicht relevant. Zum einen besteht ein gewisses Risiko, dass Wettbewerber aus spezifischer Software Rückschlüsse auf Geschäftsprozesse des Unternehmens ziehen können. Dieses Risiko kann jedoch durch eine geeignete Strukturierung der Software reduziert werden: wenn sie sinnvoll von den Daten, die sie verwaltet, getrennt wird, lässt die Software allein nur geringe Rückschlüsse zu.[238] Zum anderen ist relevant, ähnlich wie bei Outsourcing-Entscheidungen in der Informationstechnologie[239], in welcher Weise die betreffende Software spezifisch für das Unternehmen ist, ob sie an relativ alte Hardware („legacy systems") angepasst oder auf strategisch wichtige Bedürfnisse des Unternehmens zugeschnitten ist. Im zweiten Fall ist eine Freigabe als OSS zumeist nachteilig, da sie Wettbewerbsvorteile an Konkurrenten preisgibt – es sei denn, die Wettbewerbsvorteile sind sehr gut durch komplementäre Güter geschützt, die Wettbewerber nicht ohne weiteres kopieren können.

Schließlich ist noch der Aspekt der Sicherheit erwähnenswert. Sicherheitslücken werden in quelloffener Software zweifellos leichter entdeckt als in der kompilierten Form.[240] Die Freigabe des Quellcodes ermöglicht allerdings auch gutwilligen Programmierern, die Fehler zu suchen und zu ihrer Behebung beizutragen. Das gute Abschneiden von Linux in Sicherheitsaspekten zeigt, dass diese Logik sehr gut funktionieren kann.[241] Zudem bedeutet eine Offenlegung des Quellcodes, dass die Entwickler sich nicht auf Scheinsicherheit aufgrund von „security through obscurity" verlassen, die allgemein als nicht nachhaltig umsetzbar angesehen wird.[242]

5.2.5 Verwendung von OSS in Produkten

Linux wird seit einigen Jahren in zahlreichen sogenannten „eingebetteten Systemen" verwendet.[243] Darunter versteht man Kombinationen von Hard- und Software, die, anders als ein PC, einem bestimmten Zweck gewidmet sind. Der digitale Videorecorder „TiVO" und Sharps PDA „Zaurus" stellen populäre Beispiele dar, aber auch in weniger bekannten Geräten wie Maschinensteuerungen und Messgeräten werden Linux und andere OSS-Programme eingesetzt.

Das „Produkt", innerhalb dessen OSS verwendet wird, kann jedoch auch reine Software sein. So ist die Distribution „SuSE Linux" beispielsweise ein Bündel aus geeignet zusammengestellter OSS, ergänzender Nicht-OSS-Software und Dienstleistungen wie Nutzerunterstützung.[244]

Welche spezifischen Vor- und Nachteile entstehen nun einem Unternehmen, das die in seinen Produkten verwendete OSS freigibt? Hier ist zuerst zu fragen, welcher Spielraum hinsichtlich der Freigabeentscheidung überhaupt besteht.[245] Ist die im Produkt verwendete OSS unter der GPL lizenziert, muss sie, samt Quellcode, den Käufern des Produktes verfügbar gemacht werden. Handelt es sich um ein relativ geringwertiges, öffentlich verkauftes Produkt, kann jeder Wettbewerber ein Stück davon erwerben und somit Anspruch auf den Quellcode erhalten. Die Software wird also quasi öffentlich. Auch in diesem Fall besteht jedoch ein gewisser Spielraum, da zumindest bei eingebetteten Systemen zwischen der Software-Entwicklung und der Vermarktung des Produktes etwa anderthalb Jahre vergehen. Das Unternehmen kann mit der Freigabe der Software bis zu diesem Zeitpunkt warten (zu dem die betreffende Software oft schon veraltet ist und Wettbewerbern somit nur geringe Vorteile verschafft) oder sie sofort nach Entwicklung aktiv freigeben.

Bei Produkten, die nicht in großer Stückzahl verkauft werden, sieht die Lage dagegen anders aus. Je kleiner der Kundenkreis, desto eher kann die Software geheim gehalten werden. Handelt es sich bei dem Produkt beispielsweise um eine Spezialmaschine, die im Auftrag eines einzelnen Kunden entwickelt wurde, und hat dieser Kunde auch selbst kein Interesse an einer Veröffentlichung der darin enthaltenen Software, so ist eine Geheimhaltung der OSS problemlos möglich.

Aber selbst wenn Geheimhaltung in gewissem Grade möglich ist, mag eine Freigabe angesichts der besprochenen potenziellen Vorteile günstiger sein. Die kritische Frage ist, ob die betreffende OSS relevant für Wettbewerbsvorteile ist. In den meisten eingebetteten Systemen hängt die Differenzierung des Produktes von der Hardware und der – typischerweise proprietären – Anwendungssoftware ab. Die OSS-Systemsoftware ist somit durch komplementäre Güter geschützt, die für Wettbewerber nicht leicht kopierbar sind. Bei einer Freigabe der verwendeten OSS-Version gehen in diesem Fall keine Wettbewerbsvorteile verloren.

Es kann jedoch auch vorkommen, dass umgekehrt die Hardware aus allgemein erhältlichen Komponenten besteht, während wichtige, schützenswerte Entwicklungen und Protokolle auf der Ebene des Betriebssystems liegen, beispielsweise in Treibern. In diesem Fall wäre eine Veröffentlichung des Codes nachteilig. Es bestehen drei Möglichkeiten, sie zu vermeiden: die Verwendung von Software, die nicht unter der GPL steht, der Einsatz ladbarer Binärmodule und eine Verschiebung von Funktionalitäten auf die Applikationsebene. Die erste Möglichkeit ist offensichtlich: wenn absehbar ist, dass Weiterentwicklungen der verwendeten Software proprietär gehalten werden sollen, sollte von Anfang an entweder proprietäre Software oder OSS unter einer BSD-artigen Lizenz eingesetzt werden. Überraschend mag die zweite Möglichkeit anmuten: obwohl Treiber zum Betriebssystem zählen, ist es bei eingebetteten Versionen von Linux möglich, diese als proprietäre Binärmodule zu programmieren, die beim Bootvorgang geladen werden. Dieses Vorgehen ist zwar umstritten, aber dennoch sehr gängig.[246] Schließlich kann durch eine Änderung der Software-Struktur der schützenswerte Code in manchen Fällen als Applikation anstatt als Teil des Betriebssystems programmiert werden. Eine solche Applikation kann ohne Probleme als proprietäre Software auf einem GPL-Betriebssystem laufen.

Ein interessantes Beispiel in diesem Zusammenhang ist der Fall des Unternehmens Linksys. Das seit 2003 zu Cisco gehörende Unternehmen stellt Router für kleine Netzwerke her und verwendet in mindestens einem seiner Modelle GPL-Code.[247] Käufer wurden darüber nicht informiert, und der Quellcode wurde nicht verfügbar gemacht – das Unternehmen verletzte somit die Lizenzbedingungen der GPL. Die Free Software Foundation fand die Verletzung heraus und forderte Linksys auf, den Quellcode verfügbar zu machen. Dies würde einen beträchtlichen Verlust von Wettbewerbsvorteilen für LinkSys bedeuten, da Konkurrenten in die Lage versetzt würden, das Produkt relativ einfach nachzubauen. Von einem „Risiko" bei der Verwendung von GPL-Software in eingebetteten Systemen zu sprechen, erscheint hier dennoch unangebracht. Das Problem liegt nicht in den Bedingungen der GPL, sondern im Versuch, Software unter Missachtung der Lizenzbedingungen und somit widerrechtlich zu nutzen.

Für Unternehmen, die OSS als Teil ihrer Software-Produkte verwenden, gilt die obige Argumentation analog. Wenn die Differenzierung über proprietäre Komponenten erfolgt, ist eine Offenlegung der im Produkt enthaltenen OSS zumeist problemlos möglich. Auch ein starker Markenname wie beispielsweise der von Red Hat oder SuSE kann die erforderliche Differenzierung ermöglichen.

5.2.6 OSS-Hersteller

OSS-Lizenzen schließen es aus, von den Nutzern der Software Lizenzgebühren zu verlangen. Es mag daher noch mehr als in anderen Fällen widersinnig klingen, dass Unternehmen, die Software-Entwicklung als Kerngeschäft betreiben, ihre Entwicklungen als OSS lizenzieren. In drei Situationen ist dies jedoch durchaus mit der Absicht der Gewinnerzielung verträglich: bei Auftragsentwicklung von Software, der Verwendung multipler oder nicht-restriktiver Lizenzen sowie OSS-Lizenzierung von kommerziell nicht länger verwertbarer Software.

Für ein Unternehmen, das Auftragsentwicklung von Software betreibt, bestehen neben den allgemeingültigen (vgl. 5.2.2) zwei spezifische Gründe, warum es diese Software als OSS lizenziert: erstens, es wird existierende Software verwendet, die unter der GPL lizenziert ist; zweitens, der Kunde verlangt es. Der erstgenannte Grund ist häufig relevant, beispielsweise dann, wenn die Entwicklungsarbeit in der Anpassung von Linux an spezifische Einsatzfelder besteht. Aber auch bei der Entwicklung von weitgehend neuer Software kann die Verwendung bestehender OSS-Komponenten eine erhebliche Senkung von Lizenz- und Transaktionskosten mit sich bringen, vorausgesetzt natürlich, für die jeweilige Aufgabe existieren die erforderlichen Komponenten als OSS.[248]

Ein im Auftrag und gegen Honorar entwickeltes OSS-Programm wird vielfach nur an den Auftraggeber weitergegeben.[249] Dieser kann dann seinerseits entscheiden, ob er die Software geheim hält (falls möglich) oder öffentlich macht – die Vor- und Nachteile davon wurden in den vorangehenden Abschnitten diskutiert. Falls er die Entscheidung darüber dem Software-Entwickler überlässt, kommen aus dessen Sicht neue Aspekte hinzu. So kann im Auftrag entwickelter Code in manchen Fällen in weiteren Auftragsarbeiten wiederverwendet werden. Ist dieser Code jedoch öffentlich als OSS verfügbar, nimmt die Zahlungsbereitschaft der Kunden ab. Dieser Punkt ist besonders problematisch, wenn es sich um aufwändige Entwicklungen handelt, deren Entwicklungskosten sinnvollerweise über mehrere Abnehmer verteilt werden sollten. Die positive Kehrseite davon ist, dass ein Software-Unternehmen durch eine konsequente Veröffentlichung seiner OSS-Entwicklungen Vertrauen bei seinen Kunden schafft: diese können sicher sein, dass ihnen schon bezahlte Entwicklungen nicht erneut in Rechnung gestellt werden.

Eine weitere Möglichkeit, die Entwicklung von OSS als Kerngeschäft zu betreiben, besteht darin, die Software unter verschiedenen Lizenzen anzubieten. So verfährt beispielsweise das kalifornische Unternehmen Sleepycat, das die Datenbanksoftware „Berkeley DB“ vertreibt. Kunden, die diese Software oder Modifikationen davon als OSS nutzen, sind verpflichtet, den Quellcode jedem Empfänger der Software zugänglich zu machen: „Redistributions in any form must be accompanied by information on how to obtain complete source code for the DB software and any accompanying software that uses the DB software.”[250] Alternativ können Kunden eine proprietäre Lizenz von Sleepycat erwerben, die ihnen erlaubt, ihren Quellcode auch im Falle einer Distribution geheim zu halten. Voraussetzung für dieses Vorgehen ist, dass das Software-Unternehmen das Copyright auf den gesamten Code hält. Sleepycat ebenso wie

MySQL[251] stellen dies sicher, indem externe Entwicklungsbeiträge zwar in den Code aufgenommen werden, aber nur unter der Bedingung, dass der Autor sein Copyright auf das Unternehmen überträgt.

Schließlich ist noch die Verwendung einer OSS-Lizenzierung als Rückzug aus der Unterstützung einer ehemals proprietären Software zu erwähnen. Durch die Festlegung, proprietäre Software nach einigen Jahren als OSS freizugeben, wird Nutzern die Sicherheit gegeben, die Software auch langfristig und im Falle einer Geschäftsaufgabe des Herstellers pflegen und weiterentwickeln zu können. Raymond (1999), S. 168 f., beschreibt dieses Vorgehen unter dem Titel „Free the Future, Sell the Present"; eine ähnliche Idee verfolgt das „Open Source Threshold Escrow Program" (O-STEP).[252] Zudem vermeidet das Unternehmen die negative Presse, die die Einstellung der Unterstützung einer Software auslösen kann. Nachteilig an diesem Vorgehen kann sein, dass das OSS-Programm zu einem Konkurrenten für kommerzielle Nachfolgeprodukte wird.

Tabelle 4 listet die Vor- und Nachteile für die verschiedenen Gruppen von Unternehmen auf, die sich aus der Freigabe der betreffenden Software als OSS ergeben.

	mögliche Vorteile	**mögliche Nachteile**
Allgemein	externe Entwicklungsunterstützung (aus der OSS-Community oder von anderen Unternehmen) reduzierte Kosten der Maintenance Standardsetzung Reputationgewinne (bei gutem Code) erhöhte Programmierdisziplin Ruf als „guter OSS-Player“ erhöhte Attraktivität als Arbeitgeber für Programmierer	Risiko des Forkings Verlust von Wettbewerbsvorteilen Reputationsverlust (bei schlechtem Code) Kosten für Vorbereitung des Codes Verletzungen von Schutzrechten können leichter entdeckt werden Kosten der Maintenance eines OSS-Projektes
spezifisch für Komplementanbieter / für Verwendung in Produkten	erhöhte Nachfrage nach Komplement / Produkt Druck auf Anbieter proprietärer Substitute	OSS kommt mglw. in erster Linie Wettbewerbern zugute Verlust von Bündelungsvorteilen
spezifisch für die Verwendung in internen Prozessen	reduzierte Abhängigkeit von proprietärer Software offener Umgang mit Sicherheitslücken	Einsicht für Wettbewerber in Geschäftsprozesse Sichtbarkeit von Sicherheitslücken
spezifisch für OSS-Hersteller (Kerngeschäft)	Rückzug aus Unterstützung alter Software möglich	Lizenzgebühren ausgeschlossen

Tab. 4. Potenzielle Vor- und Nachteile für Unternehmen daraus, zu OSS beizutragen[253]

5.3 Motive für die Einsatzentscheidung von OSS

5.3.1 Studien zur Einsatzentscheidung von OSS

Die Gründe für den Einsatz von OSS sind von einer Reihe von Studien untersucht worden. Folgende Abbildung zeigt die in den Studien ermittelten Motive für die Einsatzentscheidung. Dabei werden zunächst der Studiendurchführer, dann der Name der Studie, die genannten Gründe und die Größe der Stichprobe dargestellt.

Open Forum	FLOSS	The Open Enterprise	BMWi	Information-week	InfoWorld
Market Opportunity Analysis for OSS	Free/Libre and OSS: survey and study	The Open Enterprise	BMWi-Leitfaden	The future of Linux	
Kostensenkung/ Niedrige Kosten, Bessere Kontrolle über die Entwicklung, Höhere Uptime/ Stabilität	Höhere Stabilität, Höhere Sicherheit (Besserer Zugangsschutz), Niedrige Lizenzgebühren, Installations- und Administrations-kostenersparnis, Offener Zugangscode	Kostensenkung/ Niedrige Kosten, Kein Lock-in, Höhere Uptime/ Stabilität	Verfügbarkeit des Quellcodes und das Recht, ihn ändern zu dürfen; Das Recht, die OSS sowie alle Änderungen und Verbesserungen am Quellcode weiterzugeben; Keine Exklusivrechte an der Software	Niedrige Kosten, Leistung, Höhere Uptime/ Stabilität, Wunsch nach Alternative zu Windows	Niedrigere Kosten für Anwendungs-entwicklung und Kauf, Niedrigere Entwicklungs- oder Implementie-rungszeit, Niedrigere Wartungskosten, Bessere Qualität, Customize und Wiederverwen-dungsmöglichkeit des Quellcodes, Schnelle Updates und Patches
59 CIOs, sowie 12 CFOs	395 Institutionen mit mehr als 100 Mitarbeitern, die OSS einsetzen	260 IT-Verantwortliche	Keine Stichprobe, da Leitfaden	300 IT Manager	40 Mitglieder des InfoWorld CTO Netzwerks

Tab. 5. Motive für den Einsatz von OSS

Die in diesem Bereich durchgeführten Studien zeigen, dass die Motive zur Einsatzentscheidung in folgende drei Gruppen eingeteilt werden können:

- *Monetäre Motive*: Niedrigere „Total Cost of Ownership" und Lizenzgebühren.
- *Strategische Motive*: Kein Lock-in/keine Exklusivrechte, bessere Kontrolle über die Entwicklung.

– *Operative Motive*: Höhere Stabilität, höhere Sicherheit, Verfügbarkeit des Quellcodes und das Recht ihn zu verändern und weiterzugeben, höhere Leistung, niedrigere Implementierungs- und Entwicklungszeit.

Insbesondere das Kostenmotiv wird als wichtigstes Argument für den Einsatz von OSS genannt. Es wird im folgenden Unterpunkt noch näher beleuchtet.

5.3.2 Analysen der Total Cost of Ownership (TCO) von Open-Source-Software

Wie oben aufgezeigt und bereits in dem Fallbeispiel zu MySQL in Kapitel 3 angesprochen, ist einer der wichtigsten Einsatzgründe für OSS die Erwartung niedriger Kosten. Zur Erschütterung, aber auch zur Untermauerung dieser Annahme sind eine Reihe von TCO-Studien in Auftrag gegeben worden.

Der TCO-Ansatz ermöglicht eine Gesamtkostenbetrachtung, also die Erfassung aller direkten und indirekten Kosten eines Datenverarbeitungssystems während seiner Nutzungsdauer, und stellt damit eine Weiterentwicklung zur reinen Anschaffungskostenperspektive dar.[254]

Die direkten Kosten umfassen Hardware- und Software-Kosten wie z.B. Kapital- und Leasingkosten und Abschreibungen, Betriebskosten wie etwa technischen Support und Servicekosten sowie Verwaltungskosten z.B. für Schulung der Mitarbeiter.

Unter indirekten Kosten werden die Kosten für den Endnutzerbetrieb (z.B. für das Erlernen der Software im Arbeitsalltag oder auch die Nutzung der IT für private Tätigkeiten) und etwaige geplante und ungeplante Ausfallzeiten verstanden (vgl. Abb. 13).

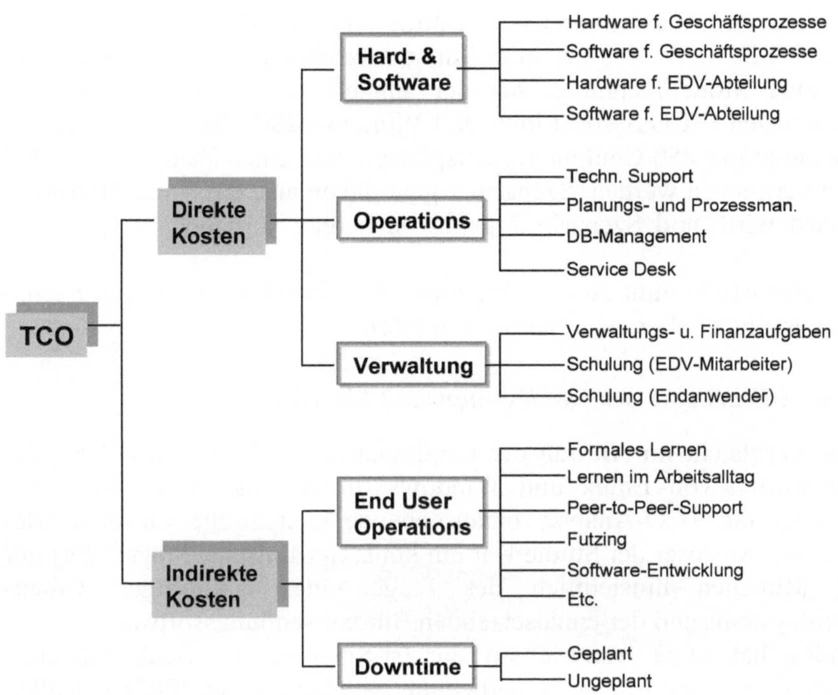

Abb. 13. TCO-Konzept der Gartner-Group

Der TCO-Ansatz sieht eine ausschließliche Kostenbetrachtung vor. Das heißt, Nutzen- oder Strategiebetrachtungen werden hier nicht angestellt, obgleich das durch die Berücksichtigung von Opportunitätskosten, zumindest teilweise, möglich wäre.

Im Folgenden werden fünf Studien dargestellt, die Gesamtkostenbetrachtungen zu OSS durchgeführt haben. Die Studien werden kurz hinsichtlich ihres Untersuchungsziels, Einsatzgebiets, Erhebungsmethode und Ergebnis beschrieben. Die Ergebnisse der Studien sind in Tabelle 6 dargestellt. Im Anschluss an die Darstellung der Studien erfolgt eine kurze Diskussion der TCO-Methode sowie der studienspezifischen Kritikpunkte.

Für die TCO-Betrachtung wurden folgende Studien berücksichtigt:

Cybersource Studie „Linux vs. Windows – Total Cost of Ownership Comparison"

Cybersource ist ein australisches Unternehmen, das Beratung, Training und Entwicklung von Linux-, Unix- und Microsoft-Plattformen anbietet.

Dabei liegt der Schwerpunkt der Aufträge im Linuxbereich. Die Cybersource Studie stellt weniger eine Studie tatsächlicher TCOs dar als viel mehr eine Modellrechnung, bei der anhand von zwei Szenarien die Gesamtkosten (TCOs) von Linux und Windows 2000 für eine Unternehmenseinheit mit 250 Computerarbeitsplätzen über einen Zeitraum von drei Jahren verglichen werden. Szenario 1 geht davon aus, dass neue Hardware beschafft wird, und Szenario 2 geht von bereits vorhandener Hardware aus.

Cybersource kommt zu dem Ergebnis, dass Windows in beiden Szenarien zu deutlich höheren Gesamtkosten führt.

Unilog „Clientstudie der Landeshauptstadt München"

Unilog vergleicht im Auftrag der Landeshauptstadt München (LHM) die Gesamtkosten von Linux und Windows für Arbeitsplatzcomputer und stellt über die TCO-Analyse hinausgehende strategische Einsatzüberlegungen an. Auslöser der Studie war ein konkreter Entscheidungsbedarf der Stadt München hinsichtlich der Frage eines zukünftigen Client-Betriebssystems und der einzusetzenden Büroanwendungssoftware.

Unilog hat seine Analyse auf die Ist-Situation der Stadt München angepasst. In einer Fragebogenerhebung (Stichtag 31.11.2002) bei allen Referaten der LHM hat sich ergeben, dass derzeit über 14688 MS Office Lizenzen in unterschiedlichen Versionen im Einsatz sind.[255]

Unilog kommt zu dem Ergebnis, dass eine rein proprietäre Windows XP/Office XP Lösung gegenüber einer reinen OSS-Lösung Linux/Open Source Anwendungssoftware-Lösung um etwa 12 Millionen € günstiger wäre (Kapitalwert).[256] Einschränkend zu diesem Ergebnis wird festgestellt, dass eine Mischlösung, bei der zusätzlich zu einer Linux-Installation eine Emulation von Microsoft Windows verwendet wird, diese nur etwa 2 Millionen € teurer ist als die XP/XP-Lösung.

IDC Studie „Windows 2000 vs. Linux für Unternehmensanwendungen"

IDC vergleicht im Auftrag von Microsoft die Gesamtkosten von Microsoft Windows 2000 Server-Umgebungen mit Linux Server-Umgebungen bei 100 verschiedenen nordamerikanischen Unternehmen mit Hilfe von Interviews. Es wurden folgende fünf Einsatzbereiche berücksichtigt: Netzwerkinfrastruktur, File Serving, Print Serving, Web Serving und Sicherheitsanwendungen.[257] Die Studie beschreibt einen Zeitraum von fünf Jahren.

Dabei kommt sie in allen Bereichen außer Webserving zu dem Ergebnis, dass Windows günstiger ist als Linux.

Robert Frances Group Studie „Total Cost of Ownership for Linux in the Enterprise"[258]

Die Robert Frances Group (RFG) untersucht im Auftrag von IBM mittels Befragung von 14 Führungskräften mittlerer und großer Unternehmen die Gesamtkosten für den Bereich Web Serving unter den drei Plattformen Linux, Solaris und Windows. Die Studie nimmt eine 3-Jahres-Perspektive ein. Der Webserver für Windows ist IIS, für Linux und Solaris Apache.

RFG kommt zu dem Ergebnis, dass Linux die günstigste Alternative ist, Microsoft die zweitgünstigste und Solaris die teuerste.

Forrester Research Studie „The total economic impact of developing and deploying applications on Microsoft and J2EE/Linux Platforms"

Forrester Research hat, im Auftrag von Microsoft, Linux und Windows hinsichtlich der Kosten beider Betriebssysteme als Entwicklungsplattform verglichen. Es wurden 7 Organisationen befragt, die Microsofts .NET Plattform und 5 Organisationen, die J2EE/Linux verwenden. Dabei werden zwei Szenarien durchgerechnet: Große Organisationen und mittelgroße Organisationen. Forrester kommt in dieser Studie zu dem Ergebnis, dass für beide Fälle die proprietäre Microsoftlösung günstiger ist als die Open-Source Variante.

Alle Studien beschränken sich auf einen Vergleich zwischen Windows und Linux. Dabei sind aber die Schwerpunkte hinsichtlich des Einsatzbereichs des Betriebssystems und des Studienschwerpunkts unterschiedlich gesetzt. Während die Cybersource Studie das Betriebssystem als ganzes betrachtet, nimmt die IDC-Studie eine detailliertere Perspektive nach Einsatzbereichen vor, die RFG-Studie beschränkt sich auf einen dieser Einsatzbereiche, das Webserving, die Forrester-Studie betrachtet die beiden Betriebssysteme aus dem Blickwinkel der Software-Entwicklung und die Unilog-Studie fokussiert sich auf eine Client-Perspektive.

Der Studienschwerpunkt variiert zudem zwischen einer Fokussierung der Einführung (Unilog-Studie) und einer Betrachtung des laufenden Betriebs. Darüber hinaus unterscheiden sich die Betrachtungszeiträume zwischen auf einen Zeitpunkt abdiskontierten Kapitalwert und einem 5-Jahres-Zeitraum.

Auch der Betrachtungsumfang bzw. die Stichprobengröße ist sehr unterschiedlich, sie reicht von 12 befragten Managern bei Forrester hin zu 381 befragten Referaten bei Unilog. Von durchschnittlich 7,6 betrachteten Servern (RFG-Studie) hin zu 14.688 betrachteten Arbeitsplätzen bei Unilog.

Auch ist eine Vielzahl von Kostenarten, die das Gartner-Konzept vorsieht, nicht berücksichtigt. So hat beispielsweise keine der Studien Endanwenderkosten integriert. Auch Updatekosten werden nicht berücksichtigt. Dies kommt insbesondere proprietären Software-Lösungen zu Gute. Aber selbst OSS-Lösungen verursachen durch Supportbedarf Updatekosten. Downtime, die ebenfalls sehr schwierig im Vorhinein abzuschätzen ist, wurde auch nur in ausgewählten Fällen berücksichtigt.

Eine zusammenfassende Übersicht der fünf Studien, gegliedert nach dem TCO-Konzept der Gartner Group, findet sich in folgender Tabelle. Aufgrund der oben erwähnten Unterschiede zwischen den Studien hinsichtlich der getroffenen Annahmen, Betrachtungsfelder, Laufzeiten sowie der Zuordnung der Kosten ist ein Vergleich zwischen den Studien nicht sinnvoll.

Untersucher				Cybersource				Unilog		Forrester Research			
Name der Studie				Linux vs. Windows				Projekt "Client Studie der Landeshauptstadt München"		The total economic impact of developing and deploying applications on Microsoft and J2EE/Linux platforms			
Untersuchungsbedingung				Szenario 1: neue Hardware		Szenario 2: bereits vorhandene Hardware		Clientstudie (Berücksichtigung haushaltswirksamer und nicht haushaltswirksamer Kosten)		Szenario 1: Große Organisationen		Szenario 2: Mittelgroße Organisationen	
Untersuchungsgegenstand				Windows 2000	Linux	Windows 2000	Linux	XP/XP	LX/OSS	Microsoft	J2EE/Linux	Microsoft	J2EE/Linux
TCO	Direkte Kosten	Hard- & Software	Hardware f. Geschäftsprozesse	$232.300,00	$232.300,00	$0,00	$0,00	583.408,00 €	958.890,00 €	$111.676,00	$55.674,00	$18.196,00	$39.700,00
			Software f. Geschäftsprozesse	$226.852,50	$0,00	$226.852,50	$0,00	2.308.021,00 €	1.794.148,00 €	$52.591,00	$208.567,00	$7.158,00	$41.000,00
			Hardware f. EDV-Abteilung	$51.737,00	$51.737,00	$0,00	$0,00	0,00 €	0,00 €	$0,00	$0,00	$0,00	$0,00
			Software f. EDV-Abteilung	$56.121,00	$79,95	$56.121,00	$79,95	0,00 €	0,00 €	$0,00	$0,00	$0,00	$0,00
		Summe Hard- & Software		$567.010,50	$284.116,95	$282.973,50	$79,95	2.891.429,00 €	2.753.038,00 €	$164.267,00	$264.241,00	$25.354,00	$80.700,00
		Operations	Techn. Support	$345.000,00	$376.500,00	$345.000,00	$376.500,00			$1.268.845,00	$1.724.800,00	$597.158,00	$730.755,00
			Internet Connectivity	$36.000,00	$36.000,00	$36.000,00	$36.000,00	0,00 €	0,00 €	$0,00	$0,00	$0,00	$0,00
			Verschiedenes (z.B. Migration SW)	$25.000,00	$25.000,00	$25.000,00	$25.000,00	3.358.277,00 €	13.379.669,00 €	$0,00	$0,00	$0,00	$0,00
			Planungs-und Prozessmanagement (Projektadmin/ Feinkonzept)	$0,00	$0,00	$0,00	$0,00	1.696.410,00 €	2.489.378,00 €	$0,00	$0,00	$0,00	$0,00
			Betriebskosten	$0,00	$0,00	$0,00	$0,00	8.757.308,00 €	-286.596,00 €	$0,00	$0,00	$0,00	$0,00
			Service Desk	$45.000,00	$45.000,00	$45.000,00	$45.000,00	0,00 €	0,00 €	$0,00	$0,00	$0,00	$0,00
			Outsourcing	$0,00	$0,00	$0,00	$0,00			$0,00	$0,00	$0,00	$0,00
		Summe Operations		$451.000,00	$482.500,00	$451.000,00	$482.500,00	13.811.995,00 €	15.582.451,00 €	$1.268.845,00	$1.724.800,00	$597.158,00	$730.755,00
		Verwaltung	Verwaltungs- u. Finanzaufgaben	$0,00	$0,00	$0,00	$0,00	393.275,00 €	1.376.465,00 €	$0,00	$0,00	$0,00	$0,00
			Schulung (EDV-Mitarbeiter)	$0,00	$0,00	$0,00	$0,00	13.993.829,00 €	21.125.316,00 €	$210.000,00	$300.000,00	$38.500,00	$70.000,00
			Schulung (End-anwender)	$0,00	$0,00	$0,00	$0,00	3.091.627,00 €	4.931.758,00 €	$0,00	$0,00	$0,00	$0,00
		Summe Verwaltung		$0,00	$0,00	$0,00	$0,00	17.478.731,00 €	27.433.539,00 €	$210.000,00	$300.000,00	$38.500,00	$70.000,00
		Summe Direkte Kosten		$1.018.010,50	$766.616,95	$733.973,50	$482.579,95	34.182.155,00 €	45.769.028,00 €	$1.643.112,00	$2.289.041,00	$661.012,00	$881.455,00
	Indirekte Kosten	End User Operations	Formales Lernen	$0,00	$0,00	$0,00	$0,00	0,00 €	0,00 €	$0,00	$0,00	$0,00	$0,00
			Lernen im Arbeitsalltag	$0,00	$0,00	$0,00	$0,00	0,00 €	0,00 €	$0,00	$0,00	$0,00	$0,00
			Peer-to-Peer-Support	$0,00	$0,00	$0,00	$0,00	0,00 €	0,00 €	$0,00	$0,00	$0,00	$0,00
			Futzing	$0,00	$0,00	$0,00	$0,00	0,00 €	0,00 €	$0,00	$0,00	$0,00	$0,00
			Software-Entwicklung	$0,00	$0,00	$0,00	$0,00	0,00 €	0,00 €	$0,00	$0,00	$0,00	$0,00
			Etc.	$0,00	$0,00	$0,00	$0,00	0,00 €	0,00 €	$0,00	$0,00	$0,00	$0,00
		Summe End User Operations		$0,00	$0,00	$0,00	$0,00	0,00 €	0,00 €	$0,00	$0,00	$0,00	$0,00
		Downtime	Geplant	$0,00	$0,00	$0,00	$0,00	0,00 €	0,00 €	$0,00	$0,00	$0,00	$0,00
			Ungeplant	$0,00	$0,00	$0,00	$0,00	0,00 €	0,00 €	$0,00	$0,00	$0,00	$0,00
		Summe Downtime		$0,00	$0,00	$0,00	$0,00	0,00 €	0,00 €	$0,00	$0,00	$0,00	$0,00
		Summe Indirekte Kosten		$0,00	$0,00	$0,00	$0,00	0,00 €	0,00 €	$0,00	$0,00	$0,00	$0,00
Summe				**$1.018.010,50**	**$766.616,95**	**$733.973,50**	**$482.579,95**	**34.182.155,00 €**	**45.769.028,00 €**	**$1.643.112,00**	**$2.289.041,00**	**$661.012,00**	**$881.455,00**

Tab. 6. Übersicht bekannter OSS-TCO-Studien

Untersucher				IDC (5 Jahres-Perspektive) Gesamtkosten für 100 unterstützte Anwender										Robert Frances Group (3 Jahres Betrachtung)		
Name der Studie				Windows 2000 vs. Linux für Unternehmensanwendungen										Total Cost of Ownership for Linux in the Enterprise		
Untersuchungsbedingung				Szenario 1: Netzwerk		Szenario 2: File		Szenario 3: Print		Szenario 4: Sicherheit		Szenario 5: Web				
Untersuchungsgegenstand				Windows 2000	Linux	Windows 2000	Linux	Windows 2000	Linux	Windows 2000	Linux	Windows 2000	Linux	Windows	Solaris	Linux
TCO	Direkte Kosten	Hard- & Software	Hardware f. Geschäftsprozesse	$1.211,00	$1.004,00	$5.703,00	$3.139,00	$1.173,00	$2.172,00	$1.653,00	$2.041,00	$7.087,00	$3.006,00	$0,00	$0,00	$0,00
			Software f. Geschäftsprozesse	$211,00	$940,00	$3.988,00	$1.009,00	$1.665,00	$340,00	$5.829,00	$6.609,00	$7.107,00	$1.390,00	$7.980,00	$0,00	$400,00
			Hardware f. EDV-Abteilung	$0,00	$0,00	$0,00	$0,00	$0,00	$0,00	$0,00	$0,00	$0,00	$0,00	$39.042,00	$387.566,00	$38.015,00
			Software f. EDV-Abteilung	$0,00	$0,00	$0,00	$0,00	$0,00	$0,00	$0,00	$0,00	$0,00	$0,00	$0,00	$0,00	$0,00
		Summe Hard- & Software		$1.422,00	$1.944,00	$9.691,00	$4.148,00	$2.838,00	$2.512,00	$7.482,00	$8.650,00	$14.194,00	$4.396,00	$47.022,00	$387.566,00	$38.415,00
		Operations	Techn. Support	$8.392,00	$8.201,00	$54.030,00	$81.204,00	$40.247,00	$59.080,00	$50.609,00	$71.056,00	$15.102,00	$23.015,00	$143.640,00	$146.454,00	$36.060,00
			Internet Connectivity	$0,00	$0,00	$0,00	$0,00	$0,00	$0,00	$0,00	$0,00	$0,00	$0,00	$0,00	$0,00	$0,00
			Verschiedenes (z.B. Migration SW)	$0,00	$0,00	$0,00	$0,00	$0,00	$0,00	$0,00	$0,00	$0,00	$0,00	$0,00	$0,00	$0,00
			Planungs-und Prozessmanagement (Projektadmin/ Feinkonzept)	$0,00	$0,00	$0,00	$0,00	$0,00	$0,00	$0,00	$0,00	$0,00	$0,00	$0,00	$0,00	$0,00
			Betriebskosten	$0,00	$0,00	$0,00	$0,00	$0,00	$0,00	$0,00	$0,00	$0,00	$0,00	$0,00	$0,00	$0,00
			Service Desk	$0,00	$0,00	$0,00	$0,00	$0,00	$0,00	$0,00	$0,00	$0,00	$0,00	$0,00	$0,00	$0,00
			Outsourcing	$26,00	$946,00	$3,00	$570,00	$121,00	$369,00	$49,00	$440,00	$59,00	$64,00	$0,00	$0,00	$0,00
		Summe Operations		$8.418,00	$9.147,00	$54.033,00	$81.774,00	$40.368,00	$59.449,00	$50.658,00	$71.496,00	$15.161,00	$23.079,00	$143.640,00	$146.454,00	$36.060,00
		Verwaltung	Verwaltungs- u. Finanzaufgaben	$0,00	$0,00	$0,00	$0,00	$0,00	$0,00	$0,00	$0,00	$0,00	$0,00	$0,00	$0,00	$0,00
			Schulung (EDV-Mitarbeiter)	$534,00	$677,00	$5.191,00	$7.670,00	$4.787,00	$5.282,00	$2.000,00	$6.445,00	$1.304,00	$1.584,00	$0,00	$0,00	$0,00
			Schulung (Endanwender)	$0,00	$0,00	$0,00	$0,00	$0,00	$0,00	$0,00	$0,00	$0,00	$0,00	$0,00	$0,00	$0,00
		Summe Verwaltung		$534,00	$677,00	$5.191,00	$7.670,00	$4.787,00	$5.282,00	$2.000,00	$6.445,00	$1.304,00	$1.584,00	$0,00	$0,00	$0,00
		Summe Direkte Kosten		$10.374,00	$11.768,00	$68.915,00	$93.592,00	$47.993,00	$67.243,00	$60.140,00	$86.591,00	$30.659,00	$29.059,00	$190.662,00	$534.020,00	$74.475,00
	Indirekte Kosten	End User Operations	Formales Lernen	$0,00	$0,00	$0,00	$0,00	$0,00	$0,00	$0,00	$0,00	$0,00	$0,00	$0,00	$0,00	$0,00
			Lernen im Arbeitsalltag	$0,00	$0,00	$0,00	$0,00	$0,00	$0,00	$0,00	$0,00	$0,00	$0,00	$0,00	$0,00	$0,00
			Peer-to-Peer-Support	$0,00	$0,00	$0,00	$0,00	$0,00	$0,00	$0,00	$0,00	$0,00	$0,00	$0,00	$0,00	$0,00
			Futzing	$0,00	$0,00	$0,00	$0,00	$0,00	$0,00	$0,00	$0,00	$0,00	$0,00	$0,00	$0,00	$0,00
			Software-Entwicklung	$0,00	$0,00	$0,00	$0,00	$0,00	$0,00	$0,00	$0,00	$0,00	$0,00	$0,00	$0,00	$0,00
			Etc.	$0,00	$0,00	$0,00	$0,00	$0,00	$0,00	$0,00	$0,00	$0,00	$0,00	$0,00	$0,00	$0,00
		Summe End User Operations		$0,00	$0,00	$0,00	$0,00	$0,00	$0,00	$0,00	$0,00	$0,00	$0,00	$0,00	$0,00	$0,00
		Downtime	Geplant	$1.412,00	$1.494,00	$30.133,00	$20.788,00	$38.857,00	$39.746,00	$10.335,00	$4.385,00	$1.646,00	$1.541,00	$0,00	$0,00	$0,00
			Ungeplant	$0,00	$0,00	$0,00	$0,00	$0,00	$0,00	$0,00	$0,00	$0,00	$0,00	$0,00	$0,00	$0,00
		Summe Downtime		$1.412,00	$1.494,00	$30.133,00	$20.788,00	$38.857,00	$39.746,00	$10.335,00	$4.385,00	$1.646,00	$1.541,00	$0,00	$0,00	$0,00
		Summe Indirekte Kosten		$1.412,00	$1.494,00	$30.133,00	$20.788,00	$38.857,00	$39.746,00	$10.335,00	$4.385,00	$1.646,00	$1.541,00	$0,00	$0,00	$0,00
Summe				$11.786,00	$13.262,00	$99.048,00	$114.380,00	$86.850,00	$106.989,00	$70.475,00	$90.976,00	$32.305,00	$30.600,00	$190.662,00	$534.020,00	$74.475,00

Tab. 6. Übersicht bekannter OSS-TCO-Studien (Fortsetzung)

Es ist festzuhalten, dass von den fünf Studien drei niedrigere Gesamtkosten bei der proprietären und zwei niedrigere Gesamtkosten bei der OSS-Lösung ausweisen. Eindeutig bei allen Studien ist, dass Webserving in der OSS-Variante niedrigere TCOs verursacht als die proprietäre Lösung.

Darüber hinaus ist festzuhalten, dass zwei der drei Studien, die Microsoft als die günstigere Plattform ausweisen, von Microsoft beauftragt und die zwei Studien, die OSS als die günstigere Variante zeigen, von IBM und einem OSS-Berater beauftragt bzw. durchgeführt wurden. Lediglich die Unilog-Studie ist von einem unabhängigen Dritten beauftragt und durchgeführt worden.

Alle Studien weisen Fallstudiencharakter auf und sind dementsprechend nicht repräsentativ für eine Aussage zur Gesamtkostenbetrachtung von OSS bzw. proprietärer Software im Allgemeinen.

Die Auswahl der betrachteten Fälle, der Schwerpunkt der Untersuchung, der Betrachtungszeitraum, der Umfang der Stichprobe, die berücksichtigten Kostenarten u.ä. sind alles Faktoren, die entscheidend auf das Ergebnis Einfluss nehmen.

Beispielsweise ist eine Studie wie die Unilog-Studie, die vor allem Einführungskosten thematisiert, trotz unparteiischem Auftraggeber und Studiendurchführer von Haus aus ungünstiger im Kostenverhältnis für OSS als eine Studie, die den laufenden Betrieb betrachtet. Bei der Unilog-Studie sind die Einführungskosten bei der OSS-Lösung 10 Millionen € höher als bei der proprietären XP-Variante. Auch die Schulungskosten für die Endanwender schlagen bei einem Umstieg von einem System auf ein anderes mit 7 Millionen € gewaltig zu Buche.

Eine Vergleichbarkeit ist auch dadurch erschwert, dass die Ergebnisse der Studien, mit Ausnahme der Unilog-Studie, nicht auf einen Barwert diskontiert sind und die Festlegung und Zuordnung der Kosten auf die Kostenarten teilweise willkürlich erfolgt.

So werden beispielsweise bei der Forrester-Studie erheblich höhere Kosten für Entwicklung, Anwendung, Mitarbeiter sowie Software-Wartung bei der OSS-Variante J2EE veranschlagt als bei dem entsprechenden Microsoftprodukt.

Generell ist festzustellen, dass OSS aufgrund der fehlenden Lizenzierungskosten, die durch Aktualisierungen regelmäßig anfallen, vor allem von langfristigeren Betrachtungszeiträumen profitiert, während Windows mit seinen niedrigeren Installationskosten und dem meist bereits vorhandenen MS-Vorwissen vor allem bei kurzen Betrachtungsperioden gewinnt. Verstärkt wird dieser Effekt noch dadurch, dass proprietäre Anbieter oft den Support für ältere Versionen reduzieren und so den Umstieg auf eine neue Version (mit zusätzlichen Lizenzgebühren) forcieren. Darüber hinaus wird bei OSS häufig mit höheren Mitarbeiterkosten gerechnet. Diese rechtfertigen sich derzeit teilweise durch das niedrigere Angebot derartiger Entwickler wie auch die zusätzliche Entwicklungsarbeit für die Anpassung an die Wünsche von Endnutzern. Gleichzeitig existieren aber gerade bei den großen OSS-Projekten sehr lebhafte Support-Communities, die die Kosten für die Behebung von Software-Fehlern langfristig senken dürften. Auch fließt der gesteigerte Nutzen aufgrund verbesserter Software-Kenntnisse der IT-Mitarbeiter und damit zusammenhängend evtl. niedrigere Opportunitätskosten für das Unternehmen bislang nicht in die TCO-Studien ein.[259] So führen IT-Mitarbeiter mit verbesserten Software-Kenntnissen evtl. zu reduziertem Wartungsbedarf, schnellerer Fehlerbehebung und dem Finden der für das Unternehmen besten Lösung und nicht für den Software-Anbieter. Ein eigener Mitarbeiter wird bei häufig zu fällenden Entwicklungsentscheidungen zwischen Wiederverwendbarkeit und Performanz die spezialisierte und damit die für das Unternehmen besser passende, aber schlechter wiederverwendbare, Alternative wählen. Ein Software-Hersteller hingegen muss aus wirtschaftlichen Gründen die allgemeingültigere und damit besser weitervertreibbare Alternative wählen.

6 Rahmenbedingungen für OSS und proprietäre Software

6.1 Staatliche Eingriffe im Hinblick auf OSS vs. proprietäre Software

Unter bestimmten Bedingungen wird auf einem unregulierten Markt ein ökonomisch effizientes Resultat erreicht. In der Realität sind diese Bedingungen allerdings zumeist nicht erfüllt, da verschiedene Arten von Marktversagen auftreten. In solchen Fällen können staatliche Eingriffe helfen, ein gegenüber dem unregulierten Markt verbessertes Resultat zu erreichen. Allerdings sind solche Eingriffe nicht unproblematisch – die Existenz eines Problems bedeutet noch nicht, dass auch eine Lösung dazu existiert.

Manche staatlichen Eingriffe erscheinen heute selbstverständlich, wie beispielsweise das Patentsystem und die staatliche Finanzierung der Hochschulen. Zudem greift der Staat in vielen Bereichen als Nachfrager und Anbieter von Leistungen in das Wirtschaftsgeschehen ein. Die Frage ist also weniger, *ob* staatliche Eingriffe im Zusammenhang mit OSS wünschenswert sind, da ohnehin zahlreiche Aktivitäten des Staates einen Einfluss auf den Software-Markt haben. Es fragt sich vielmehr, *welcher Art* und *wie weitgehend* diese Eingriffe sein sollten.

Im Folgenden werden zuerst verschiedene Typen potenziellen Marktversagens im Software-Markt diskutiert. Dann wird auf die grundsätzlichen Möglichkeiten des Staates eingegangen, dieses Marktversagen zu korrigieren.

6.1.1 Potenzielles Marktversagen im Software-Markt

Im hier vorliegenden Zusammenhang sind als potenziell relevante Typen von Marktversagen Wettbewerbsbeschränkungen, externe Effekte, unvollständige Information sowie eingeschränkte Möglichkeiten der Aneignung von Innovationsrenten zu nennen.[260] Diese vier Punkte werden im Folgenden untersucht.

Unvollständiger Wettbewerb

Der Markt für Software, insbesondere für Standardsoftware, ist weit entfernt vom ökonomischen Ideal des vollständigen Wettbewerbs, in dem Produkte zu Grenzkosten verkauft werden. Dies liegt vor allem an folgenden drei Umständen.

Erstens sind die variablen Kosten der (Re-) Produktion von Software äußerst niedrig, so dass für Software, die an mehr als einen Kunden verkauft wird (insbesondere also für Standardsoftware), hohe positive Skalenerträge vorliegen.[261] Dies bedeutet, dass ein Verkauf zu Grenzkosten es keinem Unternehmen erlauben würde, die Fixkosten der Entwicklung zu decken.[262] Da, wer mehr Kunden bedient, diese Fixkosten besser verteilen kann, begünstigt dieser Effekt eine hohe Marktkonzentration.

Zweitens bestehen bei Software vielfach positive externe Effekte, so genannte „Netzeffekte“ bzw. „Netzwerk-Externalitäten“. D.h., ein Produkt ist umso nützlicher, je mehr andere Nutzer das gleiche Produkt verwenden. Auch dieser Umstand begünstigt eine hohe Marktkonzentration, was unvollständigen Wettbewerb impliziert. Netzeffekte werden im Folgenden ausführlicher diskutiert.

Drittens führt ein Wechsel von Software, d.h. die Migration zu einer anderen Software, typischerweise zu Kosten („Wechselkosten“). Dies verschafft jedem Anbieter bei seiner installierten Basis (d.h. bei den Nutzern älterer Versionen seiner Software) einen Vorteil gegenüber Wettbewerbern, was zu einer weiteren Einschränkung des Wettbewerbs führt.

Nun hat eine hohe Marktkonzentration unter den Gegebenheiten des *Software-Marktes* ihre positiven Seiten, da eine Duplikation von Entwicklungskosten verhindert bzw. eingeschränkt wird. Zudem bewirkt ein hoher Marktanteil von untereinander kompatiblen Produkten – nicht notwendigerweise (aber de facto oft) vom selben Unternehmen hergestellt – dass Netzeffekte ausgenutzt werden. Der Software-Markt stellt somit in vielen Fällen ein „natürliches Monopol“ dar.[263] Negativ an einer solchen Situation ist, dass ein Monopolist möglicherweise überhöhte Preise fordert und weniger auf Kundenbedürfnisse eingeht als Unternehmen, die sich in einer Wettbewerbssituation befinden.

Man kann einwenden, dass bei Software aufgrund der genannten Effekte der Wettbewerb *im* Markt geringer ist als bei anderen Gütern, der Wettbewerb *um den* Markt dafür umso härter.[264] In der Tat zeigt die Geschichte des Software-Marktes, dass einst dominante Produkte in vielen Fällen vom Markt verdrängt wurden. Allerdings weist diese Dynamik zumeist in Richtung stärkerer Gesamtkonzentration des Software-Marktes. So wurden das Tabellenkalkulationsprogramm Lotus 1-2-3, das Textverarbeitungssystem WordPerfect und der Webbrowser Netscape Navigator durch die Microsoft-Produkte Excel, Word bzw. Internet Explorer abgelöst. Dagegen fällt es zumindest bei Software für Endnutzer schwer, ein Beispiel zu finden, in dem umgekehrt ein Microsoft-Produkt seine führende Position eingebüßt hat. Inwieweit dafür Marktmacht, Management oder Qualitätsvorteile ausschlaggebend waren, kann hier nicht geklärt werden. Es bleibt jedoch festzuhalten, dass die gelegentlichen Wechsel des jeweils dominanten Produktes in einer Kategorie noch keinen Beleg für einen funktionierenden Wettbewerb *um* Software-Märkte darstellen.

Unvollständiger Wettbewerb mit Preisen über den Grenzkosten herrscht im Software-Markt hinsichtlich der Produkte sowie hinsichtlich der zugrunde liegenden Entwicklungen. Um diesen Unterschied zu illustrieren: ein Tabellenkalkulationsprogramm stellt ein „Produkt" dar, das an Endkunden verkauft wird; die darin verwendeten Schnittstellen und graphischen Symbole stellen dagegen „Entwicklungen" dar, die an andere Software-Unternehmen lizenziert werden können.

Aus volkswirtschaftlicher Sicht wäre es optimal, existierende Software – sowohl komplette Produkte als auch einzelne Entwicklungen (Programmcode, Schnittstellen, Protokolle etc.) – zu Grenzkosten, also quasi umsonst, allgemein verfügbar zu machen. Entwicklungen würden somit jedem für den Einsatz in anderen Produkten und für Weiterentwicklungen zur Verfügung stehen. Dies wäre „statisch effizient" – „statisch", da nur existierende Software betrachtet wird. Es würde jedoch Ineffizienzen hinsichtlich der dynamischen Perspektive bedeuten, also der Weiterentwicklung der Software: Wie schon erwähnt, würden die Ertragsmöglichkeiten proprietärer Software-Unternehmen stark reduziert, die auf Lizenzgebühren sowohl für ihre Produkte als auch für ihre Entwicklungen (als Vorprodukte für andere Unternehmen) angewiesen sind. Dementsprechend würden die Innovationsanreize vermindert, eine „dynamische Ineffizienz" entstünde.

Anders als proprietäre Software ist OSS größtenteils frei verfügbar. Sie steht somit sowohl für die Nutzung als auch als Grundlage für Weiterentwicklungen zu Grenzkosten zur Verfügung, was statisch effizient ist. Anders als bei proprietärer Software geht damit jedoch vielfach keine oder nur eine geringe dynamische Ineffizienz einher. Aufgrund des besonderen OSS-Entwicklungsprozesses existieren Anreize zur Software-Entwicklung, obwohl die Software in den meisten Fällen gratis oder zu geringen Kosten weitergegeben wird.

Externalitäten

Externalitäten liegen vor, wenn das Verhalten eines Akteurs Auswirkungen auf andere Akteure hat, ohne dass diese für positive Auswirkungen eine Gegenleistung erbringen würden bzw. für negative Effekte eine Kompensation erhielten. Soweit er nicht von altruistischen oder ähnlichen Motiven getrieben ist, berücksichtigt der Akteur, der die Externalität ausübt, die Auswirkungen auf andere nicht. Damit wird er typischerweise Aktivitäten, die positive Externalitäten ausüben, in (gesamtgesellschaftlich gesehen) zu geringem Umfang ausüben, und solche mit negativen Externalitäten in zu hohem Umfang. Luftverschmutzung ist ein typisches Beispiel einer negativen Externalität.

Eine im Software-Markt wichtige Art von Externalitäten sind Netzeffekte. Dies bedeutet, dass eine bestimmte Software für jeden ihrer Nutzer umso höheren Nutzen schafft, je mehr andere Nutzer diese Software, oder dazu kompatible Software, verwenden. Ein zusätzlicher Nutzer einer bestimmten Software übt aus mehreren Gründen eine positive Externalität auf die bisherigen Nutzer aus. Zum einen ist für letztere ein Datenaustausch (über Dateien oder, im Falle von Kommunikationssoftware wie z.B. Instant-Messaging-Systemen, direkt) nun auch mit dem zusätzlichen Nutzer möglich. Zum anderen steigt mit der Menge der Nutzer typischerweise auch das Angebot an komplementären Gütern (z.B. Dienstleistungen oder ergänzender Software). Umgekehrt übt ein Nutzer, der von einer Software zu einer anderen wechselt, eine negative Externalität auf die verbleibenden Nutzer der von ihm ursprünglich genutzten Software aus.

Wenn eine bestimmte neue Software vorteilhaft gegenüber einer etablierten Software mit dem gleichen Verwendungszweck ist, wäre ein koordinierter Wechsel aller Nutzer individuell ebenso wie gesamtwirtschaftlich sinnvoll. Da eine Koordination im Allgemeinen jedoch nicht möglich ist, müssen individuelle Wechselentscheidungen erfolgen. Aufgrund der genannten Externalitäten sind diese nicht individuell sinnvoll und unterbleiben deshalb – es kommt zu ineffizient hoher Beharrung bei der etablierten Software. Wenn natürlich der Vorteil der neuen Software die Wechselkosten nicht aufwiegt, ist ein kollektiver Wechsel nicht sinnvoll.

Unvollständige Information

Wenn Käufer in einem Markt über die Qualität der angebotenen Produkte nicht ausreichend informiert sind, treffen sie suboptimale Kaufentscheidungen. Im schlimmsten Fall kann es zu einem Marktzusammenbruch kommen, d.h. es finden aufgrund der unvollständigen Information keine Transaktionen statt.[265]

Eine präzise Kenntnis der Qualität von Software kann schwierig zu erlangen sein, insbesondere wenn es um umfangreiche Systeme aus zahlreichen Komponenten geht oder wenn ein Test nur durch einen aufwändigen Umstieg auf das neue System möglich ist. Zudem verhindert die Tatsache, dass bei proprietärer Software zumeist nur der Binärcode verfügbar ist, eine Bewertung derjenigen Qualitäten von Software, die einfacher aus dem Quellcode ersichtlich sind. Teilweise behindern Software-Hersteller durch ihre Lizenzbedingungen sogar explizit die Verbreitung von Informationen über die Qualität ihrer Produkte.[266]

Ineffizienzen aufgrund unvollständiger Information spielen beim Vergleich von OSS und proprietärer Software in zweierlei Hinsicht eine Rolle. Erstens ist bei entsprechender Expertise eine Qualitätsbewertung von OSS anhand des Quellcodes möglich, was bei proprietärer Software weitgehend ausgeschlossen ist. Zweitens ist es denkbar, dass existierende OSS in ineffizient geringem Umfang genutzt wird, da, anders als bei proprietären Software-Firmen, keine Marketingabteilung für das Bekanntwerden der Software sorgt. Dies ist bei großen Projekten wie z.B. Linux und KDE inzwischen nicht mehr der Fall, da sich für diese Software auch zahlreiche Unternehmen engagieren. Bei weniger prominenten Programmen dürfte jedoch bei potenziellen Nutzern ein Informationsdefizit bestehen.

Eingeschränkte Aneignungsmöglichkeiten von Innovationsrenten

Es wurde schon angesprochen, dass ein Weggeben von Software zu Grenzkosten, also quasi umsonst, die Anreize zur Entwicklung der Software für Entwickler proprietärer Software stark reduzieren würde. Aber auch bei höheren Preisen eignet sich ein Innovator zumeist nur einen Teil des Nutzens an, den seine Entwicklung für die Gesellschaft generiert: neben dem Innovator profitieren üblicherweise auch Imitatoren, Unternehmen in anderen Branchen, Folge-Innovatoren sowie die Nutzer von der Innovation.

Um trotz eingeschränkter Aneignungsmöglichkeiten genügend Innovationsanreize zu schaffen, wurden vom Staat rechtliche Schutzmechanismen wie Patente und Urheberrechtsschutz geschaffen (vgl. 6.2). Wie gut solche Mechanismen funktionieren, hängt stark von der jeweils betrachteten

Branche ab. Nur in wenigen Industrien, darunter Chemie und Pharmazie, stellen Patente einen effektiven Schutz dar – in den meisten anderen Fällen sind sie der am *wenigsten effektive* Schutzmechanismus.[267] Sehr effektiv sind dagegen zeitliche Vorteile, komplementäre Güter und Geheimhaltung.

Wo rechtliche Schutzmechanismen nicht oder nur schwierig anwendbar sind, insbesondere in der Grundlagenforschung, greift der Staat direkt als Finanzierer ein.

6.1.2 Möglichkeiten staatlicher Eingriffe

Die genannten Arten von Marktversagen können es prinzipiell sinnvoll machen, dass der Staat in den Software-Markt eingreift. Er kann dies auf verschiedene Weisen tun, entsprechend den verschiedenen Rollen, die er spielt: er ist zum einen Käufer von Software, zum anderen Gestalter der politischen Rahmenbedingungen. Dazu zählen die direkte Förderung von Projekten bzw. Unternehmen, die Bereitstellung von Informationen für Software-Nutzer sowie die Festlegung der rechtlichen Rahmenbedingungen (vgl. 6.2). Die genannten Rollen werden in den folgenden Abschnitten behandelt. Dabei geht es um die Auswirkungen staatlichen Handelns auf den Software-Markt, nicht um Auswirkungen auf den Staat als Nutzer von OSS.

Der Staat als Käufer von Software

Staaten kaufen in großem Umfang Software. Beispielsweise gab die US-Regierung im Jahre 2000 US$ 3,7 Mrd. allein für vorgefertigte („prepackaged“) Software aus.[268] Damit ist der Anteil, den staatliche Stellen am gesamten Software-Umsatz haben, zwar immer noch gering. Der Staat ist aber, in einem auf Abnehmerseite sehr fragmentierten Markt, ein sehr großer oder sogar der größte Einzelabnehmer und hat aus diesem Grund einen relativ starken Einfluss.

Hinsichtlich der Rolle des Staates als Käufer und Nutzer von Software kann man grob unterscheiden zwischen der Verwendung existierender OSS und der Entwicklung von Software für staatliche Stellen als OSS.

Verwendung existierender OSS

Für den Einsatz existierender OSS in öffentlichen Verwaltungen gibt es zahlreiche Beispiele. Schlagzeilen machte die Entscheidung des Bundestages im Februar 2002, 150 Server von Windows NT auf Linux umzustellen.[269] Bundesinnenminister Schily schloss außerdem mit IBM eine Vereinbarung, die grundsätzlich auf einen verstärkten Einsatz von

OSS in den Bundesbehörden abzielt.[270] Weitere Beispiele sind ähnliche Entscheidungen der Monopolkommission[271], des Bundeskartellamtes[272] und der Stadt München[273]. Letztere erregte besonderes Aufsehen, da es hier erstmals in großem Umfang um Clients der Endanwender ging (über 14.000 Desktop-Rechner) und nicht wie bei anderen Entscheidungen zugunsten von Linux um Server. Anders als im Server-Segment hat Linux auf dem Desktop bisher keine nennenswerte Verbreitung gefunden.

Beispiele der Nutzung von OSS in staatlichen Stellen sind nicht auf Deutschland beschränkt. Im Juli 2002 publizierte die britische Regierung ein Papier mit dem Titel „Open Source Software – Use within UK Government", mit einer offensichtlichen starken Tendenz zur Nutzung von OSS.[274] Testprogramme für den Einsatz von Linux in der öffentlichen Verwaltung in Großbritannien wurden im Oktober 2003 bekannt gegeben.[275] In Peru wurde sogar ein Gesetz eingebracht, das für staatliche Stellen die Verwendung von OSS verpflichtend macht.[276] Schmitz (2001b) gibt eine Übersicht über den Einsatz von OSS in mehreren Mitgliedsländern der Europäischen Union, Fisher (2002), S. 21ff, einen weltweiten Überblick.

Im Kontext der Nutzung existierender OSS durch die öffentliche Verwaltung geht es vor allem um Standardsoftware, insbesondere Betriebssysteme, Office-Programme, E-Mail, Web-Server, Datenbanken und Fileserver.[277] Dies ist verständlich angesichts der Tatsache, dass für diese Software-Typen stabile und erprobte OSS-Angebote existieren.[278]

Die Beispiele von Entscheidungen staatlicher Stellen für den Einsatz von OSS sind also zahlreich. Staatliche Eingriffe in den Software-Markt stellen sie im engeren Sinne jedoch nicht dar, solange sie unter Gesichtspunkten wie Kosten, Qualität, Sicherheit oder verbesserter Verhandlungsposition gegenüber Anbietern proprietärer Software getroffen wurden. Der Staat verhält sich in solchen Fällen wie jeder andere Nutzer, der seine Kaufentscheidung optimiert. Dabei spielen für Staaten gegenüber Unternehmen einige zusätzliche Kriterien eine Rolle. Genannt wurden freier Zugang für Bürger zu Daten, langfristige Verfügbarkeit von Daten, Verringerung der Abhängigkeit von einzelnen Software-Anbietern, Interoperabilität, die Einhaltung offener Standards sowie die Sicherheit des Staates und seiner Bürger vor Spionage durch Closed Source Software.[279] Anbieter proprietärer Software versuchen teilweise, diesen Argumenten zu begegnen. So gewährt Microsoft im Rahmen seines Shared Source Licensing Program einzelnen Kunden einen beschränkten Einblick in den Quellcode verschiedener Programme, darunter Windows.[280] Allerdings erscheint fraglich, ob die Software-Tester staatlicher Stellen in der Lage sind, die zig Millionen Zeilen Code, die ein Betriebssystem wie Windows umfasst, sinnvoll zu prüfen. Zudem fehlt bei der reinen Kontrolle von

Code, ohne die Möglichkeit, ihn für die eigenen Zwecke zu verbessern, ein wichtiger Motivationsfaktor. Auch ist eine Fehlersuche sehr erschwert, wenn keine Änderungen am Code vorgenommen werden können. Es muss sich daher zeigen, ob „Shared Source" und ähnliche Initiativen den Nutzern wirklich praktische Vorteile bieten.

Auch die Verwendung offener anstatt proprietärer Formate für Dateien könnte Anbietern proprietärer Software helfen, die genannten Argumente zugunsten OSS zu entkräften, ist aber aus verschiedenen Gründen oft nicht im Interesse der Anbieter. Eine erhöhte Kompatibilität zwischen OSS und proprietärer Software durch offene Formate würde die Netzeffekte beider Gruppen zusammenführen und damit das Kompatibilitätsargument zugunsten einer den Markt dominierenden proprietären Software entkräften.

Der Einsatz von OSS in der öffentlichen Verwaltung hat eine Reihe weiterer Auswirkungen. Der Staat trägt damit zum Aufbau eines „Netzes" von Nutzern der betreffenden Software bei, was die häufig existierenden Netzeffekte zugunsten etablierter Software verringert. Er übt damit eine positive Externalität auf andere Nutzer der betreffenden OSS aus, aber ebenso eine negative Externalität auf Nutzer konkurrierender proprietärer Software. Zudem haben staatliche Einsatzentscheidungen zugunsten von OSS eine beträchtliche Werbewirkung für OSS. Schließlich liefern der Einsatz von OSS und dessen nachfolgende Bewertung der Öffentlichkeit Informationen über die Tauglichkeit der betreffenden OSS.

Die zuletzt genannten Aspekte haben nicht direkt mit der Rolle des Staates als Käufer und Nutzer von Software zu tun. Wenn daher Entscheidungen zugunsten des Einsatzes von OSS aufgrund dieser Aspekte getroffen werden, liegt tatsächlich ein staatlicher Eingriff in den Software-Markt vor. Grundsätzlich können solche Eingriffe gerechtfertigt werden, da der Staat, anders als privatwirtschaftliche Unternehmen, externe Effekte auf andere Akteure in seiner Volkswirtschaft internalisiert. Sinnvoll ist der Eingriff allerdings nur dann, wenn diese externen Effekte wirklich in Summe positiv sind. Staatliche Stellen müssten also entscheiden, ob es gesamtwirtschaftlich positive Auswirkungen hat, wenn sie durch ihr Handeln eine bestimmte Zahl weiterer Software-Nutzer zum Umstieg beispielsweise von Microsoft Windows auf Linux bewegen. Eine solche Entscheidung ist aufgrund der Vielzahl von Einflussfaktoren sehr komplex, und es erscheint fraglich, ob sie immer korrekt getroffen wird.

Umgekehrt führen Bestimmungen, wie beispielsweise das in Kapitel 6.2.2 beschriebene Erfordernis einer „Common-Criteria-Zertifizierung", um in öffentlichen Einrichtungen eingesetzt zu werden, dazu, dass OSS-Programme ohne kommerziellen „Sponsor" gegenüber proprietärer Software von Unternehmen benachteiligt sind.

Entwicklung von Software für staatliche Stellen als OSS

Anstatt nur existierende OSS zu nutzen, können staatliche Stellen auch Beiträge zur Entwicklung von OSS leisten. Dies reicht von Verbesserungen oder Anpassungen bestehender Programme bis hin zur Entwicklung vollständig neuer Software-Systeme. Beides kann entweder durch staatliche Stellen selbst erfolgen oder im Auftrag des Staates durch private Software-Unternehmen. Ein Beispiel für die Verbesserung existierender OSS durch eigene IT-Mitarbeiter öffentlicher Stellen ist die Entwicklung eines „Security-Enhanced GNU/Linux" durch die National Security Agency (NSA) der Vereinigten Staaten, die im Januar 2001 bekannt gegeben wurde.[281] Die Grenze zwischen reiner Nutzung und Weiterentwicklung der Software ist fließend, da geringfügige Anpassungen in vielen Fällen sinnvoll sein werden.

Es ist jedoch auch denkbar, dass Stellen der öffentlichen Verwaltung die Entwicklung neuer Software-Systeme komplett als OSS durchführen bzw. durchführen lassen. Neuentwicklungen sind beispielsweise in hohem Maße bei der Umsetzung von „eGovernment-Lösungen" notwendig. In diesem Zusammenhang sprach die Europäische Kommission als Ergebnis ihrer „eEurope-Initiative" eine eindeutige Empfehlung aus: „Promote the use of Open Source Software (OSS) in the public sector and e-government best practices through exchange of experiences across the Union Commission".[282]

Die Möglichkeiten, dies auf der Ebene der Europäischen Union durchzuführen, wurden im Rahmen des Projekts „Pooling Open Source Software" der EU-Kommission von dem Unternehmen UniSys ausgelotet.[283] Ziel ist u.a., eine Standardisierung zwischen den nationalen Verwaltungen zu erreichen, ähnlich der, die sich aufgrund der Verbreitung von Linux im Unix-Sektor abzeichnet.

Die Entwicklung neuer Software als OSS ist dann völlig unproblematisch, wenn die betreffende Software komplett neu geschrieben oder aus bestehenden OSS-Komponenten zusammengesetzt wird. In diesem Fall macht es für die beauftragten Unternehmen wenig Unterschied, ob die resultierende Software geheim gehalten oder als OSS öffentlich gemacht wird. Aus Sicht der beteiligten staatlichen Stellen erscheint die offene Verfügbarkeit der entwickelten Software sehr effizient und geeignet, unnötige Parallelentwicklungen zu vermindern. Es wäre allerdings denkbar, dass proprietäre Software, die die gestellten Aufgaben weitgehend erfüllt, schon existiert, OSS jedoch nicht. In diesem Falle wäre die Forderung nach einem reinen OSS-Ansatz offensichtlich ineffizient, falls das betreffende Unternehmen nicht davon überzeugt werden kann, seine proprietäre Software als OSS zu lizenzieren.

Auch bei der Neuentwicklung von Software für staatliche Stellen existiert somit eine Reihe von Gründen, warum OSS aus Sicht des Staates als *Nutzer* vorteilhaft gegenüber proprietärer Software sein kann. Eine darüber hinausgehende Befürwortung von OSS – beispielsweise mit dem Ziel, den Marktanteil von OSS insgesamt zu erhöhen – erscheint jedoch auch hier fragwürdig.

Als Fazit kann man festhalten, dass eine Entscheidung, in der öffentlichen Verwaltung OSS einzusetzen, nach Anwendungsfeldern differenziert getroffen werden muss. Es erscheint denkbar, dass ein flächendeckender Einsatz von OSS in grundlegenden Anwendungen möglich ist, wie beispielsweise bei Betriebssystemen, Basis-Anwendungsprogrammen, Datenbanken und E-Mail. Wo jedoch spezifischer Bedarf besteht, wäre es für staatliche Stellen nachteilig, ausschließlich OSS verwenden zu dürfen. Zudem sollten das betriebliche Umfeld, Ausbildungsstand und Weiterbildungspotenzial der IT-Mitarbeiter sowie das Angebot an zur Software komplementären Dienstleistungen berücksichtigt werden.

Direkte Förderung von OSS-Projekten

Das Bundesministerium für Wirtschaft und Technologie förderte im Jahre 2000 das Projekt GNU Privacy Guard, eine zum weit verbreiteten Programm PGP kompatible Verschlüsselungssoftware.[284] Die Förderung wurde direkt an mehrere beteiligte Unternehmen gezahlt.

Hier stellt sich die Frage, warum OSS-Projekte vom Staat direkt gefördert werden sollten. Wenn staatliche Stellen die betreffende Software als Nutzer benötigen, liegt weniger eine Förderung vor als mehr eine Auftragsentwicklung. In diesem Fall kann eine Entwicklung als OSS sinnvoll sein, wie oben besprochen. Im anderen Fall stellt sich die Frage, welche OSS-Projekte förderungswürdig sind. Offensichtlich muss hier eine gut begründete Auswahl getroffen werden: ansonsten könnte man fragen, warum nicht jegliche Software-Entwicklung vom Staat bezahlt und das Resultat als OSS veröffentlicht wird. Es ist offenkundig, dass dies keine sinnvolle Lösung für den Software-Markt darstellt.

Ein möglicher Grund für eine direkte Förderung von OSS-Projekten ist, dass die Software aufgrund positiver externer Effekte gesamtwirtschaftlich sehr nützlich ist, aber weder (aufgrund eingeschränkter Aneignungsmöglichkeiten) von proprietären Anbietern noch von (ungeförderten) OSS-Projekten hervorgebracht wird. Software, die das Internet stabiler und sicherer macht, erscheint als ein relativ guter Kandidat. Im Falle von GNU Privacy Guard kommt hinzu, dass in den USA nach wie vor Exportrestriktionen für Verschlüsselungssoftware bestehen. Insofern war die Förderung von GNU Privacy Guard gut zu rechtfertigen. Eine (hypothetische)

Förderung der OSS-Entwicklung eines Office-Paketes wäre dagegen kaum zu begründen, auch wenn die Durchsetzung offener Dateiformate durchaus förderungswürdig erscheint.

Dennoch sollte eine öffentliche Förderung von OSS bestenfalls sehr zurückhaltend erfolgen.[285] Die gezielte Finanzierung einzelner OSS-Projekte erfordert eine Auswahl der förderungswürdigen Projekte, die von staatlichen Stellen nicht unbedingt optimal getroffen wird. Die Aussicht auf staatliche Förderung kann außerdem zu Projekten Anreize geben, die nicht der ursprünglichen Absicht des Förderers entsprechen. Schließlich könnte die staatliche Unterstützung für OSS den Entwicklern proprietärer Software Innovationsanreize nehmen.

Wahl der Lizenzen

Eine wichtige Frage, die sowohl bei der Förderung von OSS-Projekten als auch bei der Entwicklung von OSS im Auftrag staatlicher Stellen auftritt, betrifft die verwendete OSS-Lizenz. Falls eine bestehende OSS weiterentwickelt wird – dies betrifft insbesondere Linux – ist die Lizenz vielfach vorgegeben. Dies gilt dann, wenn die betreffende Software unter der GPL oder einer ähnlichen Lizenz steht. Bei neuen Projekten besteht jedoch eine Wahlmöglichkeit.

Verschiedene Autoren argumentieren, dass der Staat keine GPL-Software fördern sollte, da diese nicht in proprietäre Software umgewandelt und somit von Herstellern solcher Software kaum genutzt werden kann.[286] Ob allerdings kommerzielle Unternehmen eher zu OSS unter BSD-artigen Lizenzen oder zu solcher unter der GPL beitragen, ist nicht eindeutig (vgl. Kapitel 5.2.2).

Zudem ist es zwar richtig, dass GPL-Software Herstellern von proprietärer Software nicht zur Weiterentwicklung zur Verfügung steht. Andererseits können Weiterentwicklungen von GPL-Software nicht in proprietäre Software umgewandelt und dadurch der Öffentlichkeit entzogen werden. Bezieht man also auch Weiterentwicklungen „der zweiten Generation" ein, ist es daher nicht offensichtlich, ob GPL-Code oder gleichwertiger BSD-Code insgesamt mehr Nutzern zugute kommt. Die große Popularität von Linux gegenüber den BSD-Betriebssystemen zeigt, dass dieser Vergleich durchaus zugunsten der GPL ausgehen kann.

Information über OSS und proprietäre Software

Fehlende Informationen über die Qualität von Gütern reduzieren die Effizienz von Märkten, wie oben angesprochen. Staatliche Stellen können diese Ineffizienz vermindern, indem sie Informationen über Produkte gewinnen und bereitstellen, ähnlich einer Stiftung Warentest, oder indem sie Qualitätsprüfungen abnehmen. Eine solche Funktion hat der Staat an vielen Stellen inne, beispielsweise bei der Zulassung von Arzneimitteln oder der Kontrolle von Lebensmittelproduzenten. Bei OSS sind als Beispiele das Informationsportal „BerliOS" zu nennen, die Koordinierungs- und Beratungsstelle (KBSt) des Bundesinnenministeriums sowie die im Auftrag der EU-Kommission entwickelten „IDA Open Source Migration Guidelines".[287]

Die Bereitstellung von Informationen über Software ist bei OSS in gewissem Sinne notwendiger als bei proprietärer Software, da OSS-Projekte, falls sie nicht von Unternehmen unterstützt werden, typischerweise keine Marketingabteilung haben. Zudem ist OSS ein relativ neues Phänomen, über das außerdem widersprüchliche und teilweise emotionale Informationen kursieren.

6.2 Eigentumsrechte und OSS

6.2.1 Software-Patente

OSS-Lizenzen, insbesondere die GPL, nutzen das Copyright des Autors der Software in ungewöhnlicher Weise, nämlich zur Bewahrung der Offenheit der Software. Die Nutzung dieses Schutzrechtes ist auch privaten Entwicklern möglich, weil ein Copyright automatisch mit dem Verfassen des Codes entsteht. Eine Patentanmeldung dagegen verursacht beträchtlichen Aufwand sowie Kosten, die für Teilnehmer an community-basierten OSS-Prozessen sehr hoch sind. Zudem widerspricht die Offenheit des OSS-Prozesses dem Erfordernis einer Patentanmeldung, dass die betreffende Erfindung noch nicht veröffentlicht sein darf. Aber nicht nur die Anmeldung von Software-Patenten ist für OSS-Entwickler schwierig, sondern auch die Verteidigung gegen Verletzungsklagen, seien sie berechtigt oder unberechtigt. Zudem kann es, anders als bei einem Schutz durch Copyright, zu einer versehentlichen Verletzung eines Patentes kommen, da zumindest private OSS-Entwickler kaum die Möglichkeit einer umfassenden Patentrecherche haben.

Software-Patente stellen somit für OSS ein problematisches Thema dar. Da sie zudem vor allem in den USA, aber auch in Japan und Europa stark an Bedeutung gewonnen haben, werden ihre Grundlagen, aktuelle Entwicklungen sowie Implikationen für OSS in den folgenden Abschnitten behandelt.

6.2.1.1 Zur ökonomischen Funktion von Software-Patenten

In den letzten zwei Jahrzehnten sind von den Patenämtern in den USA und Japan Patente für Software in zunehmendem Umfang erteilt worden. Patentschutz für Software existiert aber *de facto* auch in europäischen Ländern. Angesichts der sehr heterogenen Rechtsprechung in Europa stellt sich allerdings die Frage der Ausgestaltung des Patentsystems im Bereich von Software nach wie vor. Besonders spektakuläre Fälle sind das von Amazon beantragte und in vielen Ländern gewährte „one click shopping patent“[288], das Hyperlink-Patent der British Telecom oder das Patent auf das Datenkompressionsverfahren MP3[289]. In der Diskussion reicht das Meinungsspektrum von der Forderung nach einem völligen Verzicht auf jegliche Patentierungsverbote für Software (wie sie derzeit in Europa noch existieren, in den USA aber nicht) bis hin zur Forderung, jegliche Form von Patentierung bei Software auszuschließen.[290]

Ökonomen gehen in der Regel davon aus, dass viele Erfindungen positive externe Effekte erzeugen – nicht nur der Eigentümer der Innovation oder Erfindung profitiert von ihr, sondern auch andere Akteure erfahren einen Nutzengewinn, für den sie keine Zahlungen an den Erfinder leisten. So kann ein Wettbewerber ein neues Produkt vielleicht leicht imitieren und hat dabei geringere Produktentwicklungskosten als der Pionier. Wenn die Erträge des Innovators durch diesen externen Effekt stark geschmälert werden, leiden seine Anreize, in Innovationen zu investieren. Die ökonomische Idealkonstruktion eines Patentsystems schafft einerseits Anreize, die die externen Effekte kompensieren, denen eine ungeschützte Erfindung unterliegen würde. Andererseits sollen Informationen offengelegt werden, damit die Diffusion technischen Wissens durch Offenlegung beschleunigt wird. Damit soll anderen Erfindern die Möglichkeit gegeben werden, die ursprüngliche Erfindung zu verbessern oder sogar zu umgehen. Bei der Ausgestaltung von Patentrechten sind also nicht nur die Rechte des Patentinhabers, sondern auch die anderer Innovatoren von zentraler Bedeutung.

In der klassischen Analyse des Patentsystems von Nordhaus (1969) bezweckt die Bewilligung von Patenten eine Stärkung der Innovationsanreize, deren Ausmaß von der Laufzeit des Patentschutzes abhängt. Der Patentinhaber erhält das Recht, andere Akteure von der Nutzung der patentierten Erfindung auszuschließen. Somit wird ihm durch die Institution des Patentschutzes Marktmacht zugestanden, die im Extremfall einer Monopolposition gleichkommt.[291] Offensichtlich können zu breit gestaltete Rechte eines Patentinhabers zu gesamtwirtschaftlichen Verlusten führen, wenn die mit dem Patent einhergehende Marktmacht im Vergleich zum innovationsunterstützenden Anreizeffekt von Patenten zu stark ausfällt. Denn Marktmacht bedeutet gleichzeitig einen (statischen) Wohlfahrtsverlust, da die Preise für die patentgeschützten Innovationen oberhalb der sozialen Kosten der Produktion liegen. Dieses Argument hat in der ökonomischen Debatte um Patente schon immer eine zentrale Rolle gespielt. Die Gestaltung des Patentsystems muss also darauf abzielen, die Abwägung zwischen dem Wohlfahrtsgewinn aus anreizfördernder Marktmacht einerseits und Wohlfahrtsverlust aus Abweichungen vom perfekten Wettbewerb andererseits möglichst optimal zu treffen.

Ein neues Argument ist in den 90er Jahren in der ökonomischen Literatur aufgetaucht. Dabei wird explizit berücksichtigt, dass heutige Erfindungen die Grundlage für weiterführende zukünftige Erfindungen sein können. Solche „sequenziellen Erfindungsprozesse" führen zu einer weiteren Komplikation in der Gestaltung des Patentsystems. Während in der klassischen Analyse eine Stärkung des Patentschutzes nur Kosten im Sinne des statischen Wohlfahrtsverlustes erzeugt, ergibt sich bei sequentiellen Innovationsprozessen eine zusätzliche Problematik, mit der breit angelegter Patentschutz theoretisch zu einer regelrechten Innovationsbremse werden kann. Denn wenn die Erfindung eines Akteurs gleichzeitig die Grundlage für weitere Erfindungen darstellt, dann steigert die Gewährung sehr starker Ausschlussrechte an den ersten Akteur in einer Kette von aufeinander aufbauenden Erfindungen zwar dessen Anreize. Die Innovationsleistung des Gesamtsystems ist aber unter Umständen trotzdem suboptimal, weil gleichzeitig die wirtschaftlichen Erträge der Folgeakteure reduziert werden. Somit ist eine Stärkung des Patentschutzes auch nicht mehr in jedem Fall mit verbesserten Innovationsanreizen gleichzusetzen. Dieser Aspekt ist insbesondere für die Software-Entwicklung, aber auch für die Forschung in der Biotechnologie von großer Bedeutung. Eine ähnliche Problematik tritt auf, wenn Schutzrechte aus institutionellen Gründen nicht klar voneinander abgegrenzt werden können, z.B. weil in Patentämtern in den Frühphasen einer neuen Technologie die Recherchen zum Stand der Technik aufgrund begrenzter Recherchemöglichkeiten eine niedrige Qualität haben. Allerdings ist dieses Problem eher temporärer Natur. Die Berücksichtigung der sequenziellen Natur des Innovationsprozesses ist hingegen ein systematisches Problem.

Bei der Betrachtung schon lange etablierter Technikfelder fällt auf, dass der Patentschutz nicht allen Bereichen gleichermaßen zugute kommt; Patente für Wirkstoffe in der pharmazeutischen Industrie sind häufig wesentlich „stärker" als Patente auf mechanische Konstruktionen. Die erstgenannten Schutzrechte können kaum, die anderen mit relativer Leichtigkeit umgangen werden. In diesen beiden Fällen ist die Diskrepanz vermutlich eine glückliche Koinzidenz, da auch die sozialen Erträge aus neuen pharmazeutischen Wirkstoffen erheblich höher sein dürften als soziale Erträge aus mechanischen Erfindungen (jeweils relativ zu den privaten Erträgen). Aus ökonomischer Sicht wäre eine Gleichbehandlung technischer Gebiete ohne Rücksicht auf die damit verbundenen ökonomischen Effekte nicht sinnvoll. Aus dieser Überlegung heraus ergibt sich die theoretische Einsicht, dass es ökonomisch angeraten sein kann, den Patentschutz in einem bestimmten technischen Feld ganz einzuschränken oder mit sehr hohen Hürden zu versehen.

Leider ist die Messung der ökonomischen Effekte von Erfindungen nicht einfach. Somit wird die Ausgestaltung des Patentsystems eine auch aus ökonomischer Sicht komplexe Frage. Die Tatsache, dass in einem bestimmten Feld Patente „nachgefragt" werden, lässt keine Rückschlüsse darauf zu, dass sie gesamtwirtschaftlich sinnvolle Anreizinstrumente darstellen. In einzelnen Industrien mit stark überlappenden Patentrechten kann sich sogar eine Art Wettrüsten einstellen, durch das sich jedes Unternehmen vor rechtlichen Angriffen durch Wettbewerber schützt. Patente verlieren hier ihre eigentliche Bedeutung zum Schutz eigener Produkte und Prozesse, sondern werden Waffen in einem strategischen Prozess, ohne dass zusätzliche Innovationsanreize von ihnen ausgehen.[292] Die Bedrohung kann beispielsweise darin bestehen, dass ein Wettbewerber auf der Grundlage seiner Patentrechte eine einstweilige Verfügung erwirkt, die ein Unternehmen zur Einstellung seiner Produktion zwingt. In kapitalintensiven Industrien (z.B. der Halbleiterindustrie) können einige Tage Produktionsausfall bereits massive Verluste herbeiführen.

Die generelle Berechtigung von Patentsystemen wird von der Mehrheit der Ökonomen nicht in Frage gestellt.[293] Andererseits zeichnen sich in der ökonomischen Diskussion zunehmende Zweifel ab, ob die Ausgestaltung des Patentsystems in allen Aspekten sinnvoll ist. Der in der Tagespresse oft zu lesende Hinweis, eine Verstärkung des Patentschutzes sei automatisch gleichbedeutend mit stärkeren Innovationsanreizen, ist aus ökonomischer Sicht eine Chimäre – ein schlecht ausgestaltetes Patentsystem kann sogar dazu führen, dass Innovationsanreize untergraben, nicht verstärkt werden. Von verschiedenen Seiten ist diese Gefahr gerade in der Diskussion um Software-Patente betont worden. Umgekehrt ist es sicherlich korrekt, vor einer naiven Antipatenthaltung zu warnen. In der technischen Entwicklung hat es verschiedentlich neue Felder gegeben, deren Wachstum das Patentsystem vor große Probleme gestellt hat.[294] Insofern ist auch zu unterstellen, dass einige Probleme im Umfeld der Software-Patente temporärer Natur sind.

Für Ökonomen ist es aber nicht einsichtig, warum alle Typen von Erfindungen gleich starken Patentschutz erhalten müssen (vgl. Encaoua, Guellec und Martinez (2003)). Die Ablehnung dieser mit „one size fits all" etwas despektierlich bezeichneten Position gründet auf der empirischen

Einsicht, dass der Patentschutz umso stärker ausfallen sollte, je größer die Differenz zwischen dem privaten und dem sozialen Wert einer Innovation ist. Eine hohe Diskrepanz zwischen privat wahrgenommenem und gesamtwirtschaftlichem Nutzen einer Innovation (wie sie zum Beispiel durch leichte Kopierbarkeit zustande kommen kann) sollte durch besonders starke Schutzrechte korrigiert werden, da die entsprechende Investition in Innovation ansonsten nicht oder nur unzureichend stattfindet. Wenn die sozialen Erträge aus Innovation hingegen nur wenig von den privaten abweichen, ist kein weiteres Anreizinstrument erforderlich, um ein ökonomisch optimales Ergebnis hervorzubringen.

Ökonomen sehen im Patentsystem also eine prinzipiell geeignete Institition, Innovationsanreize zu schaffen. Kein Ökonom würde aber der Parole zustimmen, dass immer stärkere Eigentumsrechte auch immer steigende Innovationsanreize im Wirtschaftssystem bedeuten. Die generelle Befürwortung von Patentsystemen hindert Ökonomen nicht daran, für bestimmte Technikfelder oder Bereiche eine Anpassung der Institution des Patentschutzes oder sogar einen Ausschluss der Patentierbarkeit zu fordern, wenn in diesem Feld nachweislich oder mit hoher Wahrscheinlichkeit innovationshemmende Wirkungen von Patenten ausgehen.[295]

Historisch haben in fast allen Ländern Hürden für die Patentierung von Software existiert; sie sind aber in den USA durch die jüngere Rechtsprechung gänzlich beseitigt worden. Erste empirische Studien werfen ein durchaus krititsches Licht auf diese Tendenzen. Bessen und Hunt (2003) analysieren die Häufigkeit und die Auswirkungen von Software-Patenten in den USA. Während im Jahr 1967 nur 1 Prozent aller Patenterteilungen Software betrafen, ist ihren Angaben zufolge der Anteil auf ca. 15,6 Prozent (25.973 Patente) aller US-Patente im Jahr 2001 angewachsen.[296] In der Bewertung von Bessen und Hunt ist die hohe Nachfrage nach Patenten für Software nicht auf den besonders hohen Wert von Software-Erfindungen, sondern auf die leichte und kostengünstige Verfügbarkeit zurückzuführen. Besondere Aufmerksamkeit hat das Ergebnis gefunden, dass Software-Patente Substitute für eigene Forschung und Entwicklung (F&E) sind – dass also von ihnen *keine* Anreizwirkung für F&E auszugehen scheint. Sollte sich dieses Ergebnis weiter erhärten lassen, dann fällt die primäre Begründung für die Patentfähigkeit von Software weg. Allerdings ist die Studie von Bessen und Hunt vor kurzem von Hahn und Wallsten (2003) wegen Schwächen in der Analyse kritisiert worden. Nach wie vor ist hier also noch ein wissenschaftliches Defizit in der Bewertung von Software-Patenten zu konstatieren.[297]

Hall (2003a) arbeitet mit Definitionen von Software- bzw. Geschäftsmethodenpatenten, die sehr konservativ sind. Von 1986 bis 1998 stieg laut ihrer Berechnung die Zahl der Software- *und* Geschäftsmethodenpatente in den USA von ca. 1.000 auf etwas über 4.000 Patenterteilungen pro Jahr. Nach der State Street Bank Entscheidung des höchsten amerikanischen Patentgerichts im Jahr 1998 stieg die Zahl dieser Patente im Jahr 1999 auf über 8.000 Patente. Hall (2003a), S. 16, kommt hinsichtlich des ökonomischen Nutzens solcher Patentrechte zu einem eher skeptischen Ergebnis: „(…) The patent system does encourage publication rather than secrecy; it is probably good at providing incentives for innovations with high development cost that are fairly easily imitated and for which a patent can be clearly defined (e.g., pharmaceuticals). When innovations are incremental and when many different innovations must be combined to make a useful product, it is less obvious that benefits of the patent system outweigh the costs. Business methods are more likely to fall into the second class than the first." Hall argumentiert, dass sowohl bei Software- als auch Geschäftsmethodenpatenten derzeit unzureichende Standards hinsichtlich der Erfindungshöhe angewendet werden.[298]

In europäischen Ländern bestehen Patentierungsverbote für Software nach wie vor, sie sind aber durch die jüngere Rechtsprechung aufgeweicht worden (vgl. 6.2.1.2). Somit hat es in Europa im Zuge dieses Prozesses ebenfalls Software-Patente in beträchtlichem Umfang gegeben. Da es auch hier keine offizielle Klassifikation für Software-Patente gibt, schwanken die Schätzungen. Schmoch (2003) schätzt die Zahl der Anmeldungen für Software-Patente am Europäischen Patentamt (EPA) auf ca. 2.000 zu Beginn der 90er Jahre. Von 1995 bis 1998 steigt die Zahl der jährlichen Anmeldungen in seiner Schätzung dann auf ca. 6.000. Von 1998 lässt sich nochmals eine erhebliche Steigerung auf ca. 12.000 Anmeldungen im Jahr 2000 feststellen. Die Gesamtzahl der Anmeldungen dürfte also für diesen Zeitraum bei ca. 30.000 liegen. Unterstellt man, dass auch bei diesen EPA-Patenten zwei Drittel der Anmeldungen erfolgreich sind, so beträgt die Zahl der gültigen Patente mit Fokus auf Software ca. 20.000. Stabile Schätzungen gibt es derzeit noch nicht. Allerdings liegen die (nur zum Teil durch Daten gestützten) Schätzungen größtenteils im Bereich von 20.000 bis 30.000 erteilten Schutzrechten. Die Praxis der nationalen Patentämter in Europa und der Rechtsprechung ist jedoch nach wie vor sehr heterogen. Eine EU-Direktive hat jüngst zu einer scharfen Kontroverse zwischen Unterstützern und Gegnern von Software-Patenten geführt. Auf diese Diskussion wird nach einem Blick auf die juristischen Argumente noch verstärkt eingegangen werden (vgl. Kapitel 6.2.1.4).

6.2.1.2 Die juristische Kontroverse

Die juristische Diskussion zur Ausgestaltung des Patentsystems für Computerprogramme ist komplex und anscheinend nicht nur für den juristischen Laien verwirrend. Eine umfassende Bewertung der rechtswissenschaftlichen Positionen und der Rechtsprechung in den USA, Japan, Europa und Deutschland wird im gemeinsamen Gutachten des Fraunhofer-Instituts für Systemtechnik und Innovationsforschung (ISI) und des Max-Planck-Instituts (MPI) für ausländisches und internationales Patent-, Urheber- und Wettbewerbsrecht gegeben.[299] Im Folgenden werden einige Aspekte dieser sehr instruktiven Übersicht zusammengefasst.

In Deutschland sind gemäß §1 PatG Gegenstände patentfähig, die eine Erfindung darstellen, *neu*, *erfinderisch* und *gewerblich anwendbar* sind.[300] „Programme für Datenverarbeitungsanlagen" sind in Deutschland von der Patentierung ausgeschlossen, weil sie laut §1 (2) PatG *keine Erfindungen* darstellen. Allerdings wird dieser Ausschluss in §1 (3) PatG qualifiziert: er ist demzufolge nicht als allgemeines Patentierungsverbot für Computerprogramme zu interpretieren; vielmehr gilt das Patentierungsverbot lediglich für „Computerprogramme als solche". Allerdings gibt es unter Juristen keine Einigkeit und teilweise sogar völlig widersprüchliche Meinungen zur Frage, was der Begriff „Computerprogramme als solche" bedeutet. Die Verfasser des ISI/MPI-Gutachtens gehen in ihrer Analyse soweit, dem Ausdruck „Computerprogramme als solche" jegliche Differenzierungsfähigkeit abzusprechen, und plädieren daher für eine Änderung des §1 (2) PatG. Die Mehrheitsmeinung der juristischen Experten läuft darauf hinaus, das Patentierungsverbot für „Computerprogramme als solche" mit der Erfordernis der „Technizität" gleichzusetzen. Allerdings bedeutet die Interpretation keinen unmittelbaren Gewinn an Klarheit, denn der Begriff der „Technizität" wird ebenfalls kontrovers und heterogen intepretiert.

Aus der Analyse der patentrechtlichen Dogmatik können Blind et al. keinerlei verwertbare Aussagen über die Patentfähigkeit von Computerprogrammen ableiten, zumal die Rechtsprechung auch starken Schwankungen zu unterliegen scheint. „Aus dogmatischer Sicht lässt sich die Patentfähigkeit von Computerprogrammen *sowohl bejahen als auch verneinen*. Eine Aussage über die gegenwärtigen Möglichkeiten der Patentierung von Software ist erst durch eine ergebnisorientierte Bildung von Fallgruppen sowie durch eine Analyse der konkreten Argumentationsmuster möglich."[301] Im juristischen Teil des ISI/MPI-Gutachtens werden daher zahlreiche Fälle der neueren Rechtsprechung beleuchtet und klassifiziert. Die Verfasser des juristischen Teilgutachtens stellen dabei fest, dass Software in bestimmten Bereichen sowohl vom Bundesgerichtshof (BGH) als auch von den Technischen Beschwerdekammern des Europäischen Patentamtes (EPA) tendenziell eher für patentfähig gehalten werden. Zu diesen Bereichen gehören Steuerungs- und Regelungstechnik, CAD/CAM, digitale Signalverarbeitung und Betriebssysteme. Dagegen wird Software in den Bereichen Programmierwerkzeuge, Textverarbeitung, Tabellenkalkulation, Bestandsverwaltung, Übersetzungsprogramme und betriebswirtschaftliche Optimierung tendenziell die Patentfähigkeit abgesprochen.[302]

Für die Unterzeichnerstaaten des Europäischen Patentübereinkommens (EPÜ) ist außerdem die Rechtsprechung des EPA von großer Bedeutung. Zwar sieht das EPÜ keine Einrichtung von Gerichten vor, allerdings können dritte Parteien im Einspruchsverfahren vor dem EPA erteilte Patente angreifen. Entscheidungen der Einspruchskammern können dann im Rahmen einer Beschwerde von den Technischen Beschwerdekammern des EPA nach Art. 15, 21 und 22 EPÜ überprüft werden. Außerdem können Patentanmelder gegen die Ablehnung der Patenterteilung durch den zuständigen Prüfer bei den Beschwerdekammern eine Beschwerde einlegen. Da die Beschwerdekammern letztinstanzlich eine Patenterteilung durch das EPA verweigern oder widerrufen können, kommt ihnen eine Bedeutung zu, die in Teilen der Rechtsprechung in den EPÜ-Unterzeichnerländern gleichkommt. In Art. 52 EPÜ werden, wie im deutschen Patentrecht, Programme für Datenverarbeitungsanlagen für nicht patentfähig erklärt. Aber auch im europäischen Patentrecht existiert nach Art. 52 (2) und (3) EPÜ ein Patentierungsverbot nur für „Computerprogramme als solche." Die Problematik der Auslegung entspricht der im deutschen Patentrecht.[303] Auch in der Prüfungspraxis des EPA wurde daher die Forderung der Technizität erhoben und die Bedeutung des o.a. Patentierungsverbotes über längere Zeit relativiert. Der Begriff der Technizität wurde darüber hinaus von den Beschwerdekammern des EPA überaus pragmatisch interpretiert – laut Blind et al. (2003) hat es keine Bemühungen gegeben, eine abstrakte Definition zu entwickeln. Die jüngere Rechtsprechung des EPA tendiere aber zu einer restriktiven Anerkennung der Patentfähigkeit.[304] Bei der Bildung von Fallgruppen erhalten die Verfasser des ISI/MPI-Gutachtens dann ein Bild, das der deutschen Rechtsprechung tendenziell ähnelt. Daraus lässt sich der Schluss ziehen, dass die Bereiche Steuerungs- und Regelungstechnik, CAD/CAM, digitale Signalverarbeitung, Betriebssysteme, Hilfsprogramme, Datenkompression und Kundenmanagement von den Beschwerdekammern des EPA tendenziell als „Technik" angesehen werden. Allerdings stützen sich diese Ergebnisse zum Teil auf Einzelfälle (so für den als „Kundenmanagement" bezeichneten Bereich, für den ein Warteschlangensystem beschrieben wird).

Zusammenfassend lässt sich immer noch eine teilweise verwirrende Komplexität und Heterogenität der Rechtsprechung in Deutschland und Europa ausmachen. Software wird längst in nicht unbeträchtlichem Umfang patentiert, aber es wird in der Rechtsprechung auch immer wieder versucht, eine Grenzlinie zwischen patentfähigen und nicht-patentfähigen Software-Erfindungen zu ziehen. Es scheint aber immer noch große Meinungsverschiedenheiten unter Juristen zu geben, welche Formen oder Arten von Software tatsächlich patentfähig sind. Das Kritierium der „Technizität" oder des „technischen Beitrags" wird vielfältig und zum Teil widersprüchlich interpretiert.[305] Die von den Verfassern des ISI/MPI-Gutachtens vorgelegte Systematik nach Software-Teilbereichen mag hilfreich sein; sie ist aber eher eine pragmatische Einordnung und keine – an abstrakten und allgemeingültigen Kriterien orientierte – Systematik.

Abschließend soll auch noch auf die Situation in den USA eingegangen werden. In den USA gibt es keine Patentierungsverbote.[306] Laut §101 des US Patent Act sind Verfahren, Maschinen, Erzeugnisse und Stoffgemische patentfähig. Die Erfindungen müssen außerdem die Kritierien *novelty*, *usefulness* und *nonobviousness* erfüllen. Die Rechtsprechung in den USA hat in einer frühen Phase sehr wohl Patentierungsverbote entwickelt, z.B. für Naturgesetze, physikalische Phänomene und abstrakte Ideen.[307] Weitere Patentierungsverbote ergaben sich wiederum aus der frühen Rechtsprechung für gedankliche Tätigkeiten und mathematische Algorithmen. Bis zur Entscheidung des Court of Appeals/Federal Circuit (CAFC) *State Street Bank v. Signature Financial Group* im Jahr 1998 wurde Software in den USA häufig unter Berufung auf das Patentierungsverbot für mathematische Algorithmen die Patentfähigkeit abgesprochen. Der CAFC geht dahingegen davon aus, dass Computerprogramme patentfähig sind, wenn sie ein „nützliches, konkretes und greifbares Ergebnis" produzieren. Laut Nack und Straus ist „ein greifbares Ergebnis" gleichzusetzen mit einem konkreten Ergebnis – die Berechnung eines numerischen Ergebnisses auf einem Computer erzeugt ein konkretes, somit also auch ein „greifbares" Ergebnis.[308] Diese Rechtsprechung des CAFC ist in jüngeren Entscheidungen bestätigt worden. Das US Patent and Trademark Office (USPTO) geht daher inzwischen grundsätzlich davon aus, dass Computerprogramme patentfähig sind. Geprüft wird nur noch, ob eine eingereichte Anmeldung eine Erfindung beschreibt, die *novel, useful* und *nonobvious* ist.[309] Damit sind die USA zu einem interessanten Testfall für eine Analyse der ökonomischen Auswirkungen einer breiten Software-Patentierung geworden.

Von Interesse ist weiterhin, dass mit dem *State Street Bank* Urteil auch Geschäftsmethodenpatente in den USA ohne Einschränkungen patentfähig geworden sind. Die Veränderung der Rechtsprechung und die darauf folgende Anpassung der Patentierungspraxis hat zu einer rasanten Zunahme der Zahl der Software-Patente und der Geschäftsmetho-denpatente in den USA geführt (vgl. 6.2.1.1).

6.2.1.3 Auswirkungen auf OSS

Zunächst sollen allgemeine Auswirkungen von Software-Patenten auf Software-Produzenten beleuchtet werden. Die bisherige empirische Evidenz (sieht man von plausiblen Vermutungen ab) ist ausgesprochen dünn gesät. Blind, Edler und Friedewald (2002) haben in einer Studie, die auf Blind et al. (2003) aufbaut, einige der ökonomischen Auswirkungen eines verstärkten Patentschutzes skizziert. Skeptisch beurteilen die Verfasser das Argument, dass Patente die Offenlegung von Informationen fördern und dass dadurch der Wissensfluss und die Möglichkeiten für inkrementelle und sequenzielle Entwicklungsarbeiten erhöht werden. Auch geht aus den Befragungsdaten und Interviews der Verfasser nicht hervor, dass sich die Zeitdauer von Innovationsvorsprüngen verlängern lässt. Als vermutliche Vorteile lassen die Verfasser gelten, dass sich Startup-Unternehmen gegenüber etablierten Unternehmen leichter durchsetzen können, zumal ihr Zugang zu den Kapitalmärkten durch starke Patentschutzrechte verbessert werden kann. Auf der Negativseite vermerken die Verfasser, dass die korrekte Ermittlung des Stands der Technik sehr schwierig ist und dass Software-Patente inkrementelle und sequenzielle Entwicklungen blockieren und behindern können.[310] Gegenüber einem Regime, in dem lediglich Urheberschutz existiert, erhöht sich die rechtliche Unsicherheit. Außerdem müssen erhebliche Ressourcen in die Überwachung der gegnerischen Schutzrechte und Patentanmeldungen investiert werden. Aus ihren Ergebnissen leiten diese Verfasser keine eindeutigen Empfehlungen ab. Sie raten von einer weiteren Öffnung des Patentschutzes für Software ab und mahnen eine Klärung der Technizitätsfrage an. Die Ambiguität der Politikempfehlungen ist aber sicherlich auch darauf zurückzuführen, dass die Befragungs- und Fallstudiendaten von Blind, Edler und Friedewald (2002) zwar interessante Hinweise, aber keine ganzheitliche Beurteilung der ökonomischen Konsequenzen des Patentschutzes für Software erlauben. Dringend erforderlich wäre es, ergänzende Studien nach dem Muster von Bessen und Hunt (2003) – allerdings mit einer qualitativ besseren Datenbasis und angemessenen statistischen Instrumenten – auch in Europa durchzuführen.

Die *spezifischen* Auswirkungen von Software-Patenten auf OSS sind bisher empirisch nicht völlig klar belegt. Allerdings ist es unverkennbar, dass Software-Patente aus verschiedenen Gründen eine potenzielle

Bedrohung für OSS darstellen, wohingegen den verschiedenen OSS-Geschäftsmodellen aus Patenten kein Nutzen erwächst.[311] So weist Nack (2003) darauf hin, dass durch die Offenlegung des Quelltextes der Nachweis einer Patentverletzung sehr leicht gemacht wird.[312] Gerade die Offenlegung ist aber zentraler Bestandteil des OSS-Prozesses und aller damit verbundenen Geschäftsmodelle. Kommerzielle Software-Anbieter könnten – insbesondere bei unsicherer Rechtsprechung und hohen Kosten für die Streitverfahren – Patentverletzungsklagen als strategische Waffe gegen OSS einsetzen.[313] Gerade freie Entwickler und kleine und mittlere Unternehmen (KMU) dürften dann von der Verwendung von OSS oder von der Teilnahme an OSS-Entwicklungsprozessen abgeschreckt werden. Blind, J. Edler, Nack und Straus (2003) und Nack (2003) fordern, dass in diesem Falle Maßnahmen ergriffen werden müssen, die das Überleben des OSS-Modells sicherstellen können.

Insgesamt ist also damit zu rechnen, dass eine Stärkung des Patentschutzes für Software für OSS nachteilig sein dürfte, eventuell die Existenz von OSS sogar bedrohen kann. In welchem Umfang die Auswirkungen durch OSS-Akteure selbst oder durch die Einführung einer Neuheitsschonfrist[314] aufgefangen werden können, ist derzeit nicht beurteilbar. Auch ist zweifelhaft, ob der Gesetzgeber (sollte es zu einer Stärkung des Patentschutzes kommen) eine Zwangslizenzierung vorsehen würde, wie sie von Blind et al. (2003) für diese Situation empfohlen wird.

6.2.1.4 Die jüngere Diskussion in Europa

Die derzeitige Situation in Europa ist insbesondere durch die Diskussion über den Vorschlag der EU-Kommission für eine „Richtlinie des Europäischen Parlamentes und des Rates über die Patentierbarkeit computerimplementierter Erfindungen“ geprägt.[315] Am 19. Oktober 2000 hatte die Kommission ein Sondierungspapier veröffentlicht, das sofort sehr kontrovers diskutiert wurde.[316] Von den fast 1500 Kommentaren, die bei der Kommission eingingen, stammten fast 90 Prozent aus der OSS-Gemeinschaft. Diese Mitteilungen von OSS-Unterstützern sprachen sich gegen die Vorschläge der Kommission aus. Die Mitgliedsländer und zahlreiche Unternehmensverbände zeigten sich dagegen zumeist mit den Vorstellungen der Kommission einverstanden.[317] Am 20. Februar 2002 legte die Kommission dann den genannten Richtlinienentwurf vor.

Der dem Europäischen Parlament von der Kommission vorgelegte Entwurf hatte nach Angaben der Kommission vornehmlich das Ziel, die divergierende Rechtsprechung und Praxis der Patentämter in der EU zu harmonisieren.[318] Vertreter der Open-Source-Community interpretierten den Entwurf hingegen als Vorstoß, mit dem die Bedingungen für den Patentschutz von Software in Europa weiter verbessert werden sollten.[319] Der Entwurf der Kommission war im Rechtsausschuss (JURI) des Parlaments ausgiebig diskutiert worden. Ein Bericht des Rapporteurs, der britischen EU-Parlamentarierin Arlene McCarthy, wurde dem Europäischen Parlament mit der Vorlage der Direktive zugestellt. Dieser Bericht wurde im August 2003 in einer Kritik der Ökonomen Paul David, Bronwyn Hall, Brian Kahin und Ed Steinmüller diskutiert und in bestimmten Aspekten scharf kritisiert.[320] So bemängeln die Verfasser, dass der McCarthy-Bericht eine unvollständige und irreführende ökonomische Bewertung zugunsten des Patentschutzes für Software vorlegt. Außerdem wird der Kommission vorgeworfen, ihre Position nur unzureichend begründet und wissenschaftlich abgesichert zu haben.[321]

Aufbauend auf der Kritik des Rapporteursberichts verfassten eine Reihe von Wirtschaftswissenschaftlern einen offenen Brief, in dem die EU-Parlamentarier dazu aufgerufen wurden, dem vorliegenden Richtlinienentwurf nicht zuzustimmen und zunächst die Implikationen der Direktive wissenschaftlich sorgfältig zu untersuchen.[322] Zahlreiche andere Interessenvertreter und Experten meldeten sich im Vorfeld der Abstimmung zu Wort. Dabei zeigte sich eine relative klare Interessen- und Meinungslage: etablierte, große Unternehmen der Software-Branche und der Hochtechnologiesektoren plädierten für, Verbände und Vertreter von KMU sowie bekannte Vertreter der OSS-Gemeinde[323] sprachen sich gegen den Entwurf der Richtlinie aus.

Die Abstimmung des Europäischen Parlaments war durch intensive Lobbying-Bemühungen der Befürworter und Gegener der Richtlinie gekennzeichnet. Verbände wie Eurolinux setzten sich zunächst intensiv für eine Ablehnung, dann für spezifische Ergänzungen der Richtlinie aus. Zur Abstimmung kamen am 24. September 2003 dann insgesamt über 100 Änderungsanträge. In den meisten Abstimmungen konnten sich die Verfechter einer Beschränkung des Patentschutzes durchsetzen. Letztlich hat das Europäische Parlament nun eine Richtlinie verabschiedet, die – in dieser Form implementiert – fast jegliche Form von Software-Patentierung ausschliessen würde. Die Ergänzungen des ursprünglichen Richtlinienentwurfs bilden allerdings ein komplexes Dickicht von teils inkonsistenten, teils widersprüchlichen Regelungen. Das ist nicht verwunderlich, da viele der Änderungsanträge erst bei der Abstimmung vorgelegt wurden.

Im weiteren Verfahren stehen dem Rat nunmehr drei Möglichkeiten offen. Die Direktive kann in dieser Form in Kraft gesetzt werden – damit ist allerdings nicht zu rechnen. Auch von einer völligen Zurücknahme des Entwurfs der Kommission kann nicht ausgegangen werden. Vielmehr ist es wahrscheinlich, dass der Europäische Rat dem Parlament (nach den

Neuwahlen zum EU-Parlament) eine revidierte Fassung der Richtlinie vorlegen wird. Weitere intensive Diskussionen werden also folgen.

6.2.1.5 Schlussfolgerungen

Es ist vielleicht bezeichnend, dass alle wesentlichen Studien zu dem Ergebnis kommen, dass weitere Forschungsarbeiten zur Frage des Nutzen bzw. der Kosten von Software-Patenten dringend erforderlich sind.[324] Diese Empfehlung würde sich auch ohne die Existenz von OSS anbieten. Die Tatsache, dass OSS u.U. (vgl. Kap. 7) gesamtwirtschaftlich wichtige Beiträge liefert und von einer breit angelegten Software-Patentierung tendenziell bedroht wird, unterstützt nur diese Schlussfolgerung.

Eine einheitliche europäische Rechtslage im Bereich des Schutzes für Software ist ein hohes Gut. Aber die Diskussion um Software-Patente in Europa hat noch längst keine Klärung der wissenschaftlichen Grundlagen gebracht. Der für viele Beobachter erstaunlich klare Ausgang der Abstimmung über die „EU-Direktive über computer-implementierte Erfindungen“ ist vor diesem Hintergrund wohl zurecht von den Gegnern der Richtlinie, darunter insbesondere Vertreter der OSS-Gemeinschaft, als Erfolg ihrer Lobbying-Bemühungen gefeiert worden. Allerdings ist immer noch ungewiss, welche Richtung die Ausgestaltung des europäischen Patentrechts im Bereich von Computerprogrammen nehmen wird, da die Beschlüsse des Europäischen Parlaments noch keine endgültige Festlegung bedeuten.

Angesichts der Unwägbarkeiten und sehr heterogenen Einschätzungen in diesem Bereich ist leicht einsehbar, dass eine fundierte wissenschaftliche Debatte in Europa erst noch stattfinden muss. Vor einer Entscheidung über die europäische Ausgestaltung des Patentschutzes für Software sollte die EU-Kommission einen *offenen* Diskussionsprozess initiieren, der auch ein breites Spektrum wirtschaftswissenschaftlich abgesicherter Analysen berücksichtigt. Es bietet sich an, aus Transparenzgründen zu diesem Thema öffentliche Anhörungen von wissenschaftlichen Experten und Vertretern betroffener Gruppen zu veranstalten, die dann zusammengefasst und dem EU-Parlament als Entscheidungsgrundlage vorgelegt werden. Ein offener Diskussionsprozess ist bisher in fast sträflicher Weise vermieden worden.[325] Das zuständige EU-Direktorat hat hier keinen Beitrag zur Erhöhung der Transparenz europäischer Politikprozesse geleistet und ist erst durch eine peinliche Abstimmungsniederlage im Europäischen Parlament in seiner wenig durchdachten Politik gebremst worden. Es ist nicht ausgeschlossen, dass die Software-Patentierung in den USA in den kommenden Jahren wieder wesentlich restriktiver gehandhabt wird, falls sich die derzeitigen Negativauswirkungen in empirischen Studien weiter erhärten lassen. Europa sollte die Geduld für eine sorgfältige, pragmatische Abwägung aufbringen können.

6.2.2 Digital-Rights-Management

Digital-Rights-Management (DRM) besteht aus dem Zusammenspiel von technischen Komponenten sowie deren rechtlicher Flankierung mit dem Ziel erhöhter Sicherheit für Rechtehalter und –verwender digitalisierter Inhalte.[326] Abbildung 14 zeigt eine Übersicht der in diesem Zusammenhang relevanten Komponenten. Im nächsten Abschnitt werden kurz die technischen und rechtlichen Grundlagen von DRM dargestellt, bevor auf die Nutzen-Kosten-Wirkungen von DRM auf OSS eingegangen wird. Der Abschnitt endet mit einer Betrachtung möglicher Implikationen für die Gestaltung von DRM. Es ist nicht das Anliegen dieses Teilkapitels, alle möglichen, sondern ausschließlich die für OSS relevanten Konsequenzen von DRM aufzuzeigen. Dabei wird unter DRM jede Maßnahme und rechtliche wie vertragliche Flankierung verstanden, die es Rechtehaltern ermöglicht ihre Rechte durchzusetzen.

Technische Komponenten

- Reine Softwarelösungen:
  z.B. Digitale Wasserzeichen, Metadatenidentifikation,
  Asymmetrische und Symmetrische Verschlüsselung

- Kombinierte Software- und Hardwarelösungen:
  z.B. Trusted Platform Modul plus authentifizierte Software

Rechtliche Flankierung

Verschärfung Urheberschutz
WIPO
Digital Millennium Copyright Act (USA)
EU-Richtlinie zum Urheberrecht
Verbot Umgehung technischer Schutzmaßnahmen
Verbot vorbereitender Handlungen
Verbot Manipulation von Metadaten
Obligatorischer Einsatz von DRM-Komponenten

Abb. 14. Technische und rechtliche Komponenten von DRM

6.2.2.1 Technische Grundlagen von Digital-Rights-Management

Technische Umsetzungen von DRM basieren auf dem Zusammenspiel von Verschlüsselungsverfahren (Kryptosystemen), digitalen Signaturen und Metadatenverwaltung. Kryptosysteme sind Verfahren, die mit Hilfe von Schlüsseln und Ver- und Entschlüsselungsfunktionen aus einem Klartext einen Chiffretext (und umgekehrt) erzeugen. Digitale Signaturen sollen die Authentizität von digitalen Nachrichten belegen, ähnlich wie gewöhnliche Unterschriften auf Papier. Metadaten sind Daten über Daten, die neben den gebräuchlichen Informationen wie Autor, Erstellungsdatum oder Format im Zuge von DRM auch Angaben zur Verbreitung, Weiterbearbeitbarkeit oder Einsatzmöglichkeiten enthalten.

Kryptosysteme

Man unterscheidet symmetrische und asymmetrische Kryptosysteme. Wenn in einem Kryptosystem der Verschlüsselungsschlüssel mit dem entsprechenden Entschlüsselungsschlüssel übereinstimmt oder wenigstens einfach zu berechnen ist, spricht man von einem symmetrischen Verschlüsselungsverfahren. In asymmetrischen Kryptosystemen sind die Ver- und Entschlüsselungsschlüssel verschieden und auch nicht mit vertretbarem Aufwand auseinander zu berechnen.[327]

Bei symmetrischen Verfahren, bei denen Nachrichten mit einem einzigen geheimen Schlüssel, der nur dem Sender und dem Empfänger bekannt ist, ver- und entschlüsselt werden, gibt es die Schwierigkeit, zunächst diesen gemeinsamen Schlüssel auszutauschen. Wird die Geheimhaltung dieses Schlüssels kompromittiert, so ist er für jegliche weitere Nutzung unbrauchbar. Um also einen geschützten Nachrichtenübertragungsweg zu schaffen, benötigt man erst einen geschützten Schlüsselübertragungsweg. Des weiteren ist es bei lang anhaltender Beobachtung (also einer Datenmenge, die deutlich über die des geheimen Schlüssels hinaus geht) eines symmetrisch verschlüsselten Datenstroms möglich, durch statistische Verfahren Rückschlüsse auf den verwendeten Schlüssel zu ziehen. Es ist also notwendig, den symmetrischen Schlüssel geheim zu halten und oft zu ändern. Das zentrale Problem der Verteilung und Verwaltung der Schlüssel symmetrischer Verschlüsselungsverfahren wird um so schwieriger, je mehr Teilnehmer in einem Netzwerk miteinander geheim kommunizieren wollen. Daher ist es als einziges Verfahren für DRM ungeeignet.

Diffie und Helman erdachten ein kryptographisches System, das es gestatten sollte, zwei wesentliche Eigenschaften – Datenschutz (Geheimhaltung) und Datenintegrität (Unversehrtheit) – von papierbasierter Kommunikation auch für elektronische Kommunikation umzusetzen: Ein „Public-Key Cryptosystem", ein asymmetrisches Verschlüsselungsverfahren, das auf einem Schlüsselpaar basiert, von dem ein Schlüssel veröffentlicht wird und der andere geheim gehalten wird.[328] Rivest, Shamir und Adleman veröffentlichten 1977 eine mathematische Umsetzung des von Diffie und Helman vorgeschlagenen Systems, das auf einer Eigenschaft von Potenzoperationen auf Restklassenringen natürlicher Zahlen beruht, den als RSA-Verfahren bekannt gewordenen Algorithmus.[329]

Vier Eigenschaften, die die Ver- und Entschlüsselungsverfahren eines asymmetrischen Kryptosystem besitzen müssen, sind

(a) Das Entschlüsseln E der verschlüsselten Nachricht V(N) muss die ursprüngliche Nachricht N ergeben. Formal: $E(V(N)) = N$.

(b) E und V müssen einfach und effizient[330] zu berechnen sein.

(c) Durch das Veröffentlichen von V wird nichts darüber bekannt, wie E einfach zu berechnen ist. Nur wer in Kenntnis von E ist kann Nachrichten, die mit V verschlüsselt wurden, effizient entschlüsseln.

(d) Wird auf eine Nachricht zuerst das Entschlüsselungsverfahren angewendet und diese dann wieder verschlüsselt, so erhält man wieder die ursprüngliche Nachricht. Formal: $V(E(N)) = N$.

Die Verfahren müssen so genannte „Einweg-Permutationen mit Falltür“ sein. Das heißt, sie sind:

- Einfach in eine Richtung aber sehr schwierig (nur mit exorbitantem Aufwand) in Gegenrichtung (invers) zu berechnen.
- Die inverse Funktion ist einfach zu berechnen, wenn man die „Falltür“, also bestimmte private Informationen, kennt.
- Jede Nachricht ist selbst die verschlüsselte Form einer anderen Nachricht, und jede verschlüsselte Nachricht ist wiederum eine zulässige Nachricht.

Das RSA-Verfahren erfüllt diese Eigenschaften und gestattet damit sowohl eine verschlüsselte Übertragung als auch eine digitale Signatur von Nachrichten. Allerdings ergeben sich in der Praxis einige andere Schwierigkeiten:

1. Die größte ist die der unverfälschten Veröffentlichung des öffentlichen Schlüssels eines jeden Kommunikationsteilnehmers. Es muss gewährleistet werden, dass mit einem öffentlichen Schlüssel verschlüsselt wird, zu dem auch wirklich nur der Empfänger den passenden privaten Schlüssel besitzt. Der Austausch des öffentlichen Schlüssels kann also zwar über einen Weg erfolgen, der keine Geheimnisse wahrt, aber er muss die Datenintegrität wahren. Ein Schlüssel darf nicht auf dem Weg verändert werden können (vgl. Abschnitt „Digitale Identitäten“ weiter unten).
2. Die Geheimhaltung des privaten Schlüssels ist mit gängiger Standard-Hardware nicht vollständig gegeben, da auch mit sehr unkonventionellen Methoden auf elektronische Speicher zugegriffen werden kann. Vom einfachen Verlust des Datenträgers reichen die Möglichkeiten bis hin zu hochempfindlichen Messgeräten, denen es prinzipiell möglich ist, ungeschirmte Speicherbausteine abzutasten (vgl. Abschnitt „Persönliche Sicherheitsumgebung“ weiter unten).
3. Die Erzeugung eines geeigneten Schlüsselpaars ist stark abhängig von der Güte der dem Algorithmus zur Verfügung stehenden Entropie, also

von echten Zufallszahlen, die nicht vorhergesehen werden können. Eine reine Software-Lösung kann nur Pseudozufallszahlen erzeugen, da ohne jegliche Eingaben ein Algorithmus immer genau gleich arbeitet und damit auch eine deterministische Folge von Zahlen liefert. Hardwarebasierte Zufallszahlengeneratoren sind für den allgemeinen Gebrauch noch zu teuer oder zu unhandlich. Das Schlüsselpaar ist aber das Äquivalent zur digitalen Identität. Es ist also von allgemeinem Interesse, dass diese absolut eindeutig und nicht ohne erheblichen Aufwand gefälscht werden kann (vgl. Abschnitt „Persönliche Sicherheitsumgebung“ weiter unten).

Die Trusted Computing Group (TCG) hat sich die Überwindung dieser Schwierigkeiten zum Ziel gesetzt, indem sie offene Industriestandards für sichere Hard- und Software-Komponenten entwickelt.

Digitale Identitäten

DRM ist ohne Datenschutz und Datenintegrität nicht machbar. Wenn an einer beliebigen digitalen Nachricht Rechte vom Computersystem verwaltet werden sollen, so ist ein durchgängiges Konzept von digitalen Identitäten vonnöten. Dies ist ein weites Spektrum von Rechteverwaltung, das von bloßem Sichtbarmachen von Text auf einem elektronischen Display zur detailgenauen Bestimmung dessen reicht, was eine spezielle Anwendung zu definierten Zeitpunkten an Datenmanipulation im weitesten Sinne im System vornehmen darf.[331] Die Vision einer Trusted Computing Plattform geht so weit, dass jede ausgeführte Operation in einem EDV-System durch eine digitale Signatur – und damit personenbezogen – berechtigt werden muss.

Es soll beim Erwerb eines elektronischen Systems ein zusätzlicher Schritt geschehen, der die legitimen Nutzer festlegt, so dass bei Diebstahl oder Verlust kein Sicherheitsbruch statt findet. Darüber hinaus sollen auch die Fähigkeiten des Systems eingeschränkt werden, beispielsweise nur noch authorisierte Kopien von Software oder digitalen Inhalten nutzbar zu machen.

Dazu ist es notwendig, die Verteilung und Speicherung der öffentlichen und privaten Schlüssel durchgängig zu konzeptionieren. Dies ist die Aufgabe einer sogenannten *Public Key Infrastructure* (PKI), zu der neben der persönlichen Sicherheitsumgebung beim Endanwender auch die Zertifizierungsstellen und Verzeichnisdienste gehören.

Persönliche Sicherheitsumgebung

Prinzipiell arbeitet DRM mit einer PKI, die die öffentlichen Schlüssel aller Nutzer kennt und unter Kontrolle der Software-Vertriebe steht, und einem hardwareunterstützten Gegenstück beim Endanwender, das die Aufgabe der Geheimhaltung und Erzeugung von privaten Schlüsseln möglichst einfach und transparent machen soll. So ist beispielsweise in der Spezifikation der TCG des Trusted Platform Module (TPM), einem Hardwarechip, ein geschirmter Speicherbereich für private Schlüssel, eine Hardware-Umsetzung des RSA-Verfahrens und auch ein Zufallszahlengenerator vorgesehen.

Hierbei ist die kritische Betrachtung der tatsächlichen Fähigkeiten der Spezialhardware notwendig, insbesondere, ob es dem Endanwender möglich bleibt, das volle Sicherheitspotenzial auszunutzen, ohne sich dabei an den Hersteller wenden zu müssen.

6.2.2.2 Rechtliche Grundlagen von Digital-Rights-Management

Die rechtliche Flankierung von DRM erfolgt in Deutschland vor allem durch die Umsetzung der EU Urheberrechtrichtlinie 2001/29/EG in § 95 UrhG.[332]

§95a Abs. 1 verbietet die tatsächliche Umgehung und §95a Abs. 3 die Herstellung und Verbreitung von Geräten zur Umgehung von DRM-Technik. §95c Abs. 1 verbietet die Veränderung und Löschung von richtigen Metadaten.[333]

Für die Umgehung von DRM-Maßnahmen bei Software gilt allerdings schon seit Jahren nach § 69a Abs. 5 UrhG nicht § 95a ff UrhG, sondern § 69f Abs. 2 UrhG.[334]

In § 69f Abs. 2 UrhG wird geregelt, dass die Verbreitung und Herstellung von Umgehungsvorrichtungen, die Kopierschutz u.ä. für Computerprogramme aushebeln, verboten sind.

Zu den Regelungen der §§ 95a ff. gibt es zwei wichtige Unterschiede:

1. § 69f Abs. 2 UrhG erfasst nur sogenannte „vorbereitende Handlungen", d.h. Erstellung und Verbreitung von Umgehungsvorrichtungen, nicht aber die tatsächliche Umgehung des Kopierschutzes. Diesbezüglich kann man nur nach allgemeinem Urheberrecht vorgehen.
2. Das Verhältnis zu urheberrechtlichen Schrankenbestimmungen ist nicht nach § 95b UrhG geregelt, sondern nach §69f Abs. 2 UrhG.

Strafrechtlich werden die dort getroffenen Regeln in §108b UrhG und ordnungswidrigkeitenrechtlich in §111a UrhG untermauert.[335]

6.2.2.3 Konsequenzen von DRM für OSS

Die Debatte zu den Konsequenzen von DRM für OSS, insbesondere von Konzepten aus der Wirtschaft, wird derzeit von den verschiedenen Interessenvertretern sehr hitzig geführt. Um eine gewisse Neutralisierung der verschiedenen Argumente zu erreichen, wird im nächsten Abschnitt eine Nutzen-Kosten-Analyse der Wirkung von DRM auf OSS vorgenommen. Dabei wird unterschieden hinsichtlich der Auswirkungen auf den Input bzw. die Nutzung von Software bei der OSS-Entwicklung einerseits und die Nutzung/Distribution von fertig gestellter OSS andererseits.

6.2.2.3.1 Wirkung von DRM auf die OSS-Entwicklung

Die Nutzen-Kosten-Wirkungen von Digital-Rights-Management auf Open-Source-Software sind in Abbildung 15 zusammengestellt. Sie werden im Folgenden näher erläutert.

Gesteigerter Nutzen durch DRM für den OSS-Entwickler	**Erhöhte Transaktionskosten durch DRM für den OSS-Entwickler**
• Erhöhte Transparenz hinsichtlich • der Entwickler, • deren Beiträgen und • der Übereinstimmung mit Lizenzbestimmungen ➔ Erhöhte Sicherheit	• (Häufige?) Authentifizierungskosten für OSS und insbesondere proprietäre Software, da sonst • Eingeschränkte Partizipationsmöglichkeit an Softwareentwicklung • Eingeschränkte Interoperabilität • Eingeschränkte Cloning-Möglichkeiten • Eingeschränkte Reverse Engineering Möglichkeiten •Mentale Kosten (Angst vor Verlust der Privatsphäre, Kriminalisierung und damit Motivationsverlust) •Kosten für juristische Regelung •Verhandlungskosten •Technische Anpassungskosten

Abb. 15. Wirkungen von DRM auf die OSS-Entwicklung

Potenzielle Vorteile von DRM für die OSS-Entwicklung bestehen vor allem in der erhöhten Transparenz hinsichtlich der Entwickler, deren

Beiträgen und deren Übereinstimmung mit den Lizenzbestimmungen. Dadurch ist eine erhöhte Sicherheit möglich.

Es mag zunächst widersprüchlich erscheinen, dass ein OSS-Entwickler Nutzen von DRM haben soll. Aber auch ein OSS-Entwickler hat das Interesse Software zu entwickeln, die sicher und vertrauenswürdig ist. Projektleiter und Maintainer von OSS-Projekten versuchen so sicherzustellen, dass keine illegalen Programmbestandteile in den Quellcode einfließen. Zu einer guten Software-Entwicklung gehört, dass die Entwickler mit ihren Beiträgen eindeutig identifiziert werden können. DRM ist eine Möglichkeit, OSS Entwickler in einen sichereren Rechtsraum zu versetzen. Bruce Perens, Gründer der Gnu/Linux-Distribution Debian und OSS-Promotor, stellt zu den Vorteilen von DRM folgendes fest:

> „Having good identification of the people who submit software and modifications is our best defence, as it allows us to use criminal law against the perpetrators of Trojan horses. While I was manager of the Debian GNU/Linux distribution, we instituted a system for all of our software maintainers to be reliably identified, and for them to participate in a public-key cryptography network that would allow us to verify whom our software came from. This sort of system has to be expanded to include all Open Source developers."[336]

Ähnlich äußert sich auch Linus Torvalds:

> „In short, it's perfectly ok to sign a kernel image – I do it myself indirectly every day through the kernel.org, as kernel.org will sign the tar-balls I upload to make sure people can at least verify that they came that way. Doing the same thing on the binary is no different: signing a binary is a perfectly fine way to show the world that you're the one behind it, and that _you_ trust it. And since I can imagine signing binaries myself, I don't feel that I can disallow anybody else doing so."[337]

Die populärsten DRM-Lösungen in der OSS-Community sind das OSS-Verschlüsselungsprogramm GPG (GNU Privacy Guard) sowie die GNU GPL, die den OSS-Entwickler davor schützt, dass sein intellektuelles Eigentums ungewollt proprietarisiert wird.

Einschränkend zu den genannten Vorteilen ist festzuhalten, dass sich die Bedenken der OSS-Community nicht gegen die hier dargestellten OSS-DRM-Lösungen GPG und GPL richten, sondern eher gegen die aus der Wirtschaft stammenden Konzepte wie z.B. „Trusted Computing" der TCG oder LaGrande/NGSCB von Microsoft, die eine Kombination von Hard- und Software bei der Umsetzung von DRM vorsehen.

Derartige Konzepte lösen neben dem erhöhten Nutzen durch verstärkte Sicherheit zusätzliche Kosten für DRM aus. Sie fallen an für Authentifizierung, Furcht, juristische Regelung, Verhandlungen und technische Anpassungen.

Insbesondere der erste Punkt löst in der OSS-Szene intensive Diskussionen aus.[338] Die erhöhten Authentifizierungskosten fallen an, um auch weiterhin an der Software-Entwicklung partizipieren zu können, Interoperabilität zu gewährleisten sowie Kloning und Reverse Engineering zu ermöglichen.[339] Die Befürchtungen gehen so weit, dass Authentifizierungskosten in einer Höhe vermutet werden, die sowohl den Zugang zu einstmals mit einer OSI-Lizenz geschützten Software verhindern können als auch die Nutzung von proprietärer Software nicht ermöglichen.[340] So vermutet beispielsweise Ross Anderson, dass ein Unternehmen Linux nehmen und derart verschlüsseln könnte, dass es nur auf einer bestimmten „Trusted-Plattform-Modul"-geschützten Plattform abläuft und damit kapitalschwache Entwickler, die nicht über derartige Plattformen verfügen, von der Verwendung dieser einstmals offenen Software ausschließen.[341] Das Problem eventuell eingeschränkter Interoperabilität aufgrund der erforderlichen Authentifizierung von OSS für Microsoft formuliert Bruce Schneier zugespitzt, folgendermaßen: „If Microsoft gets to decide what's trustworthy, it's unlikely that anything that's a serious competitor to their market share will get that moniker."[342]

Und Richard Stallman illustriert das so:

> „Word processors such as Microsoft Word could use treacherous computing (sein Begriff für DRM/Trusted computing, A.d.V.) when they save your documents, to make sure no competing word processors can read them. Today we must figure out the secrets of Word format by laborious experiments in order to make free word processors read Word documents. If Word encrypts documents using treacherous computing when saving them, the free software community won't have a chance of developing software to read them -- and if we could, such programs might even be forbidden by the Digital Millennium Copyright Act."[343]

Das Problem ist zum einen darin begründet, dass die DRM-Konzepte der Industrie die Festlegung des Einsatzgebiets sowie der Authentifizierungskosten und die Gewährung der Authentifizierung bislang ausschließlich dem Rechtehalter zugestehen.

Zum anderen ist eine Umgehung etwaiger technischer Schutzmechanismen, die eine Authentifizierung unnötig machen, nach dem EU-Urheberrecht bzw. US-Copyright verboten.[344] Insbesondere im Bereich von Betriebssystemen können diese Kosten problematisch werden, da das TCG-Konzept eine Authentifizierung bei jeder Hash-Code-Änderung vorsieht.

Einschränkend ist festzuhalten, dass u.a. aufgrund der Thematisierung dieser Befürchtungen bereits Gegenmaßnahmen eingeleitet sind. So arbeitet einerseits die OSS-Szene, insbesondere OSS-Plattformanbieter wie SuSE, intensiv an alternativen Konzepten zu der TCG und Microsoft, die sowohl die Sicherheit als auch die Kontrolle des Nutzers über seine IT ermöglichen. Andererseits hat z.B. Microsoft gegenüber der deutschen Bundesregierung die Interoperabilität mit OSS zugesagt und die Trusted Computer Group ihre Spezifikationen offengelegt und nach Feedback verlangt.[345] Auch ist bislang noch keine DRM-Lösung Standard und eine Vielzahl unterschiedlicher Lösungen stehen miteinander im Wettbewerb.

Zum zweiten „Kosten"-Punkt ist festzustellen, dass Mechanismen wie „remote attestation", die bei der TCG vorgesehen sind und bei der Dritte, wie etwa eine Authentifizierungseinheit, die Vergabe von anonymen Schlüsseln vornehmen, die Furcht vor dem Verlust der Privatsphäre durch Ausspionierung und Kriminalisierung sowie den Kontrollverlust des Entwicklers bedingen kann.[346] Diese dritte Partei hätte theoretisch aufgrund ihrer Position die Möglichkeit, alle anonymen Schlüssel über das Authentifizierungszertifikat dem Nutzer zuzuordnen.[347] Bei Zusammenarbeit der Authentifizierungseinheit mit einer Einheit, die die wahren Namen der Nutzer kennt, ist eine Identifizierung der Identität möglich.[348]

Der Kontrollverlust wird vor allem dahingehend befürchtet, dass der Eigner der Hardware nicht mehr in vollem Umfang bestimmen kann, welche Software auf seinem Rechner abläuft, was wiederum das Ende des „Allzweck"-Rechners bedeuten würde.[349]

Die letztgenannten drei Kostenarten für juristische Regelung, Verhandlungen und technische Anpassungen werden v.a. darin gesehen, dass sogenannte Schrankenbestimmungen[350] juristisch geltend gemacht werden, Verhandlungen mit dem Rechtehalter anfallen sowie neue Hardware erforderlich ist.

6.2.2.3.2 Wirkung von DRM auf die Nutzung und Distribution von OSS

Die Nutzen-Kosten-Aspekte bei der Nutzung bzw. Distribution von OSS sind folgendermaßen ausgestaltet.

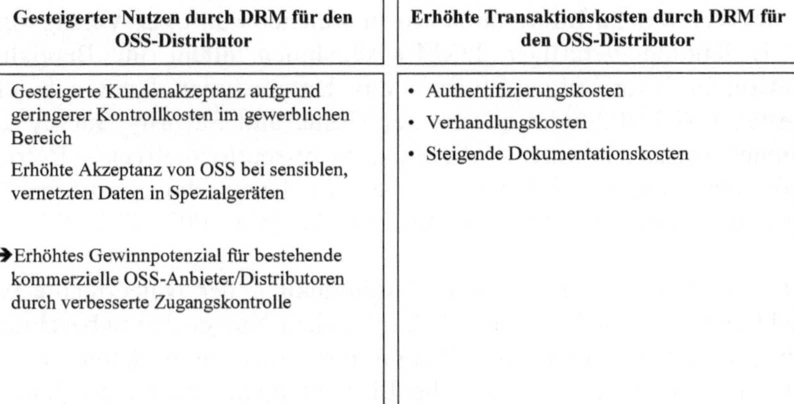

Abb. 16. Wirkungen von DRM auf die Nutzung und Distribution von OSS

DRM ermöglicht bei der Distribution von OSS durch die gesteigerte Transparenz und Sicherheit die Realisierung folgender Vorteile:

- erhöhte Akzeptanz von gewerblichen Nutzern aufgrund verringerter Kontrollkosten
- erhöhte Akzeptanz privater Nutzer im Bereich sensibler, vernetzter Daten bei Spezialgeräten

➔ Erhöhtes Gewinnpotenzial für bestehende kommerzielle OSS-Anbieter/ Distributoren durch verbesserte Zugangskontrolle

Diese Punkte werden im Folgenden näher ausgeführt. Eine verstärkte Nutzung von DRM-fähiger bzw. von trusted/secure OSS ist im gewerblichen Bereich/Unternehmenseinsatz v.a. durch die verringerten Kontrollkosten aufgrund der verbesserten Steuerung der Zu- und Abflüsse von Daten und Informationen sowie der Beschränkung der ablauffähigen Programme begründet.[351] Probleme, die vor allem im Unternehmen von Bedeutung sind, wie Industriespionage, ungewolltes Durchsickern von Informationen, Viren, Spam, u.ä., und die u.a. aufgrund zu großer

Nutzungsrechte von Mitarbeitern entstehen können, sind durch DRM leichter handhabbar. DRM-Systeme erlauben eine genaue Zuweisung der Rechte, wer welche Information wo in welcher Form zur Verfügung hat. Die Bedeutung derartiger DRM-Maßnahmen allein im Bereich des ungewollten Informationsabflusses aus Unternehmen kann anhand der neuesten CSI/FBI Studie „Computer Crime and Security Survey 2003" vermutet werden. In einer – allerdings nicht repräsentativen – Befragung wurde der durchschnittliche Verlust pro Unternehmen aufgrund des Diebstahls proprietärer Informationen für das Jahr 2002 mit US$ 2,7 Mio. angegeben.[352]

Die mit DRM einhergehende Einschränkung der Nutzerrechte widerspricht zunächst der Idee von OSS, die jedem Nutzer den unbeschränkten Einblick, Nutzung und Modifikation der Software gestattet. Vor dem Hintergrund aber, dass öffentliche Einrichtungen und Unternehmen nur Software einsetzen werden, die ihnen Sicherheit hinsichtlich der ablaufenden Software als auch der eigenen Daten ermöglicht, wird klar, dass auch OSS über Mittel verfügen muss, die eine Handhabung der Rechte digitalisierter Inhalte erlauben. Beispielsweise hat die National Security Agency bestimmt, dass jegliche Software, die in nationalen Sicherheitssystemen der USA zum Einsatz kommt, von der Common Criteria Standardisierungsinstitution[353] hinsichtlich ihrer Sicherheit bewertet werden muss.[354]

SuSE hat mit Unterstützung von IBM im August 2003 die EAL-Zertifizierung 2+ von Common Criteria für sein „Enterprise Server 8"-Paket erhalten und Red Hat arbeitet noch intensiv mit der Unterstützung von Oracle an einer derartigen Zertifizierung. Andere Initiativen, die DRM bei OSS anstreben, sind "Rule Set Based Access Control (RSBAC) für Linux",[355] HP Trusted Linux und ein virtueller, sicherer Ko-prozessor nach TCG-Spezifikationen.[356]

DRM-Kritiker könnten nun argumentieren, dass ein Unterlassen von DRM sowohl im proprietären als auch im OSS Bereich die für alle Seiten effizienteste Lösung ist und dass DRM dem „Fair Use"-/„Making available"- sowie dem „First Sale"-Recht widerspricht.[357] Dem ist entgegenzuhalten, dass erstens für DRM eine Marktnachfrage besteht, die zur Verbreitung dieser Maßnahmen führen wird, und zweitens die erhöhte Sicherheit hinsichtlich der Software-Einsatz- und Datenverwendungsmöglichkeiten auch Nutzen nach sich ziehen kann, wie etwa erhöhte Offenheit innerhalb der durch DRM-Systeme geschützten Gruppen.[358] So ist der Austausch vertraulicher Informationen über E-Mail wesentlich wahrscheinlicher unter der Annahme, dass nur ein sehr begrenzter Nutzerkreis diese Information lesen kann und ein Weiterleiten an unerwünschte Dritte unmöglich ist. Hinsichtlich der im privaten Bereich vehement diskutierten

„Fair use“/“Making available“- und „First Sale“-Rechte ist festzustellen, dass diese im Unternehmensumfeld nur sehr eingeschränkt Bedeutung haben.

Auch im privaten Bereich, insbesondere bei Geräten, die sensible Daten enthalten wie z.B. Fotos und Gesundheits- und Finanzdaten, vernetzt sind und nur für einen gewissen Zweck verwendet werden, wird insbesondere von einem OSS-Nutzer, der keine Programmierkenntnisse und -ambitionen hat, ein verbesserter Schutz vor Missbrauch seiner Daten und Geräte erwünscht sein, der weit über Virenscanner hinausgeht. Dies liegt zum einen an der Unwissenheit des Nutzers im Bereich Software-Entwicklung in Verbindung mit der Komplexität der Endgeräte, die einem derartigen Anwender das Verständnis erschweren, ob alle auf diesem Gerät ablaufenden Prozesse wirklich berechtigt sind.[359] Zum anderen führt verteiltes Arbeiten zu eingeschränkten Kontrollmöglichkeiten über die eigenen Daten und damit zu erhöhter Unsicherheit über deren Verwendung.

DRM kann die Sicherheit des Privatnutzers erhöhen, dass auf seiner Recheneinheit das erwünschte Programm abläuft, dass die Daten in der vom Nutzer gewünschten Form sind und dass die Verbindung zu einer vertrauenswürdigen dritten Partei erfolgt.

Eine erhöhte Nachfrage nach DRM-fähiger OSS bedingt wiederum erhöhten Umsatz für OSS-Anbieter.

Dieser Effekt kann noch durch die verbesserten Möglichkeiten der Zugangskontrolle aufgrund der Verbindung von Urheberrecht und Technologie verstärkt werden. Zwar erscheint es zunächst widersinnig, dass OSS-Anbieter ausgerechnet den Zugang zu ihrer Software beschränken wollen. Beispiele wie Jabber Inc„ MySQL AB, Red Hat und SuSE zeigen aber, dass diese Unternehmen zunehmend auch Produkte anbieten, die nicht ausschließlich OSS-lizensiert sind, sondern über proprietäre Bestandteile verfügen und somit zu einem erhöhten Preis verkauft werden können.

Diesen positiven Wirkungen von DRM stehen wiederum erhöhte Kosten in Form

- der Authentifizierung,
- Verhandlung und
- Dokumentation

gegenüber.

Neben den auch hier geltenden Ausführungen zu den Authentifizierungskosten ist zu vermuten, dass DRM aufgrund der Netzeffekte insbesondere bestehende Anbieter von OSS fördert und neue Anbieter, die nur über geringe Ressourcen verfügen, eher abblockt.[360] Beispielsweise wird in den Medien berichtet, dass die Authentifizierung von SuSE Enterprise 8 zwischen US$ 500.000 und US$ 2.000.000 gekostet hat, die zu großen Teilen von IBM übernommen wurden.[361] Diese Kosten fallen vor allem für die Dokumentation und die Prüfung des Entwicklungsprozesses von SuSE an. Zudem hat IBM erhebliches Know-how zu Verfügung gestellt, um SuSE durch diesen Prozess zu leiten.

Ergänzend zu dieser OSS-Unternehmen/starker Partner Struktur ist es aber denkbar, dass Venture Capitalisten und IT-Unternehmen verstärkt Fonds einrichten, um kleine und unbekannte OSS-Unternehmen zu finanzieren.

Zusammenfassend ist festzuhalten, dass das Bedürfnis nach Sicherheit und Transparenz die Existenz von DRM sowohl im Entwicklungs- als auch im Nutzungs- und Distributionsbereich legitimiert.

Jedoch ist die Art der Ausgestaltung von DRM von entscheidender Bedeutung. Neben der erwünschten Sicherheit muss der IT-Eigner auch weiterhin die Kontrolle über seine Hard- und Software behalten. DRM-Konzepte wie sie von der TCG vorgeschlagen werden, führen im OSS-Entwicklungsbereich zu erhöhten Kosten ohne gesteigerten Nutzen gegenüber bisherigen DRM-Lösungen wie GPG nach sich zu ziehen.

Im Distributions- und Nutzungsbereich weisen neuartige DRM-Konzepte eine positivere Nutzen-Kosten Bilanz aus. Sowohl im privaten als auch im gewerblichen Bereich ist ein verstärktes DRM, dass mit „Hardware-Komponenten" wie einem TPM-Chip oder einer Smartcard untermauert ist, bei vernetzten Rechnern mit sensiblen Daten effizient, solange der Nutzer die Kontrolle über diese DRM Systeme behält.

6.2.2.4 Implikationen von OSS für die Gestaltung von DRM

Es ist davon auszugehen, dass die Varianz der Interessen im Markt und die Vielzahl der angebotenen Lösungen dazu führen wird, dass sich eine große Bandbreite von DRM-geschützten wie auch nicht geschützten Geräten und Programmen behaupten wird.

Die hohe Medienresonanz und die weitverbreitete Kommunikation via Internet über mögliche DRM-implizierte Risiken sowie die gute IT-Kenntnis von OSS-Entwicklern lässt vermuten, dass sich DRM-Hardwarechips bei „Allzweck"-Rechnern, dem Arbeitsgerät der OSS-Entwickler, nicht flächendeckend durchsetzen werden. Dies ist schon an dem viel weniger bedeutsamen Gerät „DVD-Spieler" mit den weniger kundigen Nutzern nachzuvollziehen. Der ursprüngliche Wunsch und Druck der Filmbranche auf die Gerätehersteller, nur noch Regionencodegeschützte DVD-Spieler anzubieten, ist durch die Macht des Konsumenten bei vielen Unternehmen rückgängig gemacht worden. Beispielsweise bietet Sony, die sowohl in der Film- als auch in der Gerätebranche Interessen haben, mittlerweile auch DVD-Spieler an, die Regionencodefrei sind. Auch eventuelle Ausspähungen und Verletzungen der Privatsphäre, wie sie durch DRM-Systeme oft befürchtet werden, können durch diese Gruppe leichter identifiziert und über einschlägige Foren kommuniziert werden. Selbst bei Subventionierung von DRM-geschützten Rechnern durch Unternehmen ist davon auszugehen, dass sich unter privaten OSS-Entwicklern Rechner behaupten werden, die nicht über derartige Chips verfügen.

Dagegen ist in den Bereichen von Spezialgeräten und Endanwendernutzung, die keinerlei Programmierambitionen haben oder haben sollen, wie etwa Nutzer von Spezialgeräten, wie Mobiltelefonen und Spielekonsolen und PC-Nutzern in Unternehmen, ein Durchdringen von DRM-geschützter Hard- und Software zu erwarten. Das Vorhandensein von Netzeffekten beschleunigt dies zudem. Eine entsprechend große Gruppe an entwicklungsaffinen Akteuren, die Umsatz für die unterschiedlichen Anbieter bedeuten kann, bremst aber die Ausbreitung. Die Befriedigung der unterschiedlichen Interessen wird vermutlich auch zu erhöhter Interoperabilität von DRM-geschützter Software führen. Einschränkend ist festzuhalten, dass die freie Wahl der Marktteilnehmer es jedem Akteur überlässt, ob er seinen Inhalt nur auf DRM-geschützten Plattformen respektive in DRM-geschützter Form anbietet oder nicht. Nutzungseinbußen für OSS-Anwender, die DRM ablehnen, sind also ebenso denkbar wie Contentanbieter, die ihre Inhalte nicht mit DRM-Schutz anbieten, sondern auf andere Geschäftsmodelle vertrauen. Wirtschaftende Akteure, wie z.B. Contentanbieter, werden sich für die DRM-Ausgestaltung entscheiden, von der sie den höchsten Gewinn erwarten, und das ist nicht zwangsläufig die Variante mit der stärksten Rechtebeschränkung.

Bei der Gestaltung von DRM-Systemen sind die unterschiedlichen Wertigkeiten von Software für die verschiedenen Anwender zu berücksichtigen. Es ist nicht ausreichend, dem privaten OSS-Entwickler nur die Rechte an der Entwicklung zu geben, ihn aber nur in eingeschränktem Maße am Gesamtprodukt partizipieren zu lassen. Damit auch private Entwickler weiterhin an der OSS-Entwicklung teilnehmen, müssen die Transaktionskosten bei der Anwendung von DRM niedrig sein. Es stellt sich die Frage, ob eine gesetzliche Regulierungsbehörde erforderlich ist, die die Fairness der Authentifizierungspreise und –praktiken prüft, oder ob Marktmechanismen ausreichen, damit Unternehmen derartige Authentifizierungskosten übernehmen und den Entwickler nicht damit belasten.

OSS erfordert zudem, dass keine geheimen Algorithmen, Anwendungsprogrammschnittstellen (API)[362] oder private Schlüssel in den Quellcode implementiert werden.[363]

Ein grundsätzliches Problem von DRM unter OSS ist die Frage, wie man verpflichtende Sicherheitsmaßnahmen/-routinen in ein Programm einfügt, das jeder nach eigenem Belieben lesen, nutzen und modifizieren kann. *William Arbaugh* empfiehlt für die Gestaltung von DRM folgendes:[364]

- Nutzer sollen eigene „trusted root" Zertifikate laden können.
- Verfügbar machen des Quellcodes von Hilfsmitteln, die das ermöglichen.
- Trusted-Plattform-Modul sollte vollständig abschaltbar sein.
- Ermöglichen von vollkommener Privacy.
- Zusammenarbeit mit der OSS-Community um die TPM features auch in diesem Kontext zu nutzen.

Das starke Engagement von IBM sowohl im OSS- als auch im DRM-Bereich zeigt, dass zumindest im gewerblichen Bereich eine Verbindung dieser scheinbar konfligierenden Interessen möglich ist. Durch ein DRM auf OSS-Basis könnte sichergestellt werden, dass alle Belange von Lizenzgebern im DRM-System ausreichend berücksichtigt werden, also auch die OSS-Belange, aber natürlich auch die vieler Anderer. DRM darf sicherlich nicht so weit gehen, dass die persönlichen Rechte des privaten Nutzers in von ihm ungewollter Weise eingeschränkt werden, aber es kann bei entsprechender Ausgestaltung durchaus auch die Intentionen derjenigen stützen und schützen helfen, die an einer nachhaltigen Aufrechterhaltung von OSS interessiert sind.

7 Auswirkungen von OSS

Hinsichtlich der zukünftigen Entwicklung des Software-Marktes sind verschiedene Szenarien denkbar. OSS könnte langfristig zahlreiche Marktsegmente dominieren; umgekehrt ist auch nicht auszuschließen, dass die weitere Ausbreitung von OSS stark eingeschränkt wird, beispielsweise durch DRM und Software-Patente (vgl. Kapitel 6.2). Am wahrscheinlichsten erscheint ein Szenario zwischen diesen beiden Extremen, das keine Dominanz, aber durchaus eine weitergehende Ausbreitung von OSS impliziert.

Eine zunehmende Verbreitung von OSS hat Konsequenzen sowohl für die Nutzer von Software als auch für die Software-Industrie. Diese Konsequenzen werden im vorliegenden Kapitel behandelt. Dabei werden die Auswirkungen von OSS hinsichtlich der folgenden Aspekte diskutiert: Qualität und Nutzerbedürfnisse, Produktvielfalt, komplementäre Angebote, Innovationen, Zukunftssicherheit, Preise und Nutzungsumfang sowie Marktwettbewerb. Abschließend werden zusammenfassend die Konsequenzen für die Software-Industrie behandelt.

7.1 Qualitätsaspekte und Nutzerbedürfnisse

Ein wichtiges Entscheidungskriterium bei der Wahl einer Software ist, wie gut die zur Wahl stehenden Programme die Nutzerbedürfnisse befriedigen. Hier spielen allgemeine Qualitätsaspekte wie Stabilität und Geschwindigkeit eine Rolle ebenso wie die individuellen Bedürfnisse des jeweiligen Nutzers.

Allgemeine Qualitätsaspekte werden stark davon beeinflusst, wie fehlerfrei die Software ist. In dieser Hinsicht hat OSS einen prinzipiellen Vorteil: Die Offenheit des Quellcodes und der dadurch ermöglichte offene Entwicklungsprozess führen unter sonst gleichen Bedingungen zu einem höheren Potenzial für Fehlerentdeckungen und inkrementelle Verbesserungen als bei proprietärer Software.[365] Ob sich dieser Vorteil auch in insgesamt höherer Qualität niederschlägt, kommt auf den Einzelfall an. Populäre Projekte wie Linux und Apache sind für ihre hohe Qualität bekannt, während bei geringerem Interesse der OSS-Community und bei komplexen Programmstrukturen, die Expertise des Entwicklers voraussetzen, die Vorteile des offenen Quellcodes nur eingeschränkt zum Tragen kommen.[366] Analog führt natürlich – indirekt – eine weite Verbreitung auch bei proprietärer Software zu höherer Qualität, da die erwirtschafteten Gewinne dem Hersteller Ressourcen zur weiteren Verbesserung seines Produktes liefern. Die Anzahl an Entwicklern, die an einem populären OSS-Projekt wie Linux beteiligt sind, kann ein Hersteller proprietärer Software jedoch nie erreichen.

Neben Aspekten wie Stabilität und Sicherheit, die jeder Nutzer schätzt, hat Qualität auch Komponenten, die von verschiedenen Nutzern aufgrund individueller Bedürfnisse unterschiedlich bewertet werden. Im Folgenden soll die Frage näher untersucht werden, inwieweit OSS bzw. proprietäre Software die Bedürfnisse von Nutzern hinsichtlich Funktionalitäten und Bedienungsfreundlichkeit berücksichtigen.

Die Programmierung der Funktionalitäten spezialisierter Anwendungssoftware, z.B. betriebswirtschaftlicher Software, erfordert entsprechende Fachkenntnisse. Entwickler werden selten über diese Kenntnisse und das Wissen um die erforderlichen Funktionalitäten der Software verfügen und gleichzeitig als Programmierer in der Lage sein, diese Anforderungen in Code umzusetzen. Ohne Unternehmensbeteiligung ist die Entwicklung derartiger Software innerhalb der OSS-Community daher weniger wahrscheinlich als bei Software, deren Anwendungsbereich die Informationsverarbeitung selbst darstellt (Betriebssysteme, Netzwerksoftware). Im letzteren Fall bietet OSS den großen Vorteil, leicht an individuelle Bedürfnisse angepasst werden zu können.[367] Und auch bei spezialisierter Anwendungssoftware besteht die Möglichkeit, individuelle Anpassungen per Auftragsentwicklung vornehmen zu lassen, soweit eine OSS-Lösung schon existiert. Diese Punkte werden in Abschnitt 7.2 vertieft.

Der zweite genannte Punkt betrifft die Bedienungsfreundlichkeit. OSS, die einem Community-Entwicklungsprozess entstammt, wird typischerweise von hochqualifizierten Nutzern entwickelt. Soweit diese in erster Linie durch ihren eigenen Bedarf motiviert sind, wird auf eine einfache und leicht verständliche Bedienbarkeit zumeist weniger Wert gelegt als von Anbietern proprietärer Software. Diese Einschränkung ist relativ unproblematisch, solange die betreffende OSS nur von IT-Spezialisten bedient wird, wie zum Beispiel Entwicklungsumgebungen oder Webserver. Für technisch weniger versierte Nutzer stellt ein Mangel an Bedienungsfreundlichkeit jedoch ein Problem dar. Beispielsweise war Linux lange Zeit nur über Kommandozeilen bedienbar; erst 1998 wurde mit Version 1.0 von KDE eine erste vollständig graphische Benutzeroberfläche für Linux fertig gestellt.[368]

Dem Problem einer zu geringen Bedienungsfreundlichkeit von OSS wird jedoch zumindest in reifen, populären sowie in unternehmensdominierten OSS-Projekten inzwischen begegnet. Bei vielen der größeren Open-Source-Projekte (z.B. Linux, KDE, Gnome, OpenOffice, Apache, Eclips, MySQL, NetBeans) sind kommerzielle Unternehmen involviert (z.B. HP, IBM, Red Hat, Sun und Novell/SuSE), die Interesse an Benutzerfreundlichkeit der betreffenden OSS haben. Diese Unternehmen investieren entsprechend in die Verbesserung der Bedienbarkeit der Software und berücksichtigen dabei die Wünsche von Endnutzern. So führte beispielsweise die SuSE AG im Jahre 2001 eine Kundenbefragung über die Bedürfnisse der Nutzer von SuSE Linux durch[369] und hat ihre Enterprise Server 8 Version Kundenbedürfnissen entsprechend als sicher zertifizieren lassen. Auch der Bedarf nach technischer Unterstützung für OSS wird, neben Usergroups, vermehrt durch kommerzielle Anbieter befriedigt, die zudem auch Haftungsleistungen anbieten.[370]

Entwicklungen, die auf die Bedürfnisse von technisch nicht versierten Nutzern eingehen, können jedoch auch von nicht kommerziell interessierten Entwicklern der OSS-Community ausgehen. Dies geschieht typischerweise bei reiferen, technisch stabilen Projekten. So initiierte Matthias Ettrich 1996 die Entwicklung der graphischen Benutzeroberfläche KDE für Linux und andere UNIX-Systeme mit dem Ziel, „to create a GUI for an ENDUSER. Somebody who wants to browse the web with Linux, write some letters and play some nice games."[371]

Im Vergleich zu proprietärer Software schneidet OSS auch deshalb nicht unbedingt schlechter hinsichtlich der Bedienungsfreundlichkeit ab, weil auch Anbieter von proprietärer Software diese durchaus nicht immer nach den Wünschen ihrer Kunden entwickeln. So widersprechen die bewusste Herbeiführung von Inkompatibilitäten, die proprietäre Änderung ursprünglich offener Standards sowie die Geheimhaltung von Schnittstellenspezifikationen in den meisten Fällen den Interessen der Nutzer, erlauben dem betreffenden Unternehmen jedoch höhere Gewinne. Beispielsweise sind die proprietären Instant-Messaging-Systeme von AOL, Yahoo! und Microsoft Network zueinander inkompatibel, während das Open-Source-Programm Jabber zu allen dreien kompatibel ist.[372] Auch im Hardware-Bereich kann die bewusste Herbeiführung von Inkompatibilitäten beobachtet werden. Welcher Nutzer hat sich Tonerkartuschen für Drucker gewünscht, in denen ein elektronischer Chip das Nachfüllen verhindert? Gäbe es einen Open-Source-Drucker, wäre ein Nachfüllen zweifellos möglich – der Open-Source-Entwickler, der selbst auch Nutzer ist, handelt in solchen Aspekten besser im Interesse des Endnutzers als ein Hersteller proprietärer Produkte.[373]

Auch hinsichtlich der Entwicklung neuer Versionen eines Programms existieren für Anbieter proprietärer Software Anreize, die den Interessen der Nutzer entgegengesetzt sind. Die gängige Lizenzierungsmethode ist, Nutzern gegen eine einmalige Lizenzgebühr eine zeitlich nicht beschränkte Nutzungslizenz zu erteilen. Häufige Updates erhöhen somit die Umsätze des Anbieters, so dass dieser einen Anreiz hat, den zeitlichen Abstand zwischen Updates kleiner zu wählen als für die Nutzer sinnvoll (welche Lernkosten für neue Versionen zu tragen haben). Verfügt der Anbieter über Marktmacht, hat er die Möglichkeit, solche Updates dennoch durchzusetzen. Bei OSS aus Communities dagegen besteht dieser Anreiz nicht, da Weiterentwicklungen nur erfolgen, wenn Nutzer diese benötigen. Auch die (Weiter-) Entwicklung von OSS als Dienstleistung ist frei von einer solchen Anreizverzerrung, da nur wirklich verlangte Leistungen bezahlt werden

7.2 Produktvielfalt

Eine größere Vielfalt des Produktangebotes, egal in welcher Branche, hat aus gesellschaftlicher Perspektive Vor- und Nachteile. Vorteilhaft ist, dass der einzelne Nachfrager bessere Chancen hat, ein seinem Bedarf entsprechendes Produkt zu finden. Nachteilig ist dagegen, dass die Entwicklung von Substituten eine Duplikation fixer Entwicklungs-, Produktions- und Vermarktungskosten mit sich bringt. Wenn Netzwerkeffekte wirken, wie vielfach bei Software, führt die Koexistenz inkompatibler Netzwerke zu weiteren Nachteilen.

Was folgt daraus für die Auswirkungen, die das Aufkommen von OSS für Nutzer hat? Positiv ist zuerst einmal die vergrößerte Vielfalt im Hinblick auf den *Typ* von Software zu bewerten. In vielen Marktsegmenten besteht heute die Wahl zwischen proprietärer Software und OSS-Alternativen. Wer also eine Präferenz für OSS hat – weil er die Software verändern kann, sie keine Lizenzgebühren mit sich bringt oder aus anderen Gründen – profitiert von der Existenz von OSS. Wenn natürlich ein OSS-Programm zum Verschwinden aller proprietären Konkurrenten führt, wäre die Vielfalt im Hinblick auf Software-Typen wieder reduziert, und potenzielle Käufer proprietärer Software hätten das Nachsehen. Angesichts der Heterogenität der im Markt existierenden Bedarfe erscheint jedoch eine Vergrößerung der Wahlmöglichkeiten durch das Hinzukommen von OSS als der weitaus häufigere Fall.

Bezogen auf die Funktionalität der Software bewirkt das Aufkommen von OSS in zweierlei Hinsicht eine positive Erhöhung der Vielfalt. Erstens ist es möglich, dass OSS-Programme für manche Nutzer Funktionalitäten bieten, die sie bei proprietären Alternativen nicht finden. Zweitens haben zumindest technisch versierte Nutzer die Möglichkeit, OSS um fehlende, von ihnen benötigte Funktionalitäten zu erweitern. Hier bieten sich zudem Geschäftsmöglichkeiten für Software-Unternehmen, die ihren Kunden eine Individualisierung existierender OSS anbieten.

Unabhängig davon, ob es um OSS oder proprietäre Software geht, steht bei der Entwicklung von Substituten den Vorteilen einer höheren Vielfalt eine aus gesellschaftlicher Sicht schädliche Duplikation von Fixkosten entgegen. Bei OSS, die immateriell motiviert entwickelt wurde, wirkt dieser Nachteil weniger schwer als bei rein kommerzieller Software, da die „Kosten" der Entwicklung in solchen Fällen schon dadurch gedeckt sind, dass der betreffende Programmierer seine Fähigkeiten verbessert oder einfach nur Spaß gehabt hat. Außerdem kann Vielfalt bei OSS dadurch entstehen, dass öffentlich verfügbarer Code als Basis für verschiedene, möglicherweise konkurrierende Weiterentwicklungen dient. Anders als bei proprietären Ansätzen kann eine Duplikation von Entwicklungen hier weitgehend vermieden werden.

Der Nachteil verschiedener, untereinander nur eingeschränkt kompatibler „Netze" ist ebenfalls nicht spezifisch für OSS, sondern besteht beispielsweise seit vielen Jahren auch zwischen den Betriebssystemen von Apple und Microsoft. Ähnliche Kompatibilitätsprobleme zwischen Microsoft-Produkten einerseits und Linux sowie OSS-Anwendungsprogrammen andererseits sind zu erwarten, wenn letztere auch auf Desktop-Computern eine weitere Verbreitung erreichen. Die Verwendung offener Datenformate ermöglicht es jedoch, diese Probleme weitgehend zu reduzieren.

7.3 Komplementäre Angebote

Eine Software kann nur dann sinnvoll genutzt werden, wenn komplementäre Angebote in ausreichendem Maße angeboten werden. Dazu zählen Dienstleistungen wie Installation, Nutzerunterstützung und ggf. Fehlerbehebung, aber auch Software und Hardware. So ist zum Beispiel ein Betriebssystem nur dann sinnvoll nutzbar, wenn dazu kompatible Anwendungssoftware und Computer in ausreichendem Umfang angeboten werden.

Ob die Auswahl an komplementären Angeboten zu einer bestimmten Software hinreichend groß ist, hängt in erster Linie von der Verbreitung der Software ab, weniger davon, ob es sich um OSS oder proprietäre

Software handelt. Hier müssen der Einzelfall und auch der Anwendungsbereich betrachtet werden. Beispielsweise existiert für den Einsatz von Linux als Server-Betriebssystem inzwischen eine umfangreiche Auswahl an dazu passender Hardware. Handelsübliche Notebooks sind dagegen oft noch nicht perfekt auf Linux eingerichtet, so dass Hardware-bezogene Funktionen (z.B. Batteriemanagement oder Standby) eventuell nur eingeschränkt funktionieren.[374]

Ein gewisser prinzipieller Vorteil im Hinblick auf komplementäre Angebote besteht bei OSS insofern, als der Code und damit auch alle Schnittstellen offen sind und es jedem Akteur möglich und erlaubt ist, komplementäre Güter zu einem OSS-Programm anzubieten. Es ist somit mehr Wettbewerb im Angebot komplementärer Güter möglich. Andererseits hat der Anbieter eines proprietären Programms ein Interesse an der Bereitstellung komplementärer Güter, da deren Verfügbarkeit einen positiven Effekt auf die Nachfrage nach seinem Produkt ausübt. Er könnte diese Güter selbst anbieten und die positive Externalität damit internalisieren. Dies ist bei OSS-Programmen ebenfalls möglich, wie die Beispiele von Red Hat, SuSE und IBM im Falle von Linux zeigen. Allerdings gelingt die Internalisierung dort weniger vollständig als bei proprietärer Software, da aufgrund der besonderen Eigentumsrechte von OSS ggf. auch andere Unternehmen von der Erhöhung der Nachfrage aufgrund verbesserter komplementärer Angebote profitieren können.

7.4 Innovationen

Der gesamte Bereich der Informationstechnologie ist durch einen beständigen, schnellen Wandel gekennzeichnet. Auch beim Vergleich von OSS und proprietärer Software stellt sich daher die Frage nach Innovationen. Dabei können zwei Aspekte unterschieden werden: a) der Vergleich der Innovativität von OSS und proprietärer Software; b) die Auswirkungen, die das Aufkommen von OSS auf die Innovationstätigkeit im Software-Bereich insgesamt hat.

Zu Punkt (a) ist festzustellen, dass OSS-Lizenzen gleichzeitig hemmende und fördernde Wirkungen auf den Innovationsprozess haben.[375] Einerseits reduziert die Einschränkung der kommerziellen Verwertbarkeit die direkten monetären Anreize für Innovatoren. Insbesondere umfangreiche, grundlegend neue Entwicklungen, die nicht nach dem Basar-Prinzip vieler kleiner Einzelbeiträge erstellt werden können, dürften dadurch erschwert werden, falls nicht ein Unternehmen als Anbieter von Komplementen oder eine hochmotivierte Einzelperson die Entwicklung vornimmt.

Andererseits erleichtern bei OSS die geringen Transaktionskosten der Verbreitung und das Fehlen von Lizenzgebühren weiterführende Entwicklungen durch andere Akteure erheblich, was aufgrund des stark sequentiellen Charakters von Innovationen im Software-Bereich hohe Bedeutung hat.[376] Dieser innovationsfördernde Effekt wird durch die Bestimmungen der GPL noch verstärkt[377], da Weiterentwicklungen nicht als proprietäre Software behandelt werden dürfen, sondern wiederum als OSS lizenziert werden müssen.[378] Insbesondere für schrittweise Verbesserung und Weiterentwicklung – „inkrementelle Innovationen“ – bietet der OSS-Ansatz daher sehr gute Voraussetzungen.

Auch die Anpassung einer Software an besondere Hardware stellt Innovationen dar, die durch die Offenheit und die besonderen Eigentumsrechte von OSS erleichtert werden. Einen Beleg dafür liefert die Tatsache, dass Linux auf mehr Prozessorarchitekturen portiert wurde als jedes andere Betriebssystem.[379]

Die Auswirkungen einer zu OSS in gewissem Sinne gegenläufigen[380] Entwicklung, nämlich der erweiterten Patentierbarkeit von Software, sind seit etwa mehreren Jahren in den USA zu beobachten. Es ist sehr umstritten, ob die seitdem stark angestiegene Zahl von Patenten tatsächlich auch mehr Innovationen mit sich gebracht hat (vgl. auch Kapitel 6.2.1). Bessen und Maskin (2000) argumentieren im Gegenteil, dass die Einführung von Software-Patenten die Innovationstätigkeit der Software-Industrie vermindert hat, und dass ein geringerer Schutz des intellektuellen Eigentums, wie er bei OSS vorliegt, für Innovationen in diesem Fall förderlich sei.[381] Fälle, in denen Software-Patente Innovationen behindern, wurden verschiedentlich dokumentiert.[382] Eine ablehnende Haltung gegenüber Software-Patenten liegt auch den Entscheidungen des EU-Parlamentes vom September 2003 bzgl. der vorgeschlagenen Richtlinie zur „Patentierbarkeit Computer-implementierter Erfindungen“ zugrunde.[383]

Insgesamt kann man festhalten, dass das communitybasierte Basar-Entwicklungsmodell von OSS sehr gut geeignet ist für inkrementelle Verbesserungen, während für umfangreiche, nicht in Einzelaufgaben zerlegbare Neuentwicklungen der klassische proprietäre Ansatz („Kathedralen-Modell“) besser geeignet erscheint. OSS, zumindest die in nichtkommerziellen Communities im Basarstil entwickelte, tendiert eher zur Imitation der Funktionalität existierender Software, wobei natürlich Ausnahmen bestehen (vgl. Kapitel 4).

Die Auswirkungen, die das Aufkommen von OSS insgesamt auf Innovationen im Software-Bereich hat (Punkt b), sind ebenfalls nicht eindeutig. In Marktsegmenten, in denen durch OSS ein stärkerer Wettbewerb entstanden ist, dürfte die Innovationstätigkeit der Hersteller proprietärer Software zugenommen haben. Umgekehrt könnte die Antizipation einer

Imitation durch OSS die Anreize zur Entwicklung neuer proprietärer Software reduzieren.

7.5 Zukunftssicherheit

Unter Zukunftssicherheit wird hier verstanden, dass die Investition in ein Software-System ihren Wert über lange Zeit behält. Beim Vergleich zwischen OSS und proprietärer Software spielen in diesem Zusammenhang zwei Effekte eine Rolle.

Erstens ist bei OSS die Abhängigkeit vom Maintainer der Software geringer als die vom Software-Hersteller im Falle proprietärer Software. Letzterer kann Nutzer seiner Software beispielsweise zum Umstieg auf neue Versionen oder zur Anschaffung neuer Hardware zwingen, indem er die Unterstützung für die bisherige Version oder eine bestimmte Hardware-Plattform einstellt.[384] Der Maintainer einer OSS kann zwar ebenfalls unpopuläre Entscheidungen treffen, riskiert damit aber, dass die Nutzer von ihrem Recht des „Forking", d.h. der Entwicklung einer eigenen Version der Software, Gebrauch machen. Dies setzt natürlich voraus, dass die Nutzer über ausreichende technische Expertise sowie Ressourcen verfügen.

Zweitens ist die Verfügbarkeit des Quellcodes auch dann hilfreich, wenn der Maintainer seine Unterstützung der OSS aufgibt. Wird dagegen die Unterstützung proprietärer Software eingestellt, beispielsweise bei einer Unternehmensaufgabe des Herstellers, ist eine längerfristige Weiterverwendung der Software typischerweise sehr problematisch.

Nun garantiert die bloße Möglichkeit, ein verwaistes OSS-Projekt weiterzuführen, durchaus nicht, dass dies auch geschieht. Gerade bei kleineren Projekten ist ein vollständiger Abbruch denkbar, erst recht, wenn (OSS-) Alternativen existieren. Einem Anwender, der eine solche Software verwendet und dem die Ressourcen oder Kenntnisse zur eigenen Weiterentwicklung fehlen, bleibt auch hier nur ein Umstieg.

Dazu kommt, dass die Unabhängigkeit des OSS-Nutzers von der Unternehmenspolitik der Software-Hersteller dadurch reduziert wird, dass zunehmend kommerzielle Unternehmen zur OSS-Entwicklung beitragen. Zwar haben Red Hat und SuSE einen wesentlich geringeren Einfluss auf die Entwicklung von Linux als Microsoft auf die Entwicklung von Windows, aber eine gewisse Abhängigkeit vom gewählten Distributor besteht auch bei OSS. Insbesondere bei OSS wie z.B. Eclipse, die klar von einem Unternehmen dominiert wird, besteht eine relativ hohe Abhängigkeit von diesem Unternehmen.

7.6 Preis und Nutzungsumfang von Software

Ein höherer Preis eines Gutes impliziert üblicherweise, dass es in geringerem Umfang gekauft wird. Liegt der Preis über den Grenzkosten der Produktion, d.h. über den Kosten für die Produktion einer zusätzlichen Einheit, ist dies „statisch ineffizient": Potenziellen Käufern, deren Nutzen über den Grenzkosten, aber unter dem Verkaufspreis liegt, wird das Gut vorenthalten, was aus gesellschaftlicher Sicht einen (Wohlfahrts-)Verlust bedeutet (vgl. Kapitel 6.1). Nun gilt dies im Falle von Software, soweit sie nicht gratis lizenziert wird, immer, da die Grenzkosten der Reproduktion fast Null sind. Würde man Software jedoch zu Grenzkosten weggeben, könnten die Fixkosten ihrer Entwicklung nicht mehr gedeckt werden und Anreize zur Entwicklung gingen verloren – eine „dynamische Ineffizienz" entstünde.

Klammert man die Problematik der Anreize zur Software-Entwicklung an dieser Stelle aus, gilt dennoch, dass geringere Kosten der Software eine weitere Verbreitung und somit einen Wohlfahrtsgewinn bedeuten. Nun folgt aus der Tatsache, dass OSS keine Lizenzgebühren erfordert, nicht automatisch, dass sie geringere Kosten (TCO) als proprietäre Software verursacht. Die TCO hängen von einer Reihe von Kontextfaktoren ab. Wo diese Faktoren jedoch OSS begünstigen, kommt der Lizenzkostenvorteil zum Tragen.[385]

7.7 Marktwettbewerb

Aufgrund der Offenheit von OSS ist ein stärkerer Wettbewerb im Markt für komplementäre Güter und Dienstleistungen möglich als bei proprietärer Software. Während proprietäre Software-Anbieter durch die Gestaltung ihrer Schnittstellen und Lizenzierungsbedingungen auf das Software- und Dienstleistungsangebot Einfluss nehmen können, bietet der offene Quellcode von OSS-Betriebssystemen Chancengleichheit für alle Anbieter von Anwendungssoftware. Verschiedene Distributoren, insbesondere von Linux, konkurrieren u.a. hinsichtlich der Bedienungsfreundlichkeit der (teilweise proprietären) Installationsroutinen. Es steht zudem jedem Unternehmen frei, Dienstleistungen zu OSS anzubieten. Anders bei proprietärer Software: So ist Microsoft den Auflagen aus dem US-Kartellverfahren, „Dokumentation und Schnittstellen zu fairen Konditionen und Preisen Dritten zur Verfügung zu stellen", bis heute nicht nachgekommen.[386] Dies wird auch aus sicherheitsrelevanten Gründen von unterschiedlicher Stelle immer wieder gefordert.[387]

Ein weiterer Aspekt des Wettbewerbs betrifft Standardisierung, die unter ansonsten gleichen Umständen, insbesondere gleicher Qualität der Software, aus Nutzersicht positiv zu bewerten ist. Würde sich Linux z.B. im bisher von Microsoft Windows dominierten Desktop-Bereich etablieren, würde der Grad der Standardisierung in diesem Bereich abnehmen. Andererseits erhöht die Verbreitung von Linux die Standardisierung innerhalb der UNIX-artigen Betriebssysteme. In diesem Segment führten divergierende Interessen einzelner Unternehmen in den 80er Jahren zu einer Zersplitterung des Marktes in verschiedene proprietäre, zueinander nicht kompatible, Unix-Varianten (AIX, HP-UX, Solaris, etc.). Mehrere Versuche, eine Standardisierung herbeizuführen, scheiterten. Aufgrund seiner Offenheit und seiner „neutralen Herkunft" wird Linux als Chance gesehen, diese Spaltung zu beheben. Interessanterweise wird von mehreren Autoren argumentiert, dass OSS-Lizenzen eine Zersplitterung in verschiedene Versionen gerade dadurch verhindern, dass sie sie *erlauben*, da diese Möglichkeit den Nutzern ein Drohpotenzial gegenüber dem Maintainer verschafft.[388] Dazu kommt, dass bei GPL-Software zwar die Entwicklung verschiedener Versionen möglich ist, aber nicht deren Vermarktung als proprietäre Software. Einer der Anreize, die zur Zersplitterung von UNIX geführt haben, fehlt somit bei Linux.

7.8 Software-Industrie

Welche Auswirkungen wird die zunehmende Verbreitung von OSS mittel- und langfristig auf die Software-Industrie haben? Vertreter von Microsoft haben mehrfach düstere Prognosen geäußert und u.a. erklärt, OSS zerstöre geistiges Eigentum („open-source hurts a company's right to protect its intellectual property").[389] Solche Aussagen sind fragwürdig und erscheinen eher Eigeninteresse als einer neutralen Bewertung zu entspringen. Kein Unternehmen ist gezwungen, seine Software mit OSS zu kombinieren (genauer, statisch zu verknüpfen) oder gar als OSS zu lizenzieren. Das Recht, sein geistiges Eigentum zu schützen, ist somit unangetastet. Das stark zunehmende Engagement zahlreicher kommerzieller Unternehmen in OSS belegt zudem, dass die Risiken von OSS zumindest von diesen Unternehmen als beherrschbar angesehen werden.

OSS gewinnt Marktanteile bei Standardsoftware. In diesem Bereich erscheint in der Tat eine Bedrohung proprietärer Software-Hersteller durch OSS denkbar. Insbesondere dort, wo OSS eine Standardisierung erlaubt – hier ist vor allem das Betriebssystem Linux zu nennen – dürfte die Zahl der proprietären Anbieter abnehmen. Dies gilt für Unix ebenso wie für eingebettete Betriebssysteme.[390]

Während Standardsoftware zum großen Teil von US-amerikanischen Unternehmen stammt, ist das Gros der deutschen Software-Industrie auf die kundenindividuelle Entwicklung bzw. Anpassung von Software sowie auf Dienstleistungen in diesem Umfeld konzentriert (vgl. Kapitel 2). Unter diesem Aspekt hat der Gewinn von OSS an Marktanteilen nur einen relativ geringen Einfluss auf die deutsche Software-Industrie:

Die wachsende Verbreitung von OSS in deutschen Unternehmen führt dazu, dass steigender Bedarf nach Support-, Wartungs- und Haftungsleistungen für diese Produkte entsteht. In manchen Fällen werden sich Unternehmen daher umstellen, beispielsweise von Dienstleistungen für proprietäre Betriebssysteme für solche auf Linux. Insgesamt erscheint es aufgrund der Offenheit von OSS und der resultierenden einfacheren Individualisierbarkeit sogar denkbar, dass die Nachfrage nach kundenindividueller Anpassung zunimmt. Zudem ist zu erwarten, dass der Markt für diese Dienstleistungen einen stärkeren Wettbewerb aufweist als ein vergleichbarer Markt im Umfeld proprietärer Software.[391]

Bei der komponentenbasierten Software-Entwicklung ist Open-Source-Software eine wertvolle Quelle für Komponenten (vgl. Kapitel 4). Eine weitere Zunahme der Bedeutung von OSS ist in dieser Hinsicht für die deutsche Software-Industrie positiv zu bewerten, da die Verwendung von OSS-Komponenten Effizienzgewinne erlaubt.

Auch abgesehen vom deutschen Software-Markt erscheinen die Auswirkungen selbst einer (unrealistischen) vollständigen Ersetzung von proprietärer Software durch OSS auf die Software-Industrie überschaubar. Die Lizenzkosten von Software stellen nur einen relativ kleinen Teil der TCO dar, selbst wenn nur direkte Kosten berücksichtigt werden.[392] Die verbleibenden Kosten fallen zum großen Teil für komplementäre Dienstleistungen an, bei OSS in ähnlichem Maße wie bei proprietärer Software, und stellen somit Umsätze für Software-Unternehmen dar. Betroffen vom Wegfall der Lizenzgebühren wäre also, selbst wenn es nur noch OSS gäbe, lediglich ein kleiner Anteil des Branchenumsatzes. Geht man zudem davon aus, dass OSS ein Zehntel des Marktes für Software einnimmt – was immer noch eine aggressive Schätzung wäre – dürfte, insbesondere für die deutsche Software-Industrie, kaum mehr als ein Prozent des Branchenumsatzes betroffen sein. Kassandra-Rufe sind daher nicht angebracht.[393]

Vielmehr ist zu erwarten, dass es auch langfristig zu einer Koexistenz von proprietärer Software und OSS kommt. Proprietäre Anwendungssoftware wie beispielsweise von Oracle und SAP wird kompatibel zu OSS-Systemsoftware wie Linux.[394] Software-Unternehmen werden zunehmend bewusst entscheiden, welche Produkte sie als proprietäre Software verkaufen und wo sie umgekehrt Entwicklungen offen legen oder zur Entwicklung existierender OSS beitragen.

Auch gewisse Annäherungsprozesse zwischen OSS und proprietärer Software sind zu erwarten bzw. schon zu beobachten. Manche Anbieter von OSS bündeln diese mit proprietärer Software, und in einigen Fällen legen Hersteller proprietärer Software den Code ihrer Produkte selektiv offen. Ein Beispiel dafür ist die „Shared Source"-Initiative von Microsoft, die einen, wenn auch minimalen, Schritt in Richtung OSS geht.[395] Trotz beachtlicher Erfolge in einigen Marktsegmenten ist nicht zu erwarten, dass OSS den gesamten Software-Markt umwälzen wird. OSS und proprietäre Software werden nebeneinander existieren, was den Wettbewerb in der Software-Branche intensivieren wird. Hinsichtlich der Entwicklungsmethode stellt der Basar-Stil communitybasierter OSS in der Tat ein neues Paradigma dar. Ein Paradigmenwechsel ist jedoch nicht zu konstatieren, sondern vielmehr die Koexistenz konkurrierender Paradigmen.

8 Fazit und Ausblick

Definition von Open-Source-Software

Open-Source-Software (OSS) hat sich von einem technischen Nischen-Phänomen zu einem Thema entwickelt, das für Unternehmen und die Gesellschaft insgesamt von Bedeutung ist. OSS bezeichnet Software unter bestimmten, von der Open Source Initiative (OSI) anerkannten Lizenzen. Diese Lizenzen legen insbesondere fest, dass jeder Empfänger eines OSS-Programms auch dessen Quellcode erhält bzw. erhalten kann; zudem hat er das Recht, diesen Code zu verändern und veränderte wie unveränderte Versionen weiterzugeben. OSS ist lizenzkostenfrei, d.h. sie kann zwar gegen eine einmalige Gebühr verkauft werden, nicht jedoch gegen eine z.B. an die Nutzerzahl gebundene Lizenzgebühr.

Im weiteren Sinne wird unter OSS zudem vielfach Software verstanden, die in einem Open-Source-Entwicklungsprozess entstanden ist, also unter Beteiligung einer Vielzahl geographisch verteilter freiwilliger Entwickler ohne hierarchische Koordination. Man spricht hier von „community-basierten" Entwicklungsprozessen, die typischerweise nicht modell-basiert sind. Dieses Merkmal ist jedoch nicht definitorisch für OSS – diese Software kann durchaus auch unter der Nutzung klassischer Prozesse in hierarchisch organisierten Unternehmen entwickelt werden.

Noch bevor der Begriff „OSS" geprägt wurde, machte ab etwa Mitte der 90er Jahre das freie Betriebssystem Linux Schlagzeilen. Linux – genauer, das Betriebssystem GNU/Linux mit dem Linux-Kernel – hatte u.a. einen beachtlichen Marktanteil als Webserver-Betriebssystem erreicht. Zudem wies es eine auch für proprietäre Produkte hohe Qualität und Stabilität auf. Erstaunlich an diesen Erfolgen sind vor allem drei Aspekte: dass die relativ weite Verbreitung ohne Unterstützung des Marketings eines dahinter stehenden Unternehmens erzielt wurde; dass die Software mit einem Open-Source-Entwicklungsprozess, also in einem vermeintlich chaotischen „Basar" entwickelt wurde; und dass tausende freiwilliger Programmierer ihre Entwicklungsbeiträge ohne direkte monetäre Kompensation lieferten.

Zur Motivation von OSS-Entwicklern

Was Entwickler dazu motiviert, sich an der Erstellung von OSS zu beteiligen, ist Gegenstand zahlreicher Untersuchungen gewesen. Der vielzitierte Altruismus spielt dabei nur eine untergeordnete Rolle, und auch eine in der Presse oft genannte Abneigung gegen Anbieter proprietärer Software wird als Motiv überschätzt. Wichtig sind dagegen folgende Motive: Nutzen aus Beschäftigung mit der Software, der entstehen kann durch Freude am Programmieren, intellektuelle Herausforderungen sowie Verbesserung der eigenen Fähigkeiten; Lösen eines Problems – privat oder beruflich – für das bei existierender Software die notwendigen Funktionalitäten fehlen; sowie Nutzen aus Sozialstatussteigerung, was sowohl Reputation innerhalb und Identifikation mit der Community als auch Signale an den Arbeitsmarkt umfasst.

Verschiedene Koordinations- und Motivationsmechanismen begünstigen das Funktionieren eines communitybasierten OSS-Projektes. Koordination wird u.a. erleichtert durch Transparenz des Projektes, eine starke Projektleitung, eindeutige Schnittstellendefinitionen und die Möglichkeit inkrementeller Innovationen. Die Motivation von OSS-Entwicklern wird tendenziell gefördert durch Möglichkeiten, die eigene Leistung zu signalisieren, sowie durch die Gewissheit, dass der entwickelte Code im OSS-Bereich verbleibt.

Beiträge von Unternehmen zu OSS

Die genannten Untersuchungen wiesen nach, dass Beiträge zu communitybasierter OSS-Entwicklung durchaus nicht nur von Hobby-Entwicklern stammen, sondern ein großer Teil davon beruflich motiviert ist. Solche Beiträge kommen typischerweise aus Unternehmen, die die betreffende OSS selbst einsetzen. Seit Ende der 90er Jahre engagieren sich jedoch mehr und mehr Unternehmen gezielt und mit strategischen Absichten in der Entwicklung bzw. Weiterentwicklung von OSS. In diese Zeit fällt auch die Prägung des Begriffs der „Open-Source-Software“, mit dem Ziel, den antikommerziellen Beiklang der (weitgehend synonymen) Bezeichnung „Free Software“ zu vermeiden und OSS für Unternehmen attraktiver zu machen.

Die Beispiele von Unternehmen, die zur Entwicklung von OSS beitragen, sind extrem zahlreich geworden. IBM engagiert sich in hohem Umfang vor allem für Linux und Apache und hat zudem vormals proprietäre Software wie z.B. Eclipse als OSS öffentlich gemacht. Auch andere etablierte Großunternehmen wie Apple, HP, Intel, Motorola, Novell und Sun tragen zu OSS bei. Viele Unternehmen haben sich zudem auf die Entwicklung und Distribution von OSS-Programmen spezialisiert, wie z.B. Red Hat und SuSE auf Linux, Ximian auf GNOME, MySQL AB auf MySQL und Jabber Inc. auf Jabber. Schließlich spielen nach wie vor Beiträge von Unternehmen eine Rolle, die ein OSS-Programm selbst nutzen und die für den Eigenbedarf entwickelten Verbesserungen an die Community zurückgeben.

In gewissem Sinne sind Beiträge zu OSS durch Unternehmen noch erstaunlicher als solche von Hobby-Entwicklern, da Unternehmen gewinnorientiert arbeiten, jedoch für die von ihnen entwickelte OSS keine Lizenzgebühren erheben können. Für die Entscheidung von Unternehmen, zur Entwicklung von OSS beizutragen, werden folgende Gründe genannt: Unterstützung durch externe Entwickler, reduzierte Maintenance-Kosten, erhöhte Chancen für eine Standardsetzung, die Möglichkeit, existierende OSS zu verwenden (im Falle von GPL-lizensierter Software), Reputationsgewinne sowie gesteigerte Umsätze mit komplementären Gütern. Dementsprechend sind beitragende Unternehmen typischerweise entweder Anbieter von Komplementärgütern (Service, Hardware oder anderer Software), Nutzer der jeweiligen OSS oder Entwickler kundenindividueller Software auf OSS-Basis (z.B. bei embedded Software). Dabei stellt das Anbieten eines geeigneten Komplementärgutes das gängigste Geschäftsmodell im Zusammenhang mit OSS dar.

Soweit die betreffende Software nicht zentral für die Differenzierung eines Unternehmens im Marktwettbewerb ist, bietet die informelle Entwicklungskooperation im Rahmen eines OSS-Projektes potenziell Vorteile für alle Beteiligten. Hier kann ein gewisses Umdenken beobachtet werden, beispielsweise bei der Entwicklung von Embedded Linux: Elektronik-Unternehmen, für die die Geheimhaltung ihrer Software-Entwicklungen lange Zeit selbstverständlich war, stellen fest, dass eine selektive Freigabe vorteilhaft sein kann.

OSS und proprietäre Software im Vergleich

Die Offenheit von OSS bietet grundsätzlich ein höheres „Fehlerentdeckungspotenzial" und damit die Chance auf höhere Stabilität und Sicherheit als proprietäre Software. Bei Fehlen einer hinreichend großen Entwickler-Community kommt dieser Vorteil jedoch nur eingeschränkt zum Tragen. Auch ist bei spezialisierter Anwendungssoftware (z.B. Software zum Krankenhausmanagement) aufgrund der typischerweise fehlenden Fachkenntnisse in der OSS-Community eine innerhalb dieser Community entwickelte OSS-Lösung unwahrscheinlicher als bei Software, deren Anwendungsbereich die Informationsverarbeitung selbst darstellt (z.B. Betriebssysteme).

Potenziell nachteilig ist bei OSS, dass „typische“, community-basierte OSS von technikorientierten Nutzern für die eigene Nutzergruppe erstellt wird, wobei die Nutzerfreundlichkeit der Software oft in den Hintergrund tritt. Bei reifen und populären Projekten ist dieses Problem jedoch geringer. Insbesondere bei OSS-Programmen, an denen Unternehmen als Entwickler und Distributoren beteiligt sind (z.B. Linux, Jabber, MySQL), hat Nutzerfreundlichkeit den gleichen Stellenwert wie bei vergleichbarer proprietärer Software.

Auch im Hinblick auf Innovationen zeigen sich bei OSS im Vergleich zu proprietärer Software Vor- und Nachteile. Vorteilhaft ist die Offenheit und die daraus resultierende Möglichkeit für jedermann, Weiterentwicklungen und Anpassungen der Software vorzunehmen. Diese Möglichkeit wird in der Tat genutzt und erwies sich z.B. im Falle von Linux als Erfolgsrezept – der Entwickler und Maintainer Torvalds stellte dazu fest: „Making Linux freely available is the single best decision I've ever made.“[396] Andererseits reduziert das Verbot von Lizenzgebühren tendenziell die Anreize, Entwicklungen vorzunehmen, die umfangreich und kostspielig sind und nicht in kleine Teilbeiträge zerlegt werden können.

Insgesamt kann also weder eine generelle Überlegenheit von OSS über proprietäre Software noch das Gegenteil konstatiert werden. Es müssen im Einzelfall die jeweiligen Vor- und Nachteile abgewogen werden.

Einsatzentscheidungen von OSS

Dass diese Abwägung zugunsten von OSS ausfallen kann, zeigt der zunehmende Einsatz von OSS in Unternehmen. Dafür sind vor allem drei Gründe relevant: strategische Motive (z.B. geringeres Lock-in, bessere Kontrolle über die Entwicklung der Software), die Erwartung niedrigerer Kosten (*total cost of ownership*, TCO) sowie operative Motive (z.B. Erwartung höherer Stabilität, höherer Sicherheit und Verfügbarkeit des Quellcodes).

Auch staatliche Stellen setzen vermehrt OSS ein. Zusätzlich zu den für Unternehmen relevanten Entscheidungskriterien werden hier weitergehende Sicherheitsanforderungen, die Sicherstellung von Interoperabilität sowie die Einhaltung bzw. Unterstützung von Standards als Motive genannt. In einigen Ländern wurde sogar gefordert, den Einsatz von OSS für staatliche Stellen obligatorisch zu machen. Solch eine Forderung erscheint abwegig angesichts der Tatsache, dass nicht für alle Anwendungen OSS geeigneter Qualität existiert. Eine Entscheidung über den Einsatz von OSS in der öffentlichen Verwaltung sollte daher nach Anwendungsfeldern differenziert getroffen werden. Darüber hinaus könnte – und sollte – der Staat von Lieferanten proprietärer Software die Verwendung offener Standards verlangen.

Staatliche Eingriffe in den Software-Markt

Weitergehende staatliche Eingriffe in den Software-Markt zugunsten von OSS sind unseres Erachtens kritisch zu betrachten. Staatliche Eingriffe sollen vordringlich der Korrektur von Marktversagen dienen, was bei öffentlichen Gütern, Externalitäten, Marktintransparenz sowie mangelndem Wettbewerb vorliegen kann. Wenngleich alle genannten Aspekte prinzipiell bestimmte Ansatzpunkte bieten, OSS öffentlich zu unterstützen, sollten staatliche Eingriffe – wie auch in anderen Bereichen wirtschaftspolitischen Handelns – bestenfalls sehr zurückhaltend erfolgen.

Umgekehrt sollte bei der Festlegung der politischen Rahmenbedingungen auch darauf geachtet werden, OSS nicht zu benachteiligen. So hätte eine Ausweitung der Patentierbarkeit von Software starke negative Auswirkungen auf OSS. Angesichts der Tatsache, dass der Nutzen von Software-Patenten auch im Hinblick auf proprietäre Software sehr umstritten ist, sollte die Ausgestaltung des Patentschutzes für Software in Europa sehr sorgfältig geprüft werden.

Auswirkungen auf die Software-Industrie

Stellt man die Frage, welche Auswirkungen die Ausbreitung von OSS auf die Software-Industrie insgesamt hat, muss deren Struktur näher betrachtet werden. Nur ein geringer Teil der Gesamtkosten von Software (der TCO, „total cost of ownership"), je nach Anwendung weniger als 10 Prozent, entfällt auf Lizenzgebühren. Da der Großteil der in Deutschland verwendeten Standardsoftware von US-amerikanischen Unternehmen kommt, ist der durchschnittliche Anteil der Lizenzgebühren am Umsatz deutscher Software-Unternehmen eher noch geringer. Der Großteil der Kosten fällt dagegen für komplementäre Dienstleistungen wie Auftragsentwicklung, Anpassung, Installation, Wartung und Schulungen an, worauf sich das Gros der Unternehmen in der deutschen Software-Industrie konzentriert. Diese Dienstleistungen sind bei OSS in vergleichbarem Maße wie bei proprietärer Software erforderlich, so dass nicht anzunehmen ist, dass sich die Gesamtumsätze der Branche nennenswert ändern werden. Eine Zunahme der Verbreitung von OSS würde zwar von manchen Unternehmen eine Umstellung erfordern, möglicherweise aber aufgrund der Offenheit von OSS auch neue Möglichkeiten für Anpassungs- und Entwicklungsdienstleistungen bieten. Der Markt für diese Dienstleistungen dürfte einen stärkeren Wettbewerb aufweisen als ein vergleichbarer Markt für proprietäre Software. Zu nennen ist hier auch die – schon breit genutzte – Möglichkeit, basierend auf OSS-Komponenten möglicherweise günstiger und schneller Auftragsentwicklung betreiben zu können als bei Verwendung proprietärer Komponenten.

Hinsichtlich der Auswirkungen von OSS auf die Innovativität proprietärer Software-Anbieter existieren positive wie negative Effekte. Die Innovationsanreize proprietärer Anbieter könnten reduziert werden, wenn sie eine schnelle Imitation durch OSS zu befürchten hätten; andererseits könnte gerade diese (potenzielle) Konkurrenz es erforderlich machen, innovativer zu sein, um trotz OSS-Konkurrenz proprietäre Software verkaufen zu können.

Die wichtigste Auswirkung von OSS auf die Software-Industrie könnte darin liegen, dass OSS oft besser als proprietäre Software zur Veränderung von Marktstrukturen und zur Etablierung eines neuen Standards geeignet ist. IBM scheiterte mit dem Versuch, sein proprietäres Betriebssystem OS/2 als Alternative zu Microsoft Windows zu etablieren. Die Unterstützung des IT-Konzerns für Linux ist dagegen bisher eine Erfolgsgeschichte, deren weiterer Verlauf interessant bleibt. Ein solcher strategischer Einsatz von OSS kann somit auf einzelne Segmente des Software-Marktes einen durchaus starken Effekt haben.

Ausblick

Die weitere Entwicklung von OSS und des Software-Marktes allgemein ist offen. Möglicherweise erringt Linux auch auf dem Desktop größere Marktanteile, zumal IBM Pläne in diese Richtung zu haben scheint.[397] Wichtig ist zweifellos auch die Bedeutung, die Länder wie China OSS insgesamt und Linux insbesondere beimessen.[398] Andererseits ist denkbar, dass technologische bzw. rechtliche Rahmenbedingungen wie Digital Rights Management (DRM) und Software-Patente die weitere Ausbreitung von OSS deutlich bremsen.

OSS ist dabei, ihre Stellung in einigen Bereichen des Software-Marktes auszubauen. Es ist aber nicht zu erwarten, dass OSS den Software-Markt – mit Ausnahme einiger Segmente – umwälzen wird. OSS und proprietäre Software werden nebeneinander existieren und den Wettbewerb in der Software-Branche intensivieren. Eine Revolution findet nicht statt.

Glossar

A

Anforderungsanalyse

Methodische Beschreibung und Modellierung der Anwendungsdomäne eines Software-Systems. Diese Aktivität der Software-Entwicklung steht üblicherweise zu Anfang eines Projekts, nachdem ein Kunde eine Problemstellung gegeben hat, bevor mit dem *System-Entwurf* (Modellierung der Lösungsdomäne) begonnen wird. Der Begriff wird auch für das Produkt der Aktivität verwendet.

Apache Webserver

Eine OSS, die anderen Computern in einem Netzwerk Dateien, üblicherweise Webseiten, per Hypertext Transfer Protocol (HTTP) zur Verfügung stellt. Vgl. Kapitel 3.3.3.

API

Siehe *Application Programmer's Interface.*

Application Programmer's Interface

Schnittstellenspezifikation auf Programmiersprachen-Niveau, die man benötigt, um eine *Software-Komponente* zu verwenden. Der Begriff wird häufig auch synonym für die gesamte Software-Komponente (inklusive ihrer *Implementierung*) benutzt.

Application Server

Eine Software, die auf Anfrage von entfernten *Clients* hin Anwendungen ausführt. Üblicherweise nutzen derartige Anwendungen ein nachgelagertes *Database Management System,* in dem die Daten gespeichert sind, mit denen die Anwendungen arbeiten. Der Application Server verwaltet die ausgeführten Aktionen und die Verbindungen zu mehreren Clients.

B

Benutzerschnittstelle

Umfasst die Sprachen, Programme und Geräte, die dem Benutzer für den Umgang mit einem Datenverarbeitungssystem zur Verfügung gestellt werden, sowie deren Darstellung und menschengerechte Gestaltung.

Betriebssystem

Zusammenfassende Bezeichnung für Software, die die Ausführung der Anwendungsprogramme und die Verteilung der Betriebsmittel (Speicher, Ein-/ Ausgabegeräte) steuert und überwacht. Beispiele für Betriebssysteme sind *UNIX,* Windows, GNU/*Linux,* Mac OS X.

Betriebssystem, Client-

Ein auf die Bedürfnisse eines Einzelplatzrechners abgestimmtes *Betriebssystem.* Dazu gehört beispielsweise das Absichern gegen Fremdnutzung durch Nichtbereitstellung von Server-Diensten oder die Bündelung mit Anwendungsprogrammen.

Betriebssystem, Server-

Ein für den Betrieb als Dienstanbieter optimiertes *Betriebssystem.* Dies bedeutet häufig die sichere Trennung der Umgebungen der einzelnen (simultanen) Nutzer, Entbündelung von Anwendungspaketen oder Sicherstellung der permanenten Verfügbarkeit.

Bibliothek, dynamisch verbunden

Eine Sammlung von in *Binärcode* übersetzter Algorithmen, die zur Laufzeit eines Programms vom *Lader* angefordert und dann ausgeführt werden können. Hierzu ist im Allgemeinen die Kenntnis der Schnittstelle *(Application Programmer's Interface)* vonnöten, die bereits zum Übersetzungszeitpunkt dem *Compiler* bekannt sein muss.

Bibliothek, Klassen-

Eine Sammlung von Objekten in *Quellcode* oder *Binärcode,* die neben der Algorithmen auch die Definitionen der Objekte (sog. Klassen) enthält. GUI Komponenten wie Schaltflächen, Fenster oder Ziehbalken werden typischerweise in Klassenbibliotheken zusammengefasst.

Bibliothek, statisch verbunden

Eine Sammlung von Algorithmen, die zur Übersetzungszeit einem Programm vom *Binder* hinzugefügt werden können. Hierzu ist im Allgemeinen die Kenntnis der Schnittstelle *(Application Programmer's Interface)* vonnöten, und im Falle von nur im *Binärcode* vorliegenden Bibliotheken, eine für die Zielplattform übersetzte Version. Die statisch verbundene Bibliothek wird ein untrennbarer Teil des ausführbaren Programms, das dann aber zur Laufzeit, anders als bei dynamisch verbundenen Bibliotheken, keine Abhängigkeiten von der Bibliothek mehr hat.

Binärcode

Darstellung von Informationen in einem Code, der nur aus zwei Zeichen (üblicherweise 0 und 1) besteht. Im Gegensatz zum *Quellcode* ist der Binärcode das in Maschinensprache übersetzte Programm, das direkt auf den Recheneinheiten ausgeführt werden kann.

Binder

Programmierwerkzeug, das zum Übersetzungszeitpunkt *Binärcode* verschiedener Objekte zu einem ausführbaren Programm zusammenfasst.

Bug

Siehe *Defekt.*

Build Environment

Siehe *Computer-Aided Software Engineering.*

Bundle

Siehe *Software-Bündel.*

C

CASE

Siehe *Computer-Aided Software Engineering.*

Client

Üblicherweise weniger performantes Nutzersystem, das auf einen zentralisierten Dienst auf einem Serversystem zugreift.

Closed Software

Siehe *Proprietäre Closed-Source-Software.*

Coding

Siehe *Implementierung.*

Community

Zusammenschluss von Personen, die aufgrund ähnlicher Interessen über einen längeren Zeitraum hinweg miteinander kommunizieren, kooperieren, Hilfe anbieten und voneinander lernen, wobei Aufgaben und Rollen der Mitglieder wechseln können. Ein kennzeichnender Aspekt einer Community ist die Identitätsstiftung durch die Herausbildung einer Projektkultur. Vgl. Kapitel 4.3.

Community-Source

Lizenzmodell, das von Sun Microsystems für die Offenlegung des *Quellcode* von beispielsweise Solaris, Star Office oder einiger Java Technologien angewendet wird. Es beinhaltet eine Registrierung vor Erhalt des Quellcode, das Recht der Modifikation, jedoch auch die Notwendigkeit Lizenzgebührverhandlungen mit Sun zu führen, bevor ein kommerzielles Produkt, das auf dem Quellcode basiert, vertrieben wird.

Compiler

Programmierwerkzeug, das Programme einer Quellsprache in äquivalente Programme einer Zielsprache (meist maschinennäher) übersetzt. Dabei werden üblicherweise die Schritte lexikalische Analyse, Syntaxanalyse, semantische Analyse, Zwischencodeerzeugung, Codeoptimierung und Codeerzeugung durchlaufen. Programme werden im allgemeinen als verschiebbarer *Binärcode* erzeugt. Das Zusammenfügen von Programmteilen und das Laden in den Speicher werden dann vom *Binder* und *Lader* durchgeführt.

Computer-Aided Software Engineering

Jede Form der computergestützten Software-Entwicklung. Dazu gehören Dienstprogramme zur Übersetzung von Programmen, Organisationshilfen für *Quellcode* (die zusammen auch als „Build Environment" bezeichnet werden), die beispielsweise die Reihenfolge der Übersetzungen bestimmen (statisch verbundene *Bibliotheken* müssen vor den Anwendungsprogrammen übersetzt werden) und auch Programme, die das Aufspüren von *Defekten* zur Laufzeit eines Programms ermöglichen (Debugger). Häufig werden alle diese Dienstprogramme in eine Entwicklungsumgebung integriert, man spricht dann von einer Integrated Development Environment (IDE).

Concurrent Versions System

Ein weit verbreitetes OSS Versionsverwaltungssystem, das es Entwicklern ermöglicht, simultan an einem *Quellcode-Repository* zu arbeiten, ohne durch Änderungen versehentlich Daten zu verlieren.

Copyleft

Bezeichnet eine besondere Eigenschaft der *GNU General Public License (GPL):* Weiterentwicklungen von GPL-Code ebenso wie Kombinationen von GPL-Code mit anderem Code müssen wieder unter der GPL lizenziert werden. Diese Eigenschaft wird auch als „viral" oder „reziprok" bezeichnet.

Copyright

Bezeichnet ein staatlich gewährtes Ausschlussrecht, das dem Autor eines Textes oder einer Software in den meisten Ländern automatisch durch Verfassen seines Werkes entsteht. Es schützt jedoch nur die Form der Darstellung, nicht die zugrunde liegende Idee. Deutsches Urheberrecht und angelsächsisches Copyright sind weitgehend ähnlich. Kleine Unterschiede bestehen u.a. darin, dass das Copyright vollständig übertragen werden kann (z.B. vom Autor auf einen Verlag), das Urheberrecht dagegen nicht (hier werden nur Nutzungsrechte übertragen).

COTS

Siehe *Software-Komponente, Commercial Off-The-Shelf.*

CVS

Siehe *Concurrent Versions System.*

D

Database Management System

Eine Software, die die Speicherung, die Modifikation und das Abfragen von Informationen aus einer Datenbank verwaltet.

DBMS

siehe *Database Management System.*

Debugger

Siehe *Computer-Aided Software Engineering.*

Defekt

Inkorrektes Verhalten einer Software, das durch einen semantischen Fehler im *Quellcode* verursacht wird.

Desktop-Rechner

Arbeitsplatzrechner. Im Gegensatz zu *Servern* üblicherweise von nur einem Nutzer simultan verwendeter Computer.

Digital Rights Management

Dient dem Ziel, die Rechte an digitalisierten Inhalten (z.B. Software, Medien) besser zu schützen. DRM stützt sich dabei auf technische Komponenten sowie auf rechtliche Regelungen.

DLL

Dynamic Link Library. Siehe *Bibliothek, dynamisch verbunden.*

DRM

Siehe *Digital Rights Management.*

Dynamic Link Library

Siehe *Bibliothek, dynamisch verbunden.*

E

Eclipse

Eine integrierte Entwicklungsumgebung (siehe *Computer-Aided Software Engineering),* die als OSS von IBM vertrieben wird.

Eigentumsrechte

Bezeichnen Handlungs- und Verfügungsrechte von Akteuren im Umgang mit Gütern. Sie basieren auf Rechtsordnungen und Verträgen. Man unterscheidet dabei die Rechte, ein Gut zu nutzen (usus), Form und Substanz des Gutes zu verändern (abusus), sich entstehende Gewinne anzueignen (usus fructus) sowie, das Gut an Dritte zu veräußern.

Eingebettete Systeme

Geräte, die aus einer Kombination von Hard- und Software bestehen und einem speziellen Zweck gewidmet sind. Sie bilden auch wesentliche Bestandteile von Alarmsystemen, Heimanwendungen (Telefon, TV/Video, PDA), Automobilindustrie (ABS, Airbag, ESP, Navigationssysteme), Flugzeugbau und Militärtechnik.

Embedded Systems

Siehe *Eingebettete Systeme.*

Engineering, Forward

Software-Entwicklung, die von Modellen der Anwendungsdomäne ausgeht und in Richtung ausführender Maschine immer detailliertere Modelle, bis hin zum *Quellcode* bzw. ausführbaren *Binärcode* verläuft. Vgl. Kapitel 4.2.2.

Engineering, Reverse

Analyse von bestehenden Systemen in der Lösungsdomäne, die aus *Binärcode* abstraktere *Modelle* ableitet. Dies ist das umgekehrte Vorgehen einer normalen Software-Entwicklung, das aus diversen Gründen nötig werden kann (Verlust des *Quellcode* bei Alt-Systemen, Entwicklung kompatibler Systeme zu *proprietärer Closed-Source-Software,* etc.) Vgl. Kapitel 4.2.2.

Engineering, Roundtrip

Vorgehensweise bei der Software-Entwicklung, bei der *Modelle* unterschiedlicher Niveaus in Abhängigkeit voneinander verändert werden. Änderungen am *Quellcode* müssen die höheren Modelle modifizieren, damit die verschiedenen Modelle nicht divergieren. Vgl. Kapitel 4.2.2.

eXtensible Markup Language

Eine erweiterbare, strukturierte, textbasierte Auszeichnungssprache. XML spezifiziert jedoch weder eine Semantik noch eine bestimmte Menge von Auszeichnungen (den sogenannten „Tags“). Sie bietet stattdessen eine einfache Möglichkeit, Tags zu definieren und die strukturellen Beziehungen zwischen Tags zu beschreiben.

Externalität

Ein Akteur übt durch sein Handeln eine Externalität auf einen anderen Akteur aus, wenn dieser dadurch einen Nutzengewinn oder -verlust erfährt, der nicht durch Zahlungen kompensiert wird.

F

Feature

Eine spezielle Eigenschaft einer Software. Üblicherweise wird damit eine gut beschreibbare Funktionalität gemeint, die das Programm von anderen vergleichbaren Programmen unterscheidet.

Forking

Eine Abgliederung, Gabelung oder Zersplitterung eines Projekts in mehrere Nachfolgeprojekte, die einen gemeinsamen Ursprung haben. Dies kann geschehen, wenn unvereinbare Weiterentwicklungen von verschiedenen Mitgliedern der Community vorgeschlagen werden.

Free Software

Software, deren Lizenz vier Arten von Freiheiten garantiert: Sie für jeden Zweck zu benutzen; zu verstehen, wie sie funktioniert und wie man sie für seine Ansprüche anpassen kann; Kopien weiterzuverbreiten; sie zu verbessern und die Verbesserungen der Öffentlichkeit zur Verfügung zu stellen.

Free Software Foundation

Die Free Software Foundation wurde 1985 von Richard Stallman gegründet. Ihre wichtigsten Bemühungen betreffen die Förderung des *GNU* Projekts.

Freeware

Software, deren Vertrieb ohne Einschränkungen gestattet ist. Häufig geschieht dies jedoch ohne verfügbaren *Quellcode* und gestattet auch keine Modifikationen.

FSF

Siehe *Free Software Foundation.*

G

Geschäftsmodell

Das Geschäftsmodell eines Unternehmens gibt an, wie es Umsätze generiert und wo es innerhalb der Wertschöpfungskette positioniert ist.

GNU General Public License

Die am häufigsten verwendete Open-Source-Lizenz. Vgl. Kapitel 3.

GNU Lesser General Public License

Eine abgeschwächte Version der *GNU General Public License.* Sie hat ihren Ursprung als „GNU Library General Public License", da sie vornehmlich für die Lizenzierung von Bibliotheken gedacht war. Sie erlaubt u.a. die Verlinkung (siehe *Binder)* der betreffenden OSS mit proprietärer Software. Vgl. Kapitel 3.

GNU Privacy Guard

Ein vollständiger und freier Ersatz für die Verschlüsselungstechnologie „Pretty Good Privacy" (PGP). GnuPG benutzt den patentierten IDEA Algorithmus nicht und kann deswegen ohne Einschränkungen benutzt werden. GnuPG ist eine RFC 2440 (OpenPGP) kompatible Anwendung.

GNU's Not UNIX

Ein sehr bekanntes OSS Projekt, dessen Ursprung der Wunsch Richard Stallmans nach einem frei verfügbaren Betriebssystem, das *UNIX* ersetzen sollte, war. Der Name wurde entsprechend einer Hacker-Tradition gewählt, als eine rekursive Abkürzung für „GNU's Not Unix" (GNU ist nicht UNIX).

GnuPG

Siehe *GNU Privay Guard.*

GPL

Siehe *GNU General Public License.*

Graphical User Interface

Siehe *Benutzerschnittstelle.*

Grenzkosten

Kosten für die Herstellung einer weiteren Einheit eines Produktes. Wenn ein Unternehmen also 5.000 Einheiten eines Gutes pro Jahr produziert, sind die Grenzkosten diejenigen Kosten, die durch Produktion der 5.001. Einheit zusätzlich entstehen würden.

GUI

Graphical User Interface. Siehe *Benutzerschnittstelle.*

H

Hacking

Im OSS-Umfeld bezeichnet man damit positiv die Software-Entwicklung, im Gegensatz zur sonst gebräuchlichen negativen Bedeutung „Einbruch in Computersysteme".

I

IDE

Integrated Development Environment. Siehe *Computer-Aided Software Engineering.*

Implementierung

Umsetzung einer Problemlösung in einer Programmiersprache.

Integrated Development Environment

Siehe *Computer-Aided Software Engineering.*

Interoperabilität

Die Fähigkeit unterschiedlicher Systeme zusammen zu arbeiten. Insbesondere die Möglichkeit, elektronische Daten eines Systems in einem anderen System weiter zu verarbeiten.

J

J2EE

Siehe *Java 2 Platform, Enterprise Edition.*

J2SE

Siehe *Java 2 Platform, Standard Edition.*

Java 2 Platform, Enterprise Edition

Eine Sammlung von zusammenhängenden Spezifikationen und entsprechender Dokumentation, die für die Java-Plattform eine Architektur für Geschäftsanwendungen und *Application Server* beschreibt.

Java 2 Platform, Standard Edition

Vollständige Anwendungs- und Entwicklungsumgebung für Java-Programme auf *Desktop-Rechnern* und *Servern.* Sie stellt die Grundlage der *Java 2 Platform, Enterprise Edition* dar.

K

Kapitalwert

Ein Projekt generiert über seine Laufzeit Auszahlungen (vor allem am Anfang) und Einzahlungen. Um den Wert („Kapitalwert" oder „Gegenwartswert") des Projektes zum Startzeitpunkt zu berechnen, werden diese Zahlungsströme aufsummiert. Dabei werden weiter in der Zukunft liegende Zahlungen stärker abgezinst („diskontiert"), da heutige gegenüber zukünftigen Einzahlungen vorgezogen werden. Genauer: eine Zahlung, die T Jahre in der Zukunft liegt, wird mit der T-ten Potenz des Diskontierungsfaktors d, also d^T, multipliziert, wobei $d<1$.

Kompatibilität

Austauschbarkeit oder gemeinsame Verwendbarkeit von Hard- und *Software-Komponenten.*

Komplement

Zwei Güter sind zueinander Komplemente, wenn der Nutzen aus dem Gebrauch beider Güter zusammen höher ist als die Summe der Einzelnutzen aus dem Gebrauch jeweils nur eines Gutes. Beispiel: Rasierer und Rasierklingen. Äquivalent dazu ist, dass die Nachfrage nach einem Gut steigt, wenn der Preis des Komplements ab- oder dessen Qualität zunimmt.

Komponente

Siehe *Software-Komponente.*

L

Lader

Dienstprogramm des *Betriebssystems,* welches ausführbaren *Binärcode* in den Hauptspeicher transportiert. Der Lader rechnet die im Programm vorkommenden absoluten Adressen in gültige Adressen des betreffenden Speicherbereichs um. Eine Sonderform des Laders ist der Urlader, der beim Einschalten eines Rechners aus dem Read-Only Memory (ROM) gestartet wird und die Aufgabe hat, den Lader des Betriebssystems in den Hauptspeicher zu laden und zu starten.

LGPL

Siehe *GNU Lesser General Public License.*

Library

Siehe *Bibliothek*.

Linker

Siehe *Binder*.

Linux

Ein Betriebssystemkern (Kernel), der als OSS unter GPL verfügbar ist. Zusammen mit den Software-Paketen des GNU Projekts stellt Linux ein *Betriebssystem* dar. Häufig wird das vollständige Betriebssystem, also eigentlich GNU/Linux, schlicht Linux genannt.

Linux-Distribution

Eine Sammlung von Software-Paketen, die auf dem *Linux* Kernel aufbauend ein gesamtes *Betriebssystem* ergeben. Unter einer Distribution versteht man im Allgemeinen ein *Bündel* aus geeignet zusammengestellter Software (Installationsprogramme, Dokumentation, Anwendungsprogramme), die sowohl OSS als auch ergänzende PCSS sein kann, und passende Dienstleistungen wie Nutzerunterstützung, Beratung, etc.

Lizenz

Kann vom Inhaber eines Ausschließungsrechtes (z.B. eines *Patentes* oder *Copyrights)* an einen anderen Akteur vergeben werden, dem dadurch bestimmte Nutzungsrechte am Gegenstand des Ausschließungsrechtes eingeräumt werden.

Loader

Siehe *Lader*.

M

Mailing-Liste

Ein elektronisches Forum, das auf E-Mail basiert. Beiträge können von jedermann verfasst und direkt allen Abonnenten zugestellt werden. Manchmal werden Mailing-Listen moderiert, wobei dies selten der inhaltlichen (Qualitäts-) Kontrolle dient, sondern häufiger ein Schutzmechanismus gegen unerwünschte Beiträge ist, die gegen gewisse Grundregeln (der sogenannten Netiquette) verstoßen. Vgl. *Newsgroup*.

Maintainer

Ein Teilnehmer eines communitybasierten OSS-Projekts, der die Verantwortung für einen bestimmten Teil des Projekts übernommen hat. Häufig besteht die Aufgabe in Schlichtung von gegensätzlichen Entwicklungsvorschlägen oder der Richtungsvorgabe bei Weiterentwicklungen. Vgl. Kapitel 3.3.1 und 4.3.3.

Makefile

Eingabedatei des Programmierwerkzeugs Make, das beispielsweise die Reihenfolge bestimmt, in der Übersetzungen durchgeführt werden. Siehe auch *Computer-Aided Software Engineering.*

Marktversagen

Liegt vor, wenn auf einem Markt bestimmte Transaktionen unterbleiben, obwohl sie Nutzen stiften würden. Beispiel: Der Besitzer eines Gebrauchtwagens kann dem potenziellen Käufer die hohe Qualität des Fahrzeugs nicht glaubwürdig vermitteln, will aber auch den Preis nicht weiter senken, so dass kein Kauf zustande kommt. In diesem Fall beruht das Marktversagen auf Informationsasymmetrie.

Maschine, virtuelle

Bildet man mit Hilfe von Programmen auf einer Rechenanlage *A* die Aktionen und Reaktionen einer Anlage *B* genau nach, so verhält sich der Rechner *A* anschließend genau so wie Rechner *B*. Aus der realen Maschine *A* ist die virtuelle (d.h. nur scheinbar vorhandene) Maschine *B* geworden.

Modell

Siehe *Software-Modell.*

Modelltransformation

Restrukturierungsaktivität auf einem *Software-Modell.* Typische Aktivitäten sind hier Transformation von n-ären Assoziationen in binäre Assoziationen, die Abbildung von binären Assoziationen in Referenzen, die Verschmelzung von ähnlichen Komponenten in eine einzelne Komponente, die Aufteilung von komplexeren Komponenten in einfachere Komponenten, und die Verpackung von Klassen und Operationen mit dem Ziel, die Wiederverwendbarkeit zu erhöhen. Vgl. Kapitel 4.2.2

Modul

Baustein eines Software- oder Hardware-Systems, das einer speziellen Schnittstellenspezifikation genügt.

N

Netzeffekte

Liegen vor, wenn der Nutzen, den jemand aus dem Gebrauch eines bestimmten Gutes gewinnt, umso höher ist, je mehr andere Nutzer das gleiche oder ein dazu kompatibles Gut nutzen. Beispiele: Telefon, Faxgerät, *Betriebssystem.*

Newsgroup

Ein elektronisches Forum, das ein spezielles Leseprogramm benötigt. Anders als *Mailing-Listen* gibt es für Newsgroups spezielle *Server,* auf denen die Beiträge abgelegt werden. Diese Server werden zum Zweck der Verbreitung miteinander abgeglichen. Newsgroups können, wie Mailing-Listen, moderiert sein.

O

Open Source Community

Die Gesamtheit aller OSS-Entwickler und -Nutzer.

Open Source Initiative

Eine gemeinnützige Gesellschaft, die die Definition von Open-Source verwaltet und fördert. Sie zertifiziert sowohl OSS als auch Lizenzschriften, um eine Sicherheit im Umgang mit OSS zu erreichen.

Open-Source-Software

Software, die durch eine von der *Open Source Initiative* (OSI) anerkannte Lizenz geschützt ist. Vgl. Kapitel 3.1.

Opportunitätskosten

Ertragsminderung, die aufgrund der Wahl einer suboptimalen Alternative entsteht. Wählt ein Unternehmen z.B. von zwei (einander ausschließenden) Projekten dasjenige mit geringerem Wert, stellt die Wertdifferenz die Opportunitätskosten dar.

OSI

Siehe *Open Source Initiative.*

OSS

Siehe *Open-Source-Software.*

P

Patch

Eine direkte, maschinelle Veränderung an *Binär-* oder *Quellcode,* oft mit dem Ziel, einen Defekt zu beheben. Patches am Binärcode haben das Problem, dass die zu modifizierende Datei exakt der erwarteten Datei entsprechen muss, der Vorteil ist jedoch, dass dies auch an installierten Systemen vorgenommen werden kann. Patches auf Quellcode-Ebene können durch Textersetzung arbeiten und sind damit flexibler und nachvollziehbarer, erfordern jedoch eine erneute Übersetzung des Quellcode.

Patent

Ein staatlich gewährtes Ausschlussrecht. Voraussetzung für die Erteilung eines Patentes ist, dass der betreffende Gegenstand neu, auf erfinderischer Tätigkeit beruhend und gewerblich anwendbar ist.

PCSS

Siehe *Proprietäre Closed-Source-Software.*

Proprietäre Closed-Source-Software

Software, die nicht im *Quellcode* verfügbar und durch ihre *Lizenz* vor Einsicht, Modifikation und Weitergabe geschützt ist.

Public-Domain-Software

Software, bei der jegliche *Copyright*-Ansprüche erloschen oder aufgehoben sind.

Q

Quellcode

Programm, das von einem anderen Programm (*Compiler,* Interpreter) verarbeitet werden soll. Quellcode oder Quelltext bezeichnet allgemein die Originalversion eines übersetzten Programms. Korrekturen und Veränderungen nimmt man am Quellcode vor, wenn man Defekte oder unerwünschte Verhaltensweise während der Ausführung eines Programms festgestellt hat.

R

Reengineering

Software-Entwicklungsaktivität, die nicht ein System von Grund auf erzeugt, sondern auf Basis eines existierenden Systems Verbesserungen oder Modifikationen daran vornimmt.

Refactoring

Eine Veränderung an einem System, die dessen Verhalten unverändert bewahrt, aber eine nichtfunktionale Eigenschaft wie Einfachheit, Flexibilität, Verständlichkeit oder Leistung verbessert.

Release

Eine definierte und meist mit Versionsnummer versehene Zusammenstellung einer Software.

Repository

Eine Datenbank in der typischerweise *Quellcode*-Dateien oder Dokumente verwaltet und automatisch versioniert werden. Ein bekanntes Beispiel eines Quellcode-Repository ist CVS *(Concurrent Versions System).*

Requirements Analysis

Siehe *Anforderungsanalyse.*

S

Schnittstelle

Siehe *Application Programmer's Interface.*

Server

Ein System, das für eine Anzahl von *Clients* Dienste zentral anbietet. Typische Server-Dienste sind Dateiablage, Druckauftragsverwaltung, Bereitstellung von Webseiten, Authentifizierung oder integrierte Anwendungen (siehe *Application Server).*

Shared Source

Verschiedene Lizenzmodelle, die von Microsoft für die Offenlegung des *Quellcode* von beispielsweise dem elementaren Common Language Infrastructure (CLI)-Baustein von .Net angewendet werden. Microsoft bietet vielfältige Lizenzbedingungen für verschiedene Kundenkreise (bspw. Regierungen, Universitäten oder

Großgeschäftskunden) an. Die verschiedenen *Lizenzen* unterscheiden dabei nach der Gestattung von Einsicht, Fehlerbehebung, Modifikation, Weitervertrieb und Kommerzialisierung.

Shareware

Software, deren Vertrieb und Weitergabe ohne Einschränkungen gestattet ist, die jedoch die Entrichtung einer Lizenzgebühr auf freiwilliger Basis erwartet.

Software-Bündel

Eine Sammlung von Software, die als untrennbares Ganzes vertrieben wird.

Software-Komponente

Ein Software-Baustein, zu dem neben der ausführbaren Version in *Binärcode* noch die Spezifikation seiner Schnittstelle *(API)* gehört.

Software-Komponente, Black-Box

Eine Software-Komponente, deren innere Funktionsweise nicht einsehbar oder modifizierbar ist. Vgl. Kapitel 4.4.1.1.

Software-Komponente, Commercial Off-The-Shelf

Eine möglichst vielfältig einsetzbare, stabile und mehrfach getestete Software-Komponente, die kommerziell vertrieben wird. Vgl. Kapitel 4.1 und 4.2.

Software-Komponente, White-Box

Eine Software-Komponente, deren innere Funktionsweise einsehbar und modifizierbar ist. Vgl. Kapitel 4.4.1.1.

Software-Modell

Eine höhere – von der Rechenmaschine weiter entfernte – Abstraktion als der *Binärcode,* das formal als *Quellcode* oder in Modellierungssprachen wie *UML* ausgedrückt werden kann oder informell als bloßes gedankliches Modell existiert. Software-Modelle werden, wie jede Art von Modell, benötigt, um Aussagen über komplexe Systeme treffen zu können, ohne für die Aussage irrelevante Details beachten zu müssen.

Software-Patent

Siehe *Patent.* Vgl. Kapitel 6.2.1.

Source Code
Siehe *Quellcode.*

Source Forge
Ein großes Web-Portal, das OSS Entwicklern kostenlose Dienste (Versionsverwaltung, Projekt-Homepage) anbietet und damit auch eine sehr große Sammlung von OSS im Internet darstellt.

Support
Unterstützungsdienstleistungen bei der Auswahl, Installation, Wartung und Pflege von Systemen.

System Design
Siehe *System-Entwurf.*

System-Entwurf
Methodische Beschreibung und Modellierung der Lösungsdomäne eines Software-Systems. Diese Aktivität der Software-Entwicklung hat zum Ziel, die vollständige, korrekte und konsistente Übersicht eines zu erstellenden Systems zu liefern. Der Begriff wird auch für das Produkt der Aktivität verwendet.

T

TCG
Siehe *Trusted Computing Group.*

TCO
Siehe *Total Cost of Ownership.*

Total Cost of Ownership
Gesamtkostenbetrachtung, die vor allem im Zusammenhang mit Software bzw. Systemen aus Software und Hardware herangezogen wird. Umfasst neben den Lizenzgebühren bzw. Anschaffungskosten auch Kosten für Installation, Wartung, Schulung und Verwaltung. Zudem können indirekte Kosten für (u.a.) Lernen am Arbeitsplatz und Ausfallzeiten einbezogen werden. Vgl. Kapitel 5.3.2.

TPM
Siehe *Trusted Platform Module.*

Transaktionskosten

Fallen im Rahmen von Transaktionen (Kauf, Lizenzierung etc.) an. Sie können unterteilt werden in Kosten der Anbahnung, Vereinbarung, Abwicklung, Kontrolle und Anpassung der Transaktion.

Trusted Computing Group

Eine Industrienormungsorganisation verschiedener Hersteller, die offene Industriestandards für sichere Hard- und Software-Komponenten entwickelt.

Trusted Platform Module

Spezifikation der *Trusted Computing Group* für einen speziellen integrierten Schaltkreis, der Algorithmen für Verschlüsselung, Sicherheitsprotokolle und Schlüsselverwaltung bereitstellt. Dieser soll in eine Reihe von digitalen Endgeräten (PCs, PDAs, Handys) zum Einsatz kommen.

U

UML

Siehe *Unified Modeling Language.*

Unified Modeling Language

Eine grafische, formale Modellierungssprache, die zwölf Diagrammtypen in drei Kategorien kennt: Struktur, Verhalten und Modellverwaltung. Sie dient zur Visualisierung, Spezifikation, Konstruktion und Dokumentation der Artefakte eines Software-intensiven Systems. Verschiedene Vorläufer der UML, die sich im objektorientierten Entwurf etablierten, wurden zum Zwecke der Vereinfachung und Austauschbarkeit zusammengeführt.

UNIX

Name (eingetragenes Warenzeichen der Open Group) eines Mehrbenutzer-*Betriebssystems,* das seit den 70er Jahren in vielen Variationen und von diversen Herstellern „UNIX-artiger“ Betriebssysteme entwickelt wird. Gekennzeichnet werden Betriebssysteme anhand der Einhaltung einer Reihe von Standards, u.a. der Familie der IEEE POSIX (Portable Operating System Interface) Standards, die ein einheitliches *API* für Betriebssystemoperationen darstellen.

X

XML

Siehe *eXtensible Markup Language.*

Literatur

Achtenhagen, L., Müller, J. und Knyphausen-Aufsess, D. z. (2003). "Das Open Source-Dilemma: Open Source-Software-Entwicklung zwischen organisatorischer Optimierung und notwendiger Kommerzialisierung." *Zeitschrift für betriebswirtschaftliche Forschung* (8): 455-481.

Akerlof, G. A. (1970). "The market for lemons: Quality uncertainty and the market mechanism." *Quarterly J. Econ.* 89: 488-500.

Allison, J. R. und Tiller, E. H. (2003). "Statistical analysis of internet business method patents." In: *Intellectual property in the knowledge-based economy*. Hrsg.: W. M. Cohen. Washington, D.C., National Academies Press.

Andersen, B., David, P. A., Davis, L. N., Dosi, G., Encaoua, D., Foray, D., Gambardella, A., Geuna, A., Hall, B. H., Harhoff, D., Lundvall, B.-Å., Holmes, P., Soete, L. und Steinmueller, W. E. (2003). "An open letter to the European parliament concerning the proposed directive on the patentability of computer-implemented inventions." http://www.researchineurope.org/policy/patentdirltr.htm.

Anderson, R. (2002). "Security in open versus closed systems - The dance of Boltzmann, Coase and Moore." *http://www.ftp.cl.cam.ac.uk/ftp/users/rja14/toulouse.pdf*.

Arbaugh, B. (2002). "Improving the TCPA specification." *http://www.computer.org/computer/homepage/0802/Security/*.

Arbeitsgruppe (2003). "Allianz von 2.000.000 KMU gegen Softwarepatente und EU-Richtlinie." http://swpat.ffii.org/papiere/eubsa-swpat0202/ceapme0309/index.de.html.

Asay, M. (2002). "A funny thing happened on the way to the market: Linux, the general public license, and a new model for software innovation." Stanford Law School. Stanford CA.

Ashenfelter, J. P. (2000). "Your SQL database might just be MySQL." *O'Reilly Network, http://www.oreillynet.com/pub/a/network/2000/06/16/magazine/mysql.html*.

Baake, P. und Wichmann, T. (2003). "Open Source Software, Competition and Potential Entry." Working Paper, IFO-Institut und Berlecon Research.

Bank, D. (2003). "Open source database poses threat to Oracle." *Wall Street Journal.* http://webreprints.djreprints.com/785490482991.html.

Barney, J. (1991). "Firm resources and sustained competitive advantage." *Journal of Management* 17 (1): 99-120.

Bauer, F. L. (2000). *Entzifferte Geheimnisse. Methoden und Maximen der Kryptologie*. Berlin Heidelberg New York: Springer-Verlag.

Baumol, W., Panzar, J. und Willig, R. (1982). *Contestable markets and the theory of industry structure*. New York: Harcourt Brace Jovanovich.

Beale, J. (2003). "Trusted Linux?" http://infosecuritymag.techtarget.com/2003/apr/linuxguru.shtml.

Bechtold, S. (2002). *Vom Urheber- zum Informationsrecht - Implikationen des Digital Rights Management*. München: Beck.

Beck, K. (2000). *Extreme Programming - Das Manifest*. Melrose, MA: Addison-Wesley.

Beck, K. und Fowler, M. (2001). *Extreme Programming - planen*. Boston, MA: Addison-Wesley.

Behlendorf, B. (1999). "Open source as a business strategy." In: *Opensources: Voices from the open source revolution*. Hrsg.: C. Dibona, S. Ockman und M. Stone. Sebastopol u.a., O´Reilly: 149-170.

Beschwerdekammern des Europäischen Patentamts (2001). "Entscheidung vom 12. Dezember 2001, Beschwerde-Aktenzeichen T 0379/99 - 3.5.2." http://legal.european-patent-office.org/dg3/pdf/t990379du1.pdf.

Bessen, J. und Hunt, R. (2003). "An Empirical Look at Software Patents." Federal Reserve Bank of Philadelphia, Working Paper 03-17. http://www.researchoninnovation.org/swpat.pdf.

Bessen, J. und Maskin, E. (2000). "Sequential innovation, patents, and imitation." Sloan School, Massachusetts Institute of Technology. Cambridge.

Birrer, E. T. (1993). "Frameworks in the financial engineering domain: An experience report." *ECOOP'93 Proceedings. Lecture Notes in Computer Science* No. 707.

Blind, K., Edler, J. und Friedewald, M. (2002). "Geistige Eigentumsrechte in der Informationsgesellschaft." Gutachten im Auftrag des Bundesministeriums für Wirtschaft und Arbeit (BMWA), Projekt 31-02. www.bmwi.de/Redaktion/Inhalte/Downloads/br-geistigeeigentumsrechte-in-der-informationsgesellschaft-lang-de,property =pdf.pdf.

Blind, K., J. Edler, Nack, R. und Straus, J. (2003). *Software-Patente - Eine empirische Analyse aus ökonomischer und juristischer Perspektive*. Heidelberg: Physica-Springer.

Boehm, B. (1987). "A spiral model of software development and enhancement." *Software Engineering Project Management*: 128-142.

Bozman, J., Gillen, A., Kolodgy, C., Kusnetzky, D., Perry, R. und Shiang, D. (2002). "Windows 2000 vs Linux für Unternehmensanwendungen." *http://www.microsoft.com/germany/library/resourcesmod/win2000_vs_linux.pdf.*

Bresnahan, T. F. (1998). "Computing." In: *U.S. industry in 2000 - Studies in competitive performance*. Hrsg.: D. C. Mowery. Washington, D.C., National Academy Press: 215-244.

Bresnahan, T. F. und Malerba, F. (1999). "Industrial dynamics and the evolution of firms' and nations' competitive capabilities in the world computer industry." In: *Sources of industrial leadership*. Hrsg.: D. C. Mowery und R. R. Nelson. Cambridge MA, Cambridge University Press: 79-132.

Bresnahan, T. F. und Trajtenberg, M. (1995). "General purpose technologies - Engines of growth?" *Journal of Econometrics, Special Issue* 65: 83-108.

Brooks, F. P., Jr. (1995). *The mythical man-month: Essays on software engineering*. Reading, MA: Addison-Wesley.

Bruegge, B. und Dutoit, A. H. (2003). *Object-oriented software engineering: Using UML, patterns and Java, 2nd ed.* Upper Saddle River, NJ: Prentice Hall.

Buchmann, J. (1999). *Einführung in die Kryptographie*. Berlin Heidelberg New York: Springer-Verlag.

Carpenter, K. (2001). "Opening new doors - Sun Microsystems and CollabNet make NetBeans platform an open source success." *http://www.softwarebusinessonline.com/articles/aug01-2.htm*.

CCIA (2003). "Microsoft monopoly represents national security risk, say internet security experts." *www.ccianet.org/press/03/0924.pdf*.

Chai, W. (2003). "Asian Linux: Some keen, others cool." *CNET Asia, http://asia.cnet.com/newstech/systems/0,39001153,39142308,00.htm*.

Charles Babbage Institute (2003). "Applied Data Research Software Products Division, records 1959-1987." http://www.cbi.umn.edu/collections/inv/cbi00154.html#lgl.

Cockburn, A. und Highsmith, J. (2001). "Agile software development: The people factor." *IEEE Computer* 34 (11): 131-133.

Computer Security Institute (2003). "Eighth annual CSI/FBI computer crime and security survey 2003." *http://www.security.fsu.edu/docs/FBI2003.pdf*.

Connolly, P. J. (2001). "U.S. government moves to secure Linux; Will NSA's efforts shape the future of security?" *http://archive.infoworld.com/articles/op/xml/01/02/05/010205opswatch.xml*.

Council of the European Union (2000). "eEurope 2000 - An information society for all." http://www.smebg.net/Conference/0000D72B-80000001/0000AAB9-00858452.-1/actionplan_en.pdf.

Cox, A. (2003). "Trusted computing and open source." *http://www.netproject.com/presentations/TCPA/alan_cox.pdf*.

Creighton, O., Dutoit, A. H. und Bruegge, B. (2003). *Supporting an Explicit Organizational Model in Global Software Engineering Projects*. International Workshop on Global Software Development, International Conference on Software Engineering, Portland, Oregon, USA.

Csikszentmihalyi, M. (1975). *Beyond boredom and anxiety - The experience of play in work and games*. San Francisco, CA: Jossey-Bass.

c't aktuell (2004). "SCO vs. Linux: Die unendliche Geschichte." http://www.heise.de/ct/aktuell/meldung/44492.

Dankwardt, K. (2002). "Are non-GPL loadable Linux drivers really not a problem?" *http://www.linuxdevices.com/articles/AT5041108431.html*.

David, P. A., Hall, B. H., Kahin, B. und Steinmueller, W. E. (2003). "A Critique of the Rapporteur's explanatory statement accompanying the JURI report to the European parliament on the proposed directive on the patentability of computer-implemented inventions." http://www.researchineurope.org/policy/critique.pdf.

Demsetz, H. (1968). "Why regulate utilities?" *Journal of Law and Economics* Vol. 11: 55-65.

Dickerson, C. (2003). "Open source for a song." *http://www.infoworld.com/article/03/08/15/32OPconnection_1.html*.

Diffie, W. und Hellman, M. E. (1976). "New directions in cryptography." *IEEE Transactions on Information Theory* 22 (6): 644-654.

Dvorak, J. C. (2004). "IBM's Blue Linux on the Desktop." *PC Magazine, http://www.pcmag.com/article2/0,4149,1460599,00.asp*.

Encaoua, D., Guellec, D. und Martinez, C. (2003). *The economics of patents: from natural rights to policy instruments*. Konferenz European Policy for Intellectual Property, München.

Evans, D. S. (2002). "Politics and programming: Government preferences for promoting open source software." In: *Government Policy toward Open Source Software.* Hrsg.: R. W. Hahn. Washington, D.C, AEI-Brookings Joint Center for Regulatory Studies: 34-49.

Evans, D. S. und Reddy, B. (2002). "Government preferences for promoting open-source software: A solution in search of a problem." National Economic Research Associates. Cambridge, Mass.

Federal Trade Commission (2003). "To Promote Innovation: The Proper Balance of Competition and Patent Law and PolicyTo Promote Innovation: The Proper Balance of Competition and Patent Law and Policy." Federal Trade Commission. Washington, D.C. http://www.ftc.gov/os/2003/10/innovationrpt.pdf.

ffii.org (2003). "Software patents in action." Workgroup swpatag@ffii.org. http://swpat.ffii.org/patents/effects/effects.en.pdf.

Fiedler, M. (2002). "Rahmenbedingungen der Offenheit wirtschaftender Akteure." Institut für Information, Organisation und Management, Ludwig-Maximilians-Universität München.

Fiedler, M. (2004). *Expertise und Offenheit*. Tübingen: Mohr.

Fielding, R. T. (1999). "Shared leadership in the Apache project." *Communications of the ACM* 42 (4): 42-43.

Financial Times Deutschland (2003). "EU-Parlament schränkt Richtlinie für Software-Patente ein." *http://www.ftd.de/tm/it/1064412772260.html?nv=rs*.

Fink, M. (2003). *The business and economics of Linux and open source*. Upper Saddle River, NJ: Pearson.

First Monday (1998). "FM interview with Linus Torvalds: What motivates Free Software developers?" *First Monday, http://firstmonday.org/issues/issue3_3/torvalds/index.html* 3 (3).

Fisher, M. A. (2002). "The business model behind OSS and Linux - Success in private industry and government." *http://www.opengroup.org/public/member/q402/proceedings/plenary-monday/fisher.pdf*.

Fiutak, M. (2003). "Intel investiert Millionensumme in Jabber." *http://www.zdnet.de/news/business/0,39023142,2132477,00.htm*.

Flamm, K. (1987). *Creating the computer*. Washington D.C.: Brookings Institution.

Fogel, K. und Bar, M. (1999). *Open source development with CVS.* Scottsdale, AZ: CoriolisOpen Press.

Forrest, H. (2003). "Europe: open market ... open source?" *Duke Law and Technology Review, http://www.law.duke.edu/journals/dltr/articles/2003dltr0028.html* (28).

Fowler, M. (2002). "The new methodology." http://www.martinfowler.com/articles/newMethodology.html.

Fowler, M., Beck, K., Brant, J., Opdyke, W. und Roberts, D. (1999). *Refactoring. Improving the design of existing code*. Melrose, MA: Addison-Wesley Professional.

Franck, E. (2002). "Open Source aus ökonomischer Sicht. Zu den institutionellen Rahmenbedingungen einer spender-kompatiblen Rentensuche." *Wirtschaftsinformatik (WI)* 45: 527-532.

Franck, E. und Jungwirth, C. (2003). "Die Governance von Open-Source-Projekten." *Zeitschrift für Betriebswirtschaft* (Ergänzungsheft 5): 1-22.

Franck, E. und Jungwirth, C. (2003). "Reconciling investors and donators – The governance structure of open source." *Journal of Management and Governance* 7: 401-421.

Franke, N. und von Hippel, E. (2003). "Satisfying heterogeneous user needs via innovation toolkits: The case of Apache security software." *Research Policy* 32 (7): 1199-1215.

Free Software Foundation (2003). "Selling free software." http://www.fsf.org/philosophy/selling.html.

Freiberger, P. und Swaine, M. (1984). *Fire in the valley - The making of the Personal Computer*. Berkeley, CA: Osborne/McGraw-Hill.

Friedewald, M., Blind, K. und Edler, J. (2002). "Die Innovationstätigkeit der deutschen Softwareindustrie." *Wirtschaftsinformatik* 44 (2): 151-161.

Gamma, E., Helm, Ŕ., Johnson, R. und Vlissides, J. (1994). *Design patterns: Elements of reusable object-oriented software.* Reading, MA: Addison-Wesley.

Garfinkel, S., Spafford, G. und Schwartz, A. (2003). *Practical Unix & internet security*. Sebastopol: O´Reilly&Associates.

Gasser, L., Scacchi, W., Penne, B. und Ripoche, G. (2003). "Understanding continuous design in F/OSS projects." http://www.isr.uci.edu/events/ContinuousDesign/UCI/data/gasser-icssea-cont-design.pdf.

Geer, D., Pfleeger, C. P., Schneier, B., Quarterman, J. S., Metzger, P., Bace, R. und Gutmann, P. (2003). "CyberInsecurity: The cost of monopoly." http://www.ccianet.org/papers/cyberinsecurity.pdf.

Gerwinski, P. und Richardt, M. (2002). "Patentschutz oder Urheberrecht?" *VDI-Nachrichten* 02.10.2002: http://www.vdi-nachrichten.com/vdi_nachrichten/aktuelle_ausgabe/akt_ausg_detail.asp?source=volltextsuche&cat=1&ID=9846.

GFK/IESE/ISI (2000). *Analyse und Evaluation der Softwareentwicklung in Deutschland - eine Studie für das Bundesministerium für Bildung und Forschung*: GfK Marktforschung GmbH, Fraunhofer-Institut für Experimentelles Software Engineering IESE, Fraunhofer-Institut für Systemtechnik und Innovationsforschung ISI.

Ghosh, R. A. (2003). "Licence fees and GDP per capita: The case for open source in developing countries." *First Monady, http://www.firstmonday.org* 8 (12).

Glass, R. L. (2002). *Facts and Fallacies of Software Engineering*: Addison-Wesley.

GnuPG (2003). "Sicherheit für Ihre E-Mails nach einem einheitlichen Standard - GNU Privacy Guard Projekt." http://www.gnupg.de.

Goetz, T. (2003). "Open source everywhere." *Wired* (November): 158-162.

Günterberg, B. und Wolter, H.-J. (2000). *Unternehmensgrößenstatistik 2001/2002 - Daten und Fakten. IfM-Materialie Nr. 157*. Bonn: Institut für Mittelstandsforschung.

Hahn, R. W. und Wallsten, S. (2003). "Review of Bessen and Hunt's Analysis of Software Patent." American Enterprise Institute. http://www.researchineurope.org/policy/hahn_wallsten.pdf.

Hall, B. H. (2003a). "Business Method Patents, Innovation and Policy." Department of Economics, University of California at Berkeley. http://emlab.berkeley.edu/users/bhhall/papers/BHH%20on%20BMP%20May03WP.pdf.

Hall, B. H. und Ziedonis, R. H. (2001). "The Patent Paradox Revisited: An Empirical Study of Patenting in the U.S. Semiconductor Industry, 1979-1995." *Rand J. of Economics* 32: 101-128.

Hall, M. (2003b). "Sidebar: Vendors make MySQL deals." *http://www.computerworld.com/databasetopics/data/software/story/0,10801,85902,00.html*.

Hamel, G., Doz, Y. L. und Prahalad, C. K. (1989). "Collaborate with your competitors - and win." *Harvard Business Review* 67 (1): 133-139.

Hamerly, J., Paquin, T. und Walton, S. (1999). "Freeing the source: The story of Mozilla." In: *Opensources: Voices from the open source revolution*. Hrsg.: C. DiBona, S. Ockman und M. Stone. Sebastopol u.a., O'Reilly: 197-206.

Hann, I.-H., Roberts, J., Slaughter, S. und Fielding, R. (2002a). "Delayed returns to open source participation: an empirical analysis of the Apache http server project." *http://www.idei.asso.fr/Commun/Conferences/Internet/OSS2002/Papiers/Hann.PDF*.

Hann, I.-H., Roberts, J., Slaughter, S. und Fielding, R. (2002b). "Why do developers contribute to open source projects? First evidence of economic incentives." Carnegie Mellon University. Pittsburgh PA.

Harhoff, D., Henkel, J. und von Hippel, E. (2003). "Profiting from voluntary information spillovers: How users benefit by freely revealing their innovations." *Research Policy* 32: 1753-1769.

Hars, A. und Ou, S. (2002). "Working for free? Motivations for participating in open-source projects." *International Journal of Electronic Commerce* 6 (3): 25-39.

Hashagen, U., Keil-Slawik, R. und Norberg, A. (2002). *History of computing - Software issues*. Berlin, Heidelberg, New York: Springer.

Haugh, E. und Bishop, M. (2003). "Testing C programs for buffer overflow vulnerabilities." University of California at Davis. Davis, USA. http://seclab.cs.ucdavis.edu/papers/HaughBishopNDSS2003.pdf.

Hecker, F. (1999). "Setting up shop: The business of open-source software." *IEEE Software* 16 (1): 45-51.

Henkel, J. (2003a). "Open-Source-Aktivitäten von Unternehmen - Innovation in kollektiven Prozessen." Habilitationsschrift, Ludwig-Maximilians-Universität München.

Henkel, J. (2003b). "Software development in embedded Linux - Informal collaboration of competing firms." In: *Proceedings of the 6th International Conference on Business Informatics*. Hrsg.: W. Uhr, W. Esswein und E. Schoop. Heidelberg, Physica: 81-99.

Henkel, J. (2004). "Open source software from commercial firms - Tools, complements, and collective invention." *Zeitschrift für Betriebswirtschaft* zur Publikation angenommen.

Hertel, G., Niedner, S. und Herrmann, S. (2002). "Motivation of software developers in open source projects: An internet-based survey of contributors to the Linux kernel." *Research Policy*, zur Publikation angenommen.

Highsmith, J. und Cockburn, A. (2001). "Agile software development: The business of innovation." *IEEE Computer* 34 (9): 120-122.

Hippel, E. v. und Lakhani, K. (2001). "How open source software works: "free" user-to-user assistance?" *http://ebusiness.mit.edu/research/papers.html*.

Hissam, S., Weinstock, C. B., Plakosh, D. und Asundi, J. (2001). "Perspectives on open source software." Software Engineering Institute, Carnegie Mellon University. Pittsburgh PA.

Hoch, D. J., Roeding, C. R. und Purkert, G. (2000). *Secrets of software success*. Cambridge, MA: Harvard Business School Press.

Hofmann, J. (2002). "Free software, big business? Open Source-Programme erobern Wirtschaft und öffentlichen Sektor."

http://www.dbresearch.de/PROD/999/PROD0000000000047532.pdf.

International Institute of Infonomics und University of Maastricht, T. N., Berlecon Research GmbH (2002). "Floss final report." *http://www.infonomics.nl/FLOSS/report/index.htm*.

Jacobson, I., Booch, G. und Rumbaugh, J. (1999). *The unified software development process*. Reading, MA: Addison-Wesley.

Jaeger, T. und Metzger, A. (2002). *Open Source Software - Rechtliche Rahmenbedingungen der Freien Software*. München: Beck.

Janis, D. (2002). "Patent Abolitionism." *Berkeley Technology Law Journal* 17: http://www.law.berkeley.edu/journals/btlj/articles/vol17/janis.pdf.

Johnson, L. J. (1998). "A view from the 1960s: How the software industry began." *IEEE Annals of the History of Computing* 20 (1): 36-42.

Kanellos, M. (2003). "U.K. looking to Linux with help from IBM." *http://news.com.com/2100-7344_3-5088481.html* (08.10.2003).

kde.org (2004a). "New project: Kool Desktop Environment (KDE)." *http://www.kde.org/documentation/posting.txt*.

kde.org (2004b). "What is KDE?" *http://www.kde.org/whatiskde/*.

Kiesewetter-Köbinger, S. (2001). "Über die Patentprüfung von Programmen für Datenverarbeitungsanlagen." *GRUR-int* 3: 185-192.

Knyphausen-Aufseß, D. z., Achtenhagen, L. und Müller-Lietzkow, J. (2003). "Die Open-Source-Softwareentwicklung als Best-Practice-Beispiel eines erfolgreichen Dienstleistungsnetzwerkes." In: *Dienstleistungsnetzwerke. Jahrbuch Dienstleistungsmanagement 2003.* Hrsg.: M. Bruhn und B. Strauss. Wiesbaden, Gabler: 613-639.

Kommission der europäischen Gemeinschaft (2000). "Die Patentierbarkeit Computer-implementierter Erfindungen." Brüssel. http://europa.eu.int/comm/internal_market/en/indprop/comp/softde.pdf.

Kommission der europäischen Gemeinschaft (2001). "Software patents – Commission launches consultations." Brüssel. http://europa.eu.int/comm/internal_market/en/indprop/comp/softpaten.htm.

Kommission der europäischen Gemeinschaft (2002a). "Proposal for a directive on the patentability of computer-implemented inventions - frequently asked questions." Brüssel. http://europa.eu.int/comm/internal_market/en/indprop/comp/02-32.htm.

Kommission der europäischen Gemeinschaft (2002b). "Vorschlag für eine Richtlinie des europäischen Parlaments und des Rates über die Patentierbarkeit computerimplementierter Erfindungen." Brüssel.

http://europa.eu.int/comm/internal_market/en/indprop/comp/com02-92de.pdf.

Kooths, S., Langenfurth, M. und Kalwey, N. (2003). "Open-Source Software: Eine volkswirtschaftliche Bewertung." Münster Institute for Computational Economics. Münster.

Krempl, S. (2002). "Tux wird im Bundestag zum Hinterbänkler." *http://www.heise.de/newsticker/data/odi-28.02.02-000/*.

Krishnamurthy, S. (2002). "Cave or community?: An empirical examination of 100 mature open source projects." *First Monday* 7 (6): http://firstmonday.orgissues/issue7_6krishnamurthy/index.html.

Kuan, J. (2000). "Open source software as consumer integration into production." University of California at Berkeley. http://opensource.mit.edu/online_papers.php.

Kuhn, T. (2003). "Brandgefährlich." *Wirtschaftswoche* (32): 50-51.

Lakhani, K. R., Wolf, B. und Bates, J. (2002). "The Boston Consulting Group hacker survey." *http://www.osdn.com/bcg/BCGHACKERSURVEY.pdf*.

Lanfear, C. und Balacco, S. (2002). "Linux's future in the embedded systems market." Venture Development Corporation. http://www.linuxdevices.com/articles/AT6328992055.html.

Lehrbaum, R. (2002). "Linux, Windows neck-and-neck in embedded." *http://www.linuxdevices.com/articles/AT7342059167.html*.

Lessig, L. (2001). *The future of ideas: The fate of the commons in a connected world*. New York, NY: Random House.

Levy, S. (1984). *Hackers - Heroes of the computer revolution*. Garden City, NY: Anchor Press/Doubleday.

Lombardo, J. (2001). *Embedded Linux*. Boston: New Riders.

Lucent Technologies (2002a). "From Multics to something else." http://www.bell-labs.com/history/unix/somethingelse.html.

Lucent Technologies (2002b). "The UNIX system begins to take shape." www.bell-labs.com/history/unix/takeshape.html.

Lyons, D. (2003). "Linux's hit men." *http://www.forbes.com/2003/10/14/cz_dl_1014linksys.html*.

MacDonald, R., Smith, S., Marchesini, J. und Wild, O. (2003). "Bear: An open-source virtual secure coprocessor
based on TCPA." *http://www.cs.dartmouth.edu/~sws/papers/msmw03.pdf*.

Maurer, O. (2002). *Total cost of ownership - Eine Annäherung aus lebenszyklusorientierter Sichtweise am Beispiel des Department für Betriebswirtschaft*. München.

McMillan, R. (2002). "Will Big Blue eclipse the Java tools market." *http://www.javaworld.com/javaworld/jw-02-2002/jw-0222-eclipse.html*.

McMillan, R. (2003). "Microsoft's power play will trusted computing mean the end the PC as we know it?" *http://www.linux-mag.com/cgi-bin/printer.pl?issue=2003-01&article=palladium*.

McMillan, R. (2003). "LinuxWorld: IBM, SuSE release secure Linux." *Bio IT World, http://www.bio-itworld.com/news/080603_report 3031.html*.

Mears, J. (2003). "IBM, SuSE secure Linux with Fed certification." *NetworkWorld Fusion, http://www.nwfusion.com/news/ 2003/0811suse.html*.

Mertens, P., Bodendorf, F., König, W., Picot, A., Schumann, M. und Hess, T. (2004). *Grundzüge der Wirtschaftsinformatik*. Berlin: Springer.

Microsoft.com (2003). "Shared source licensing programs." *www.microsoft.com/resources/sharedsource/Licensing/default.mspx*.

Moody, G. (2001). *Rebel code - Inside Linux and the open source revolution*. Cambridge, MA: Perseus Publishing.

Moon, J. Y. (2000). "Essence of distributed work: The case of the Linux kernel." *First Monday* 5 (11): http://www.firstmonday.dk/issues/issue5_11/moon/.

Moore, C. (2003). "XMPP vs SIMPLE: The race for messaging standards." *http://www.infoworld.com/article/03/05/23/21FExmpp_2.html*.

Mowery, D. C. (1999). "The computer software industry." In: *Sources of industrial leadership*. Hrsg.: D. C. Mowery und R. R. Nelson. Cambridge, MA: 133-168.

Müller, D. (2001). "Open Source sorgt für bessere Software." *http://www.zdnet.de/news/software/0,39023144,2056091,00.htm*.

Murphy, T. (2003). "Java integrated development environments - METAspectrumSM evaluation." *http://www.borland.com/features/pdf/java_ides_summary.pdf*.

Nack, R. (2003). "Getrennte Welten? - Die volkswirtschaftliche und die juristische Diskussion um Software-Patente." In: *Materielles Patentrecht, Festschrift für Reimar König*. Hrsg.: C. Ann, W. Anders, U. Dreiss, B. Jestaedt und D. Stauder. Köln, Carl Heymanns Verlag: 359-377.

netproject (2003). "The IDA open source migration guidelines." *http://europa.eu.int/ISPO/ida/export/files/en/1618.pdf*.

Nielsen, J. (1993). *Usability Engineering*. San Diego, USA: Academic Press.

Nordhaus, W. D. (1969). *Invention, growth, and welfare: A theoretical treatment of technological change*. Cambridge, MA: MIT Press.

o.V. (2001). "Sun, HP open code to developers." *http://www.itworld.com/AppDev/344/IDG010723hp_sun/pfindex.html*.

o.V. (2002a). "Bundeskartellamt migriert von Microsoft Windows auf Linux." *http://www.bundestux.de/themen/anwendungen/4438.html*.

o.V. (2002b). "Business instant messaging market." *http://www.siia.net/divisions/software/webcasts/3-28-02/default.asp*: 1-20.

o.V. (2002c). "Feindliche Software - Bundeswehr verbannt Microsoft-Programme." *www.spiegel.de/netzwelt/politik/0,1518,123170,00.html*.

o.V. (2002d). "Going hybrid." *Economist* *http://www.economist.com/printedition/displayStory.cfm?Story_ID=1251254*.

o.V. (2002e). "Monopolkommission steigt um." *http://www.bundestux.de/themen/Be/3656.html*.

o.V. (2002f). "MySQL - Company and market overview." *http://www.mysql.com/press/MySQL_backgrounder.pdf*.

o.V. (2002g). "Open source software - Use within UK Government." UK Cabinet Office. http://www.govtalk.gov.uk/documents/oss_policydocument_2002-07-15.pdf.

o.V. (2002h). "Peru: Gesetz soll Nutzung freier Software vorschreiben." *http://www.golem.de/0205/19653.html*.

o.V. (2002i). "Schily holt Linux auf Amts-Schreibtische." *http://www.ftd.de/tm/hs/1014399252374.html?nv=nl*.

o.V. (2003a). "Aus SAP DB wird MaxDB." *http://www.heise.de/newsticker/result.xhtml?url=/newsticker/data/hos-06.08.03-000/default.shtml&words=MySQL*.

o.V. (2003b). "Bayerische Vermessungsverwaltung auf Linux umgestellt." *http://www.heise.de/newsticker/data/ola-12.06.03-002/*.

o.V. (2003c). "blender3d.org :: Foundation :: History." *http://www.blender3d.com/Foundation/?sub=History*.

o.V. (2003d). "Businesses prepare for Linux, but is Linux prepared for business." *http://www.ccd.co.uk/files/ccdlinux.pdf*.

o.V. (2003e). "Eclipse und Sun nähern sich an." *http://www.heise.de/newsticker/result.xhtml?url=/newsticker/data/kav-04.09.03-000/default.shtml&words=Eclipse*.

o.V. (2003f). "Java IDE market share survey." *http://www.qa-systems.com/products/qstudioforjava/ide_marketshare.html*.

o.V. (2003g). "Lawmaker at center of open source software fray." *http://www.usatoday.com/tech/news/2002-10-24-open-source_x.htm*.

o.V. (2003h). "MySQL's Swedish accent." *http://www.redherring.com/article.aspx?f=Articles/2003%2f10%2f2aef56d2-fe22-4caa-b526-3dc5b0fc68c5%2f2aef56d2-fe22-4caa-b526-3dc5b0fc68c5.xml*.

o.V. (2003i). "November 2003 web server study." *http://news.netcraft.com/archives/web_server_survey.html*.

o.V. (2003j). "RDBMS Market still dominated by big three." *http://oracleadvisor.com/doc/09975*.

o.V. (2003k). "Schily: Bundesregierung entwickelt Migrationsleitfaden für Open-Source-Software." *http://www.bmi.bund.de/dokumente/Pressemitteilung/ix_92264.htm?printView=y*.

o.V. (2004). "Microsoft öffnet Quellcode - unter Druck." *newsBYTE 2.0, http://www.newsbyte.ch/Kartellverfahren.cfm*.

opensource.org (2003). "The open source definition." *http://www.opensource.org/docs/definition.php*.

Oracle (2003). "Oracle license and services agreement." http://www.wellcon.com/OLSA_V0214021.pdf.

Osterloh, M., Rota, S. und Kuster, B. (2002). "Die kommerzielle Nutzung von Open Source Software." *Zeitschrift für Organisation* 71 (4): 211-217.

Osterloh, M., Rota, S. und von Wartburg, M. (2001). "Open source - New rules in software development." Institute for Research in Business Administration. Uni Zürich. http://www.ifbf.unizh.ch/orga/downloads/OpenSourceAoM.pdf.

Pal, N. und Madanmohan, T. R. (2002). "Competing on open source: Strategies and practise." *http://opensource.mit.edu/online_papers.php*.

Payne, C. (2002). "On the security of open source software." *Information Systems Journal* 12 (1): 61-78.

Perens, B. (1999). "The open source definition." In: *Opensources: Voices from the open source revolution*. Hrsg.: C. DiBona, S. Ockman und M. Stone. Sebastopol u.a., O´Reilly: 171-188.

Picot, A. und Fiedler, M. (2002). "Institutionen und Wandel." *Die Betriebswirtschaft (DBW)* 3: 240-257.

Picot, A. und Fiedler, M. (2003). "Impacts of DRM on internet based innovation." In: *Digital Rights Management - Technological, economic, legal and political aspects*. Hrsg.: E. Becker, W. Buhse, D. Günnewig und N. Rump. Berlin, Springer: 288-300.

Picot, A. und Fiedler, M. (2004). "Ökonomische Implikationen von Digital-Rights-Management für Open-Source-Software." In: *Wem gehört die Information im 21. Jahrhundert?* Hrsg.: A. Büllesbach. Köln, Schmidt.

Picot, A. und Maier, M. (1992). "Analyse- und Gestaltungskonzepte für das Outsourcing." *Information Management* 4: 14-27.

Pilch, H. (2004). "FFII: Logikpatente in Europa." http://swpat.ffii.org/index.de.html.

Radin, M. J. (2004). "The decline of the public dimensions of property and contract in the digital world." *Journal of Institutional and Theoretical Economics* im Druck.

Raymond, E. S. (1998). "Homesteading the noosphere." *First Monday* 10 (3): http://www.firstmonday.dk/issues/issue3_10/raymond/index.html.

Raymond, E. S. (1999). *The cathedral and the bazaar: Musings on Linux and open source by an accidental revolutionary*. Sebastopol: O'Reilly.

Raymond, E. S. (2001). "How to ask questions the smart way." *http://www.catb.org/~esr/faqs/smart-questions.html*.

Reuters (2004). "HP: $2.5bn in Linux revenue in 2003." *http://www.itweb.co.za/sections/software/2004/0401150841.asp?A=COV&S=Cover*.

Reynolds, D. (2001). "IBM demonstrates faith in Linux." *vnunet.com, http://www.vnunet.com/News/1118735* (01.09.2001).

Rink, J. (2003). "Klappt - Das passende Notebook für den persönlichen Bedarf." *c't* 23: 122-126.

Ritchie, D. M. (1984). "The evolution of the UNIX time-sharing system." *AT&T Bell Laboratories Technical Journal* 63 (6): 1577-1593.

Rivest, R. L., Shamir, A. und Adelman, L. M. (1977). "A method for obtaining digital signatures and public-key cryptosystems." *Communications of the ACM* 21 (2): 120-126.

Rivlin, G. (2003). "Leader of the free world." *Wired* (11): 152-157; 206-208.

Robert Frances Group (2002). "Total cost of ownership for Linux in the enterprise." *http://www-1.ibm.com/linux/RFG-LinuxTCO-vFINAL-Jul2002.pdf*.

Rosenberg, D. K. (1999). "How to make money with open-source software." *http://www-106.ibm.com/developerworks/linux/library/license.html?dwzone=linux*.

Royse, W. W. (1970). "Managing the development of large software systems." In: *Tutorial: Software Engineering Project Manage-*

ment. Hrsg. Washington, DC, IEEE Computer Society: pp. 118-127.

Samuelson, P. und Scotchmer, S. (2001). "The law and economics of reverse engineering." *http://ist-socrates.berkeley.edu/~scotch/re.pdf.*

Sattler, H. (2003). "Appropriability of product innovations: An empirical analysis for Germany." *International Journal of Technology Management* 26 (5-6): 502-516.

Schmidt, K. M. und Schnitzer, M. (2002). "Public subsidies for open source? Some economic policy issues of the software market." *www.vwl.uni-muenchen.de/ls_schmidt/research/disc/pdf/opensource.pdf.*

Schmitz, P.-E. (2001a). "Study into the use of open source software in the public sector. Part 1: OSS fact sheet." *http://www.cri74.org/actualites/articles/2001/dossier/840.pdf.*

Schmitz, P.-E. (2001b). "Study into the use of open source software in the public sector. Part 2: Use of open source in Europe." *http://www.cri74.org/actualites/articles/2001/dossier/837.pdf.*

Schmitz, P.-E. und Castiaux, S. (2002). "Pooling open source software - An IDA feasibility study." UniSys / European Commission, DG Entreprise. http://europa.eu.int/ISPO/ida/export/files/en/1115.pdf.

Schmoch, U. (2003). "Patent Seach Strategies for Strategic Statistical Analysis." WIPO-OECD Workshop on Statistics in the Patent Field. Geneva, 18-19.09.2003.

Schrader, S. (1991). "Informal technology transfer between firms: Cooperation through information trading." *Research Policy* 20: 153-170.

Shankland, S. (2003). "Munich breaks with Windows for Linux." *http://news.com.com/2100-1016-1010740.html?tag=nl*.

Sieppmann, Jürgen (1999): Lizenz- und haftungsrechtliche Fragen bei der kommerziellen Nutzung Freier Software, in: JurPC Internetzeitschrift für Rechtsinformatik, Web-Dok. 163/1999.

Siering, P. (2003). "Die Zukunft von Windows." *c't* 24: 110-111.

Sietmann, R. (2001). "Der Kulturbruch könnte krasser nicht sein (Interview mit Dr. Swen Kiesewetter-Köbinger)." *c't* 17: 48.

Singer, M. (2003). "Jabber builds case for IM standards." *http://www.internetnews.com/xSP/article.php/3092791*.

Sleepycat-Software (2004). "Open source license." Lincoln. http://www.sleepycat.com/download/oslicense.html.

Software History Center (2004). http://www.softwarehistory.org/.

Spindler, G. (2003). "Rechtsfragen der Open Source Software." Studie im Auftrag des Verbandes der Softwareindustrie Deutschlands e.V. (VSI). http://www.vsi.de/inhalte/aktuell/studie_final_safe.pdf

Stallman, R. (2002). "Can you trust your computer." *http://www.newsforge.com/print.pl?sid=02/10/21/1449250*.

Stanco, T. (2003). "Transitioning an industry to open source software: O-STEP." *http://www.egovos.org/ostep.html*.

Statistisches Bundesamt (1999). "Klassifikation der Wirtschaftszweige, Ausgabe 1993 (WZ93)." http://www.destatis.de/download/klassif/wz93int.pdf.

Steinmueller, W. E. (1996). "The U.S. software industry: An analysis and interpretative history." In: *The international computer software industry: A comparative study of industry evolution and structure*. Hrsg.: D. C. Mowery. New York: 215-244.

Stiglitz, J. E. (2000). *Economics of the public sector*. New York, London: W. W. Norton & Company.

Storkel, S. (2002). "An introduction to the Eclipse IDE." *http://www.onjava.com/pub/a/onjava/2002/12/11/eclipse.html*.

SuSE (2003). "Novell unterzeichnet Vereinbarung zur Übernahme von SUSE LINUX." *http://www.suse.de/cgi-bin/print_page_www.pl?NPSPath=/webredesign/htdocs/de/company/press/press_releases/archive03/novell_suse.html*.

Teece, D. J. (1986). "Profiting from technological innovation: Implications for integration, collaboration, licensing and public policy." *Research Policy* 15: 285-305.

Torvalds, L. (1991). "Free minix-like kernel sources for 386-AT." *http://www.linuxvalley.it/startgrid/linus1stemail.php*.

Torvalds, L. (2003). "Flame Linus to a crisp." *http://groups.google.de/groups?*

Torvalds, L. und Cox, A. (2003). "Letter to the European parliament." http://swpat.ffii.org/papers/eubsa-swpat0202/linus0309/ index.en.html.

Torvalds, L. und Diamond, D. (2001). *Just for fun - Wie ein Freak die Computerwelt revolutionierte*. München: Carl Hanser.

Trolltech (2003). "Qt: Free licensing." *http://www.trolltech.com/products/qt/freelicense.html*.

Tuomi, I. (2001). "Internet, innovation, and open source: Actors in the network." *First Monday* 6 (1): http://firstmonday.org/issues/issue6_1/tuomi/index.html.

Unilog Integrata (2003). "Projekt Client Studie der Landeshauptstadt München - Kurzfassung des Abschlussberichts inklusive Nachtrag." *http://www.muenchen.de/aktuell/clientstudie_kurz.pdf*.

Ünlü, V.; Hess, T. (2004) *The optimal level of technical copyright protection: A gametheoretic approach*. in: Working paper of the Institute of Information Systems and New Media at the Munich School of Management, Nr. 9/2003, Munich 2003.

Vaughan-Nichols, S. J. (2003). "The battle over the universal Java IDE." *Technology News*, *http://www.electronics.dit.ie/staff/pgent/ft281year2_cpp/notes/The%20Battle%20over%20the%20universal%20Java%20IDE.pdf* (04.2003): 21-23.

Vermuri, V. und Bertone, V. (2004). "Will the open source movement survive a litigious society?" *Electronic Markets* 14 (2): im Druck.

Villanueva, E. (2002). "Letter to general manager of Microsoft, Perú." *http://www.gnu.org.pe/resmseng.html*.

Villanueva Nunez, E. D. (2002). "Peruvian congressman's open letter to Microsoft." *http://sources.redhat.com/ecos/license-overview.html*.

von Hippel, E. (1988). *The sources of innovation*. New York: Oxford University Press.

Wheeler, D. A. (2002). "Why open source software / free software (OSS/FS)? Look at the numbers!" *http://www.dwheeler.com/oss_fs_why.html*.

Wiggins, D. (2003). "NET vs. Java: Competition or cooperation?" *http://www.gartnervoice.com/homepageApril2003/enetvJavaDW.pdf*.

x.org (2004). "X.Org homepage." *http://www.x.org*.

Young, R. (1999). "Given it away: How Red Hat software stumbled across a new economic model and helped improve an industry." In: *Opensources: Voices from the open source revolution*. Hrsg.: C. DiBona, S. Ockman und M. Stone. Sebastopol u.a., O´Reilly: 113-125.

Zawinski, J. (1999). "Resignation and postmortem." *http://www.jwz.org/gruntle/nomo.html*.

Zerdick, A., Picot, A., Schrape, K., Artope, A., Goldhammer, K., Heger, D. K., Lange, U. T., Vierkant, E., Lopez-Escobar, E. und Silverstone, R. (2001). *Die Internet-Ökonomie*. Berlin: Springer.

Anmerkungen

1 Vgl. Moody (2001), S. 206, Reynolds (2001) bzw. Kapitel 3.
2 Vgl. ftp://ftp.cordis.lu/pub/fp6/docs/wp/sp1/b_wp_200201_en.pdf.
3 Vgl. Krempl (2002).
4 Vgl. o.V. (2002i).
5 Vgl. o.V. (2002e).
6 Vgl. o.V. (2002a).
7 Vgl. o.V. (2003b).
8 Vgl. Shankland (2003).
9 Vgl. SuSE (2003).
10 Die Darstellung beschränkt sich auf die wichtigsten Entwicklungen. Sie orientiert sich an den Materialien des Software History Center (2004) sowie der detaillierten Diskussion der Entwicklung der Softwaretechnik in Hashagen, Keil-Slawik und Norberg (2002). Weitere Übersichtsdarstellungen werden von Mowery (1999), Flamm (1987) und Bresnahan (1998) präsentiert.
11 Floating point operations (Gleitkommazahloperationen) pro Sekunde.
12 Vgl. Appendix II in Hoch, Roeding und Purkert (2000) zum Verlauf der SAGE- und SABRE-Projekte.
13 Zur Weiterentwicklung wurde das Unternehmen System Development Corporation (SDC) im Jahr 1959 gegründet.
14 Vgl. Brooks (1995).
15 Vgl. Johnson (1998).
16 Der maßgebliche Forscher bei ADR und spätere President, Martin Goetz, beantragte und erhielt ein Patent „Sorting System" (1968 – US-Patent 3.380.029) sowie ein weiteres Patent „Automatic System for Constructing and Recording Display Charts" (1970 – US-Patent 3.533.086), mit denen das ADR-Produkt *AUTOFLOW* gegen Imitation durch IBM geschützt werden sollte. Unterlagen zur Geschichte des Unternehmens ADR sind vom Charles Babbage Institute (2003) archiviert worden.
17 Vgl. Steinmueller (1996) sowie Flamm (1987).
18 Vgl. Bresnahan und Malerba (1999), S. 106ff.
19 Vgl. Lucent Technologies (2002a). Siehe auch Ritchie (1984).
20 Vgl. Lucent Technologies (2002b).
21 SCO wirft IBM vor, Code, an dem SCO das Copyright hält, widerrechtlich in den Linux-Code integriert zu haben. Novell bestreitet jedoch, dass SCO Inhaber der betreffenden Rechte sei. Die Klage von SCO gegen IBM wird verkompliziert dadurch, dass SCO den fraglichen Linux-Code unter der

Firmenbezeichnung „Caldera" selbst als Distributor unter der GPL vertrieben hat. Weiterführende Informationen zu diesem Fall finden sich bei c't aktuell (2004).

22 Vgl. dazu auch Henkel (2003a), S. 61ff; Fiedler (2004), S. 93ff.

23 Vgl. Freiberger und Swaine (1984).

24 An dieser Stelle müssen wichtige andere Segmente der Computertechnologie im weiteren Sinne vernachlässigt werden, z.B. die Entwicklung von speicherprogrammierbaren Steuerungen von Maschinen und Anlagen (SPS), spezialisierte Rechner für die Steuerung von Werkzeugmaschinen, die Entwicklung leistungsfähiger Einzelplatzrechner für den Einsatz im Computer Aided Design (CAD) und v.a.m.

25 So richtete z.B. Apple kurz nach Einführung des Macintosh im Jahr 1984 ein Developers Program ein und bot Software-Entwicklern Entwicklungssoftware und Hardware zu stark vergünstigten Konditionen an.

26 Bill Gates richtete 1985 ein vertrauliches Memorandum an die verantwortlichen Manager bei Apple, in dem er dringend empfiehlt, die Apple-Hardware-Plattform zu lizenzieren (zitiert in Zerdick, Picot, Schrape, Artope, Goldhammer, Heger, Lange, Vierkant, Lopez-Escobar und Silverstone (2001), S. 121ff).

27 Die Lizenz selbst kann veräußert werden. Es gibt inzwischen einen schwunghaften Handel mit „second-hand software". Siehe als Beispiel www. zerocost. de/software-second-hand.htm.

28 Radin (2004) analysiert den rechtlichen Status von sogenannten „click-wrap"- und „shrink-wrap"-Kontrakten, die sich in den 90er Jahren herausgebildet haben.

29 Der Begriff wurde von Bresnahan und Trajtenberg (1995) geprägt.

30 Vgl. Statistisches Bundesamt (1999).

31 Genau genommen müssen die Berichtseinheiten der Umsatzsteuerstatistik nicht mit Unternehmenseinheiten zusammenfallen. Insbesondere werden die Unternehmen innerhalb von Konzernen unter der Organschaft erfasst, die für sie die Umsatzsteuermeldung übernimmt.

32 Die hier vorgelegten Auswertungen stammen aus einer Sonderauswertung der am Zentrum für Europäische Wirtschaftsforschung (ZEW) geführten Paneldaten des VVC.

33 Vgl. Günterberg und Wolter (2000).

34 Vgl. GFK/IESE/ISI (2000), Abschnitt 2.3.2.

35 Vgl. GFK/IESE/ISI (2000), S. 52ff. Diese Schätzungen decken sich sehr gut mit den Verteilungen in Tabelle 2.2. Vgl. auch Friedewald, Blind und Edler (2002).

36 Vgl. GFK/IESE/ISI (2000), S. 53.

37 Vgl. GFK/IESE/ISI (2000), S. 60.

38 Vgl. GFK/IESE/ISI (2000), S. 66.

39 Vgl. GFK/IESE/ISI (2000), S. 65.

40 Vgl. GFK/IESE/ISI (2000), S. 67.

41 Vgl. GFK/IESE/ISI (2000), S. 71.

42 Vgl. GFK/IESE/ISI (2000), S. 72.
43 Vgl. GFK/IESE/ISI (2000), S. 86.
44 Für Punkt 10 ist bisher keine offizielle deutsche Übersetzung angegeben, deshalb ist sie hier von den Autoren übersetzt worden.
45 Vgl. Raymond (1999).
46 Vgl. Krishnamurthy (2002).
47 Vgl. zu einer Übersicht dieser anerkannten Lizenzen: http://www.opensource.org/licenses/index.php.
48 Vgl. zu weiteren Ausführungen bezüglich der rechtlichen Rahmenbedingungen von OSS Jaeger und Metzger (2002).
49 Stichtag: 04.11.2003, 45525 Projekte waren auf SourceForge.net mit OSS-Lizenz eingestellt.
50 Vgl. zu der Geschichte der GNU GPL http://www.gnu.org/press/2001-05-04-GPL.html.
51 GNU ist die rekursive Abkürzung für „GNU's not Unix". Torvalds erklärt die Rekursivität folgendermaßen (vgl. Torvalds und Diamond (2001), S.66): „Der Name GNU steht für „GNU is Not Unix", und gehört zu den vielen rekursiven Akronymen, bei denen einer der Buchstaben für das Akronym selbst steht – eine Art Insider Witz, den außer Informatikern kein Mensch versteht. Wir Geeks sind einfach eine unheimlich witzige Gesellschaft."
52 Vgl. zu einer ausführlichen Beschreibung dieser verschiedenen Software-Arten z.B. Mertens, Bodendorf, König, Picot, Schumann und Hess (2004).
53 Vgl. Moody (2001), S. 31ff. zum Zusammenwirken der beiden Projekte; Tuomi (2001); Achtenhagen, Müller und Knyphausen-Aufsess (2003).
54 Vgl. Lessig (2001), S. 279, FN 14.
55 Vgl. zur Entstehungsgeschichte die autobiografischen Ausführungen von Richard Stallman unter http://www.gnu.org/gnu/thegnuproject.de.html oder auch die Darstellung von Moon (2000).
56 Vgl. Levy (1984) zu einer Beschreibung dieser Kultur.
57 Um den Lesefluss zu erleichtern wird im Folgenden, falls vorhanden, immer die deutsche Übersetzung und nicht die englische Originalaussage zitiert.
58 Vgl. http://www.gnu.org/gnu/thegnuproject.html.
59 Vgl. das Originalposting unter: http://groups. google.com.
60 Es handelt sich dabei nicht um ein GUI im Sinne von Windows oder KDE. Vergleiche dazu die Ausführungen in Kapitel 7.
61 Vgl. http://www.gnu.org/gnu/thegnuproject.html.
62 Zwar war GNU-Software auch immer frei über einen ftp-Server verfügbar, jedoch hatten die meisten Anwender damals noch keinen Modemanschluss.
63 Vgl. http://www.gnu.org/gnu/thegnuproject.html.
64 Vgl. Torvalds und Diamond (2001), S. 69.
65 Vgl. Torvalds und Diamond (2001), S. 85f.
66 Vgl. Torvalds und Diamond (2001), S. 89.
67 Vgl. Torvalds und Diamond (2001), S. 94ff. Zu der Versionsnummer stellt Torvalds folgendes fest: „Für die Nummerierung von Freigabeversionen gibt es ein inoffizielles Protokoll. Es handelt sich um reine Psychologie. Wenn du

deine Version für wirklich freigabereif hältst, gibst du ihr die Verionsnummer 1.0. Vorher aber wählst du eine Versionsnummer, aus der hervorgeht, wie viel Arbeit noch bis zu einer Version 1.0 zu leisten ist. Mit diesem Gedanken im Kopf gab ich dem Betriebssystem, das ich auf die ftp-Site stellte, die Versionsnummer 0.01. So wusste jeder, dass es weit davon entfernt war, fertig zu sein." Torvalds nannte sein Betriebssystem privat Linux (eine Kombination aus Linus und Unix) wollte es aber unter dem Namen Freax freigeben. Sein Freund Ari Lemke, der dafür sorgte, dass Linux auf einer ftp-Seite zum Download zu Verfügung stand, aber hasste den Namen Freax und nannte das Posting: „pub OS/Linux" (vgl. Torvalds und Diamond (2001), S. 97).

68 Heute umfasst der Quellcode des Kernels etwa eine Größenordnung von 10 Millionen Zeilen.

69 Vgl. Torvalds und Diamond (2001), S. 96ff. Torvalds schreibt als weitere Motivation dafür, dass er das Programm nicht gegen Geld angeboten hat auf S. 103: „Vermutlich hätte ich die Sache anders angepackt, wenn ich nicht in Finnland aufgewachsen wäre, wo jeder, der das leiseste Anzeichen von Gier zeigt, misstrauisch oder sogar neidisch beäugt wird... Und, ja, ich hätte die ganze kein-Geld-Sache zweifellos anders angepackt, wenn ich nicht unter dem Einfluss meines Großvaters, eines eingefleischten Akademikers, und meines Vaters, eines eingefleischten Kommunisten, erzogen worden wäre."

70 Vgl. Torvalds und Diamond (2001), S. 103.

71 Vgl. Torvalds und Diamond (2001), S. 104f.

72 Vgl. http://www.gnu.org/gnu/thegnuproject.de.html.

73 Vgl. Torvalds und Diamond (2001), S. 124.

74 Torvalds schreibt: „Damit das X-Window-System funktioniert, braucht man den X-Server, der die ganze Grafik macht. Der Server redet mit den Clients, den Dingern, die sagen: ‚Ich will ein Fenster, das so und so groß sein soll.' Die Kommunikation läuft über eine Schicht aus so genannten Sockets, oder, förmlicher, Unix Domain Sockets. Sie werden für die interne Kommunikation in Unix, aber auch für die Kommunikation über das Internet verwendet."

75 Vgl. Torvalds und Diamond (2001), S. 125.

76 Vgl. Torvalds und Diamond (2001), S. 126. Zum Termin der Drucklegung dieses Buchs war Version 2.4.22 aktuell.

77 Vgl. z.B. Moon (2000).

78 Vgl. Raymond (1999).

79 So gab es beispielsweise: HPUX, AIX, PNX, Sinix, Xenix usw.

80 Zitiert in Rivlin (2003), S.157

81 Zitiert in Rivlin (2003), S.157.

82 Zitiert in Rivlin (2003), S.157.

83 Zitiert in Rivlin (2003), S.157.

84 Zitiert in Rivlin (2003), S.206.

85 Ein nicht zu unterschätzender, aber schwierig quantifizierbarer Faktor ist auch das Linux-Logo, der Pinguin „Tux", das sich über hohe Beliebtheit auch über die Grenzen von Linux hinaus erfreut. Zur Entstehung des Maskottchens sagt Linus Torvalds Ehefrau in Torvalds und Diamond (2001) auf S. 150f::„... Also

zerbrach er (Linus Torvalds, A.d.V.) sich weiter den Kopf über ein mögliches Logo. Dann waren wir mit Maddog und Henry Hall in Boston. Sie fingen an, über ein Logo zu reden. Ich sage zu ihnen: „Wie wäre es mit einem Pinguin? Findet ihr nicht, dass ein Pinguin nett wäre?“ Sie sagten ja. (...) Ehe ich mich versah, hatte Linus die Internet-Gemeinde aufgefordert, ihm Bilder von Pinguinen zu schicken.“ Er wählte die Version von Larry Ewing aus, einem Grafiker, der am Institute for Scientific Computing an der A&M University in Texas arbeitet. Aber Linus wollte keinen x-beliebigen Pinguin. Sein Pinguin sollte glücklich aussehen, so als hätte er gerade eine Maß Bier genossen und den besten Sex seines Lebens gehabt. Und was noch wichtiger war: Er sollte unverwechselbar sein. Während alle anderen Pinguine einen schwarzen Schnabel und schwarze Füße haben, hat das Linux-Maskottchen deshalb einen orangefarbenen Schnabel und orangefarbene Füße, so dass es wie ein Pinguin aussieht, dessen Mutter eine Ente war. Als hätte Daisy Duck sich auf einer Antarktis-Kreuzfahrt vergessen und einen wilden One-Night-Stand mit einem einheimischen Federvieh gehabt.“

86 Vgl. Torvalds und Diamond (2001), S. 181. Weiterhin sagt er über seinen Erfolg als Manager bei Transmeta, seinem Arbeitgeber: „Die Ironie dabei ist, dass mir mein Management-Stil, wenn man ihn als solchen bezeichnen kann, zwar gute Noten bei der Presse einbrachte,dass ich aber während meines kurzen Gastspiels als Manager bei Transmeta definitiv versagte. Damals wurde beschlossen, dass ich ein Entwicklerteam leiten sollte. Ich floppte. Wie jeder, der je in meine Müllhalde von Büro vorgedrungen ist, weiß, bin ich völlig unorganisiert. Ich hatte Probleme, die wöchentlichen Projektstatusbesprechungen, die Leistungsüberprüfungen, die Liste der offenen Punkte zu managen. Nach drei Monaten war für jedermann sichtbar, dass mein Managementstil nicht dazu beitrug, Transmeta voranzubringen, trotz der Anerkennung, die ich von der Presse für meine Art bekam, Linux zu leiten.“

87 Vgl. IDC Studie 2002, zitiert in Fink (2003), S. 4.

88 Vgl. IDC-Studie “Worldwide Server Market Forecast Update 2001-2006” vom November 2002. Zum Vergleich: Windows hat im Jahr 2003 einen Marktanteil im Serverbereich von 59,4% und wird mit leichtem Absinken auf 57,1% prognostiziert, zitiert in o.V. (2003d).

89 Zitiert in Franck und Jungwirth (2003), S. 15.

90 Vgl. Reuters (2004).

91 Zitiert in: Lehrbaum (2002).

92 Vgl. zu den drei Charakteristika Kevin Harvey von Benchmark Capital, zitiert in: Bank (2003).

93 Vgl. z.B. Vaughan-Nichols (2003), S. 21.

94 Vgl. zu Marktanteilsuntersuchungen bei IDEs z.B. o.V. (2003f) oder auch die Untersuchungen von Murphy (2003).

95 Beide Unternehmen bieten neben der Open-Source-Variante auch proprietäre Lösungen an: Sun bietet Sun ONE Studio und IBM WebSphere Studio an.

96 Vgl. http://www.netbeans.org/about/history.html.

97 Vgl. z.B. Vaughan-Nichols (2003), S. 21.

[98] Vgl. Carpenter (2001). OSS-Lizenzen ermöglichen zwar Jedermann unbeschränkte Lese-, Veränderungs- und Modifizierungsrechte, um aber mit seinem Programmpatch in die „offizielle" Software-Version zu gelangen, muss man sich eine gewisse Reputation als aktives Mitglied erarbeiten (vgl. dazu auch die folgenden Ausführungen).
[99] Vgl. Carpenter (2001).
[100] Vgl. http://www.netbeans.org/about/os/governance.html.
[101] Vgl. Storkel (2002).
[102] Vgl. z.B. McMillan (2002).
[103] Auch trägt der Name „Eclipse" (Sonnenfinsternis) sein übriges zum Missfallen von Sun bei.
[104] zitiert in McMillan (2002).
[105] Vgl. McMillan (2002).
[106] Vgl. McMillan (2002).
[107] Vgl. z.B. Vaughan-Nichols (2003), S. 23.
[108] Diese Anfrage läuft unter der Bezeichnung „Java Specification Request (JSR) 198", vgl. dazu z.B. http://www.oracle.com/corporate/ press/index.html? 151894 1.html.
[109] Vgl. http://www.eclipse.org/eclipse/eclipse-charter.html.
[110] CVS steht für Concurrent Versions System und dient der Versionskontrolle des Quellcodes.
[111] Vgl. http://www.eclipse.org/eclipse/eclipse-charter.html.
[112] Die weiteren Gründungsmitglieder im Board waren MERANT, QNX Software Systems, Rational Software, Red Hat, TogetherSoft und Webgain.
[113] Vgl. zu einer vollständigen Liste: http://www.eclipse.org/org/index.html.
[114] Vgl. http://www.eclipse.org/eclipse/index.html.
[115] Vgl. o.V. (2003e).
[116] Vgl. Wiggins (2003).
[117] Vgl. Murphy (2003).
[118] Vgl. Murphy (2003).
[119] Vgl. o.V. (2003f): Die Umfrage wurde über eine Periode von 5 Wochen von August-September 2003 bei denen durchgeführt, die Qstudio heruntergeladen haben.
[120] Vgl. o.V. (2003f).
[121] Vgl. http://www.apache.org.
[122] Vgl. z.B. Fielding (1999).
[123] Vgl. Dickerson (2003).
[124] Dazu gehören Xerces, Xalan, Cocoon, AxKit, FOP, Forrest, Xang, SOAP, Batik und Crimson.
[125] Vgl. Hann, Roberts, Slaughter und Fielding (2002b), S.6.
[126] Vgl. Fielding (1999).
[127] Vgl. o.V. (2003i).
[128] Vgl. z.B. Ashenfelter (2000).
[129] Vgl. z.B. Ashenfelter (2000).

[130] Vgl. Bank (2003). Die Software umfasst mittlerweile 2,4 Milliarden Zeilen bzw. 600 GB.
[131] Vgl. Kuhn (2003), S.51.
[132] Die erweiterte Version verfügt zusätzlich noch über den Transaktionsengine InnoDB.
[133] Vgl. o.V. (2003h).
[134] Vgl. Bank (2003).
[135] Zitiert in Bank (2003).
[136] Vgl. o.V. (2003h).
[137] Vgl. o.V. (2003h).
[138] Vgl. o.V. (2003h).
[139] Vgl. IDC-Studie, zitiert in o.V. (2003j).
[140] Vgl. o.V. (2003h).
[141] Vgl. Gartner Dataquest, zitiert in o.V. (2003h).
[142] Vgl. Gartner Dataquest, zitiert in o.V. (2003h).
[143] Vgl. o.V. (2002f), S.3.
[144] Vgl. o.V. (2003h).
[145] Vgl. Bank (2003). Der Preis erklärt sich durch das Preismodell von Oracle: Entweder wird die Anzahl der Nutzer mit 800 US$ pro Nutzerlizenz oder ein Prozessor mit 40.000 US$ plus 22% für jährliche Updates bepreist. Die weniger teure Standardversion kostet 300 US$ pro Nutzer bzw. 15.000 US$ je Prozessor mit ebenfalls 22% jährlichen Zusatzkosten für Updates.
[146] Vgl. Bank (2003).
[147] SAP gilt als das weltweit meistverbreitete Enterprise Resource Planning System. Sie sind in 120 Ländern bei 19.300 Kunden mit 60.000 Installationen vertreten.
[148] Vgl. o.V. (2003a).
[149] Vgl. Hall (2003b).
[150] Vgl. Hall (2003b).
[151] Zitiert in: o.V. (2003h).
[152] Das Standardisierungsgremium Internet Engineering Task Force (IETF) hat die Kern XML Streaming Protokolle als instant Messaging und Anwesenheitstechnologie unter dem Namen XMPP anerkannt.
[153] Neben XMPP gibt es als weitere OSS Variante das auf dem Session Initiation Protokoll (SIP) basierende SIMPLE (Session Initiation Protocol for IM and Presence Leveraging Extensions).
[154] Vgl. Singer (2003). Diese Zahlen übertreffen den früheren Marktführer ICQ reicht aber nicht an den Marktführer AOL mit 30 Millionen Nutzern heran.
[155] Vgl. o.V. (2002b), Folie 3; Singer (2003).
[156] So kam beispielsweise in einer unter Jabber-Anwendern durchgeführten Befragung heraus, dass der Großteil der Nutzer (42%,) Jabber seit weniger als 6 Monaten nutzt.
[157] Vgl. z.B. Moore (2003); Fiutak (2003).
[158] Vgl. zu einer ausführlichen Beschreibungen der Fälle: http://www.jabber.com/index.cgi?CONTENT_ID=4.

[159] POSIX bedeutet Portable Operating System Interface Part xx.

[160] Vgl. auch den Artikel von Raymond (2001), auf den einige Projektseiten verweisen.

[161] Vgl. Moon (2000).

[162] Vgl. Raymond (1998),"The value of humility" und "conflict and conflict resolution".

[163] Vgl. http://www.jabber.org/people/interviews/temas.php.

[164] Sie können von der Seite www.kernel.org von jedem heruntergeladen werden.

[165] Dabei handelt es sich um David Weinhall, Alan Cox und Marcelo Tosatti.

[166] Vgl. Raymond (1998), Kapitel „Promiscous theory, puritan practice"; Moon (2000), die feststellt, dass bis Juli 2000 etwa 350 Entwickler als Beitragende zum Linuxkernel in der „Creditsliste" von Linux genannt werden; Hann, Roberts, Slaughter und Fielding (2002a), die feststellen, dass am Apache Web Server 7000 Quellcode-Beteiligungen von 400 verschiedenen Entwicklern auszumachen sind.

[167] Vgl. Goetz (2003), S. 166.

[168] Vgl. Webmonitor auf http://www.Alexa.com.

[169] Vgl. Raymond (1998), Kapitel " Acculturation mechanisms and the link to academia".

[170] Vgl. Auswertung der Jabber-Befragung unter http://www.jabber.org.

[171] Vgl. Torvalds (1991).

[172] Vgl. Csikszentmihalyi (1975).

[173] Vgl. zur Bedeutung derartiger Maßnahmen Fiedler (2004). Alle Open Source Lizenzen sind unter folgender URL beschrieben: http://www.opensource.org/licenses/index.html.

[174] Vgl. Perens (1999), S. 172, oder auch Young (1999), S. 121: "If Red Hat builds an innovation that our competitors are able to use, the least we can demand is that the innovations our competitors build are available to our engineering teams as well."

[175] Vgl. auch Torvalds Biografie auf S. 125 Torvalds und Diamond (2001). Er nennt Orest Zborowski als den Hacker, dem die Portierung von X-Windows auf Linux gelang.

[176] Vgl. o.V. (2002f), S. 7.

[177] Diese Bezeichnung ist streng genommen nicht korrekt, da eine Schnittstelle ohne zugrundelegende Implementierung noch keine Komponente darstellt. Im allgemein verbreiteten Sprachgebrauch wird der Begriff jedoch inzwischen synonym verwendet, z.B. "Java API for XML Processing (JAXP)", "Java Database Connectivity (JDBC) API".

[178] Vgl. o.V. (2003c).

[179] Vgl. Microsoft.com (2003).

[180] Vgl. Bruegge und Dutoit (2003).

[181] Vgl. Birrer (1993).

[182] Vgl. Fowler, Beck, Brant, Opdyke und Roberts (1999).

[183] Vgl. Bruegge und Dutoit (2003).

[184] Vgl. Gamma, Helm, Johnson und Vlissides (1994).

[185] Vgl. Hissam, Weinstock, Plakosh und Asundi (2001).
[186] Vgl. Fowler (2002).
[187] Vgl. Highsmith und Cockburn (2001), Cockburn und Highsmith (2001).
[188] Vgl. Hissam, Weinstock, Plakosh und Asundi (2001)
[189] Vgl. Royse (1970).
[190] Vgl. Boehm (1987).
[191] Vgl. Jacobson, Booch und Rumbaugh (1999).
[192] Vgl. Bruegge und Dutoit (2003).
[193] Vgl. Raymond (1999).
[194] Vgl. Raymond (1999).
[195] Vgl. Glass (2002)
[196] Vgl. Creighton, Dutoit und Bruegge (2003).
[197] Vgl. Beck (2000), Beck und Fowler (2001).
[198] Vgl. Fogel und Bar (1999).
[199] Vgl. Raymond (1999).
[200] Vgl. Zawinski (1999).
[201] Neuere Versionen von Safari verwenden nicht mehr Expat, sondern libxml2 für das Parsen von XML-Strukturen.
[202] Vgl. Raymond (1999).
[203] Vgl. Nielsen (1993).
[204] Vgl. Gamma, Helm, Johnson und Vlissides (1994).
[205] Vgl. Brooks (1995).
[206] Vgl. Gasser, L., Scacchi, W., Penne, B. und Ripoche, G. (2003)
[207] Vgl. Haugh und Bishop (2003).
[208] Vgl. z.B. in Hissam, Weinstock, Plakosh und Asundi (2001) anhand des Apache-Projekts.
[209] Vgl. Villanueva Nunez (2002).
[210] Vgl. Fiedler (2002).
[211] Vgl. Lakhani, Wolf und Bates (2002).
[212] Vgl. Krishnamurthy (2002).
[213] Vgl. Moody (2001), S. 128.
[214] Die Darstellung folgt Henkel (2004).
[215] Vgl. Raymond (1999) und Kuan (2000).
[216] Vgl. o.V. (2001).
[217] Vgl. Henkel (2003b).
[218] Vgl. Raymond (1999), insbes. S. 192; Picot, Fiedler (2002), S. 249f; Fisher (2002) und Harhoff, Henkel und von Hippel (2003).
[219] Moody (2001), S. 292, zitiert Irving Wladawsky-Berger, Vice President Technology Strategy der IBM Server Group, hinsichtlich der Aussichten, Linux zu einem Standard zu machen: „The fact that it's not owned by any one company, and that it's open source, is a huge part of what enables us to do that. If the answer had been, well, IBM has invented a new operating system, let's get everybody in the world to adopt it, you can imagine how far that would go with our competitors." Aber auch dann, wenn eine potenziell standardsetzende OSS von einem bestimmten Unternehmen ausgeht, wird die glaubwürdige

Festlegung, die Entwicklung dieser Software unter einer Open-Source-Lizenz weiterzuführen, eine Absicherung für potenzielle Nutzer bedeuten.

220 Programmierer würden, laut Raymond (1999), S. 87, i. Allg. eher versuchen, den Maintainer einer OSS davon zu überzeugen, die von ihnen vorgenommenen Änderungen in die nächste „offizielle" Version der OSS zu integrieren. Die Verbreitung modifizierter Versionen, obwohl explizit durch die Open-Source-Lizenzen erlaubt, ist in der Praxis selten. Die meisten Beitragenden wollen ein solches „Forking" und die daraus resultierende Zersplitterung der Entwicklungsressourcen auf verschiedene Entwicklungsstränge vermeiden.

221 Vgl. Raymond (1999), Moody (2001) und Osterloh, Rota und von Wartburg (2001).

222 Diese Unterstützung kann durchaus wertvoll und umfangreich sein. Eine Studie des Marktforschungsunternehmens Venture Development Corporation unter Entwicklern von embedded Software, die Linux verwenden, fand, dass 27% wöchentlich die Open-Source-Community konsultieren, 34% monatlich, 39% selten („nie" und „täglich" erhielten je 0%). Die Antworten aus der Community wurden bewertet als „not at all useful" (1%), „somewhat useful" (19%), „useful" (28%), „more than useful" (20%), „very useful" (32%) (Lanfear und Balacco (2002)).

223 Raymond (1999), S. 166f, berichtet von dem Unternehmen Digital Creations (der Name wurde im Juli 2001 in „Zope Corporation" geändert), das eine wichtige Software, Zope, als OSS freigab: „[...] open-sourcing Zope could be critical advertising for Digital Creations's real asset – its people."

224 Dies war z.B. einer der Hauptgründe für die Investmentbank Dresdner Kleinwort Wasserstein, ihre Software openadaptor als OSS freizugeben (Henkel (2004), S. 18).

225 Vgl. Kapitel 3.

226 Vgl. Trolltech (2003).

227 Vgl. Pal und Madanmohan (2002).

228 Vgl. Behlendorf (1999).

229 Vgl. von Hippel (1988), S. 45f., und die Fallstudien bei Henkel (2004).

230 Vgl. Hamerly, Paquin und Walton (1999), S. 199.

231 Vgl. Hecker (1999), Raymond (1999) und Rosenberg (1999).

232 Vgl. die Fallstudie zum „Cisco Enterprise Printing System" (CEPS) bei Henkel (2004).

233 Vgl. von Hippel (1988).

234 Vgl. Teece (1986).

235 Die ersten drei dieser Punkte diskutiert Schrader (1991) in einer Analyse des „information trading" in der Stahlindustrie in den USA. Den vierten Punkt analysieren Harhoff, Henkel und von Hippel (2003). Vgl. auch Barney (1991).

236 Vgl. Hamel, Doz und Prahalad (1989).

237 Vgl. Henkel (2004).

238 Vgl. Raymond (1999), S. 154-155.

239 Vgl. Picot und Maier (1992).

240 Vgl. Hissam, Weinstock, Plakosh und Asundi (2001), S. 37-43.

[241] Vgl. Payne (2002).
[242] Vgl. Garfinkel, Spafford und Schwartz (2003).
[243] Vgl. Henkel (2003a), Kapitel 4.
[244] Man findet häufig die Aussage, Distributoren wie SuSE und Red Hat würden ein *Komplement* zur OSS anbieten, nämlich die erhöhte Bequemlichkeit der Installation und Handhabung. Hier ist jedoch eine Unterscheidung sinnvoll, da dieses „Komplement" nicht unabhängig von der OSS erworben wird, sondern nur im Bündel mit ihr. OSS ist also für einen Distributor eher ein Input für das Gesamtprodukt als ein Komplement zu dessen weiteren Komponenten. Wartungs- und Entwicklungsdienstleistungen stellen dagegen tatsächlich Komplemente dar.
[245] Vgl. Henkel (2003a), Kapitel 4.5.3.
[246] Vgl. Dankwardt (2002).
[247] Vgl. Lyons (2003).
[248] Die Verwendung von Open-Source-Komponenten in der Software-Entwicklung ist gängig und umfangreich (Friedewald, Blind und Edler (2002), S. 158). Solche Komponenten können auch bei der Entwicklung proprietärer Software eingesetzt werden, soweit die betreffenden OSS-Lizenzen dies zulassen.
[249] Es wird gelegentlich die (durch die GPL nicht gedeckte) Ansicht vertreten, das Verbot von Lizenzgebühren würde zu einer unentgeltlichen Weitergabe von GPL-Software verpflichten. Das ist nicht korrekt: OSS, auch solche unter der GPL, kann uneingeschränkt verkauft werden, solange dem Käufer nicht untersagt wird, die Software seinerseits weiterzugeben. Auch die Free Software Foundation vertritt diese Auffassung explizit: „Actually we encourage people who redistribute free software to charge as much as they wish or can" (Free Software Foundation (2003)).
[250] Quelle: Sleepycat-Software (2004), § 3.
[251] Vgl. Kapitel 3.
[252] Das vom „Center of Open Source & Government" entworfene Programm O-STEP sieht vor, dass Software-Unternehmen ihre Produkte als OSS veröffentlichen, sobald die mit der Software realisierten Umsätze eine vorher festgelegte Grenze erreichen (Stanco (2003)). Damit wird versucht, einen Kompromiss zwischen den weitgehenden geistigen Eigentumsrechten an proprietärer Software und den geringen monetären Anreizen bei OSS zu treffen. Das Programm weist eine Reihe konzeptioneller Probleme auf, stellt aber dennoch einen interessanten Ansatz dar.
[253] Vgl. Henkel (2004).
[254] Vgl. z.B. Maurer (2002).
[255] Vgl Unilog Integrata (2003), S. 7.
[256] Bei Berücksichtigung der gewährten Rabatte durch Microsoft wäre das Verhältnis noch mehr zugunsten von Microsoft ausgefallen.
[257] Vgl. Bozman, Gillen, Kolodgy, Kusnetzky, Perry und Shiang (2002), S.2.
[258] Vgl. Robert Frances Group (2002).

[259] Vgl. zu weiterer Kritik bezüglich der Eignung des OSS Ansatzes z.B. Ghosh (2003).

[260] Vgl. z.B. Demsetz (1968), S. 76 ff. Stiglitz (2000) erwähnt außer den genannten Typen noch öffentliche Güter, unvollständige Märkte sowie „Arbeitslosigkeit und andere makroökonomische Störungen", die im hier vorliegenden Zusammenhang weniger relevant sind.

[261] Vgl. hierzu und zu den folgenden Aspekten z.B. Zerdick, Picot, Schrape, Artope, Goldhammer, Heger, Lange, Vierkant, Lopez-Escobar und Silverstone (2001).

[262] Im Kontrast zu Standardsoftware sind bei Auftragsentwicklungen, die aus vollständig neu programmierter Software bestehen, die variablen Kosten die Kosten der Erstellung. Hier tritt das beschriebene Problem nicht auf.

[263] Vgl. Baumol, Panzar und Willig (1982) und Schmidt und Schnitzer (2002).

[264] Vgl. Demsetz (1968), Baumol, Panzar und Willig (1982) und Schmidt und Schnitzer (2002).

[265] Vgl. Akerlof (1970).

[266] In den Lizenzbedingungen des Datenbankherstellers Oracle beispielsweise findet sich der Passus „You may not [...] disclose results of any program benchmark tests without Oracle's prior written consent" (Oracle (2003)). Andere Software-Anbieter verfahren ähnlich.

[267] Vgl. z.B. Sattler (2003) und die dort gegebene Übersicht.

[268] Vgl. Evans und Reddy (2002), S. 365.

[269] Vgl. Krempl (2002).

[270] Vgl. o.V. (2002i).

[271] Vgl. o.V. (2002e).

[272] Vgl. o.V. (2002a).

[273] Vgl. Shankland (2003).

[274] Vgl. o.V. (2002g).

[275] Vgl. Kanellos (2003).

[276] Vgl. o.V. (2002h).

[277] Vgl. Schmitz (2001b), S. 21ff.

[278] Vgl. z.B. Schmitz (2001a), S. 20ff sowie 36 ff, Wheeler (2002) und IDA (2003).

[279] Diese Kriterien wurden u.a. genannt in einem Schreiben des peruanischen Parlamentariers Eduardo Villanueva an Microsoft Peru vom 08.04.02 (Villanueva (2002)), bei Schmitz (2001b), S. 20, und von Bundesinnenminister Schily (o.V. (2002i)). Hinsichtlich Sicherheitsfragen berichtete die Zeitschrift Der Spiegel im März 2001 von Besorgnis bei der deutschen Bundeswehr sowie dem Auswärtigen Amt über US-Geheimdienste (o.V. (2002c)): „In Computern, die in sensiblen Bereichen eingesetzt werden, soll demnach keine Software der Firma Microsoft mehr verwendet werden. Nach Erkenntnissen deutscher Sicherheitsbehörden verfügt der amerikanische Spionagedienst NSA über alle einschlägigen Quellcodes der US-Firma und kann so selbst verschlüsselte Daten lesen."

[280] Vgl. Microsoft.com (2003).

[281] Vgl. Connolly (2001).
[282] Vgl. Council of the European Union (2000), S. 23.
[283] Vgl. Schmitz und Castiaux (2002).
[284] Vgl. GnuPG (2003).
[285] Vgl. z.B. Schmidt und Schnitzer (2002).
[286] Vgl. Schmidt und Schnitzer (2002), S. 27, und Evans (2002), S. 47.
[287] Vgl. die Informationen der Koordinierungs- und Beratungsstelle der Bundesregierung für Informationstechnik in der Bundesverwaltung auf www.berlios.de und www.kbst.bund.de sowie netproject (2003).
[288] Die Patentschrift für EP0927945 wurde am 23.4.2003 veröffentlicht. Einsprüche gegen die Patentgewährung wurden eingereicht von der Gesellschaft für Informatik e.V. und von der Fleurop-Interflora European Business Company AG (vgl. www.epoline.org unter Publikationsnummer EP0927945).
[289] Dieses Patent basierte auf den von Karlheinz Brandenburg geleiteten Entwicklungsarbeiten am Fraunhofer-Institut für Integrierte Schaltungen IIS-A in Erlangen. Eine Übersicht über die aus den Erfindungen stammenden Patentfamilien wird auf www.mp3licensing.com/patents/index.html gegeben. Die Patenterteilung für EP0287578 wurde von der Philipps Electronics N.V. im Einspruchs- und Beschwerdeverfahren ohne Erfolg angefochten. Vgl. Beschwerdekammern des Europäischen Patentamts (2001).
[290] Vgl. Gerwinski und Richardt (2002).
[291] In einfachen theoretischen Modellen des Patentschutzes wird das Patent häufig mit einem Monopol gleichgesetzt. Diese Gleichsetzung ist jedoch nur in einer sehr geringen Zahl von realen Fällen berechtigt. Weitaus häufiger erzeugen Patenten lediglich inkrementelle Kostenunterschiede, weil das Umgehen des Patentes durch Imitatoren zusätzliche Entwicklungsanstrengungen erfordert.
[292] Vgl. Hall und Ziedonis (2001).
[293] Die Diskussion in Nack (2003), S. 359, erweckt stellenweise einen anderen Eindruck. Eine Abschaffung des Patentsystems wird in der ökonomischen Literatur so gut wie nicht diskutiert.
[294] Vgl. die Analyse historischer Debatten um die Ausgestaltung des Patentsystems bei Janis (2002).
[295] Vgl. Kahin in Federal Trade Commission (2003).
[296] Vgl. Tabelle 1 in Bessen und Hunt (2003). Dabei ist der Großteil dieser Patente an Unternehmen des Verarbeitenden Gewerbes erteilt worden – Software-Unternehmen halten nur 6 Prozent der Software-Patente. Allerdings lässt sich dieses Ergebnis leicht dadurch erklären, dass Software für viele Wirtschaftszweige zu einer wichtigen Produktkomponente geworden ist. Die von Bessen und Hunt vorgelegte Schätzung der Zahl der Software-Patente ist nicht unumstritten – so kommt Hall (2003a) bei Anlegen konservativer Kriterien nur auf eine Zahl von ca. 8.000 Software- und Geschäftsmethodenpatente für das Jahr 1999. Vgl. auch Hahn und Wallsten (2003) zur Frage der Definition von Software-Patenten. Die Schätzungen der Zahl der Software-Patente durch Allison und Tiller (2003) liegen zwischen den Werten von Bessen/Hunt und Hall.

[297] Hahn und Wallsten (2003) kritisieren, dass i) die Definition von Software-Patenten in Bessen und Hunt (2003) zu breit angelegt ist; ii) die Konkordanz von Firmendaten und Patentdaten die in den 90er Jahren gegründeten Firmen ausschliesst, iii) gewährte Patente anstelle von Patentanmeldungen verwendet werden und iv) der Anteil der Software-Patente von Firmen des Verarbeitenden Gewerbes unter dem Anteil liegt, den sie an sonstigen Patenten halten. Diese Probleme können mit verbesserten Daten und Verfahren behoben werden.

[298] Eine der Empfehlungen in Hall (2003a), S. 16, läuft darauf hinaus, eine vollständige Abschaffung von Geschäftsmethodenpatenten in den USA zumindest in Betracht zu ziehen: „(...) With respect to the latter critique, it is almost certainly too late to bar software patenting, and it may be too late to bar business method patents, although something of this nature might be worth considering in the light of the need to harmonize with the rest of the world."

[299] Vgl. Blind, J. Edler, Nack und Straus (2003) sowie Nack (2003), der einige Aspekte des Gutachtens zusammenfasst.

[300] Vgl. Blind, J. Edler, Nack und Straus (2003), S. 113, 9.

[301] Vgl. Blind, J. Edler, Nack und Straus (2003), S. 198f. Kursivschrift im Original.

[302] Vgl. Blind, J. Edler, Nack und Straus (2003), S. 198, 411, sowie S. 199, 417.

[303] Vgl. Blind, J. Edler, Nack und Straus (2003), S. 150, 178.

[304] Vgl. die Gegenüberstellung von *Gesamtbetrachtungslehre* und *Kerntheorie* in Blind, J. Edler, Nack und Straus (2003), S. 171.

[305] Selbst einigen beteiligten Patentprüfern ist nicht ersichtlich, ob das Kriterium überhaupt zielführend ist. So führt Kiesewetter-Köbinger in einem Beitrag aus: „(...) Bei dem hilflosen Versuch des Autors einem befreundeten Informatiker zu erklären, wieso Programme als solche nicht patentierbar wären, programmbezogene Lehren mit einem zusätzlichen technischen Effekt jedoch schon, erklärte dieser unverblümt: ‚Ihr spinnt's ja komplett!' Diese deutliche Aussprache hat dem Autor doch einiges zu denken gegeben." Vgl. Kiesewetter-Köbinger (2001).

[306] Wie schon in Kapitel 2 am Beispiel der ADR (*Flowcharter*) belegt werden konnte, haben Software-Patente bereits in den 60er Jahren existiert.

[307] Vgl. Blind, J. Edler, Nack und Straus (2003), S. 193.

[308] Vgl. Blind, J. Edler, Nack und Straus (2003), S. 194.

[309] Vgl. Blind, J. Edler, Nack und Straus (2003), S. 195, Fußnote 333.

[310] Vgl. Blind, Edler und Friedewald (2002), S. 76ff.

[311] Vgl. Nack (2003), Blind, J. Edler, Nack und Straus (2003) sowie die Äußerungen von Sietmann (2001).

[312] Dahingegen darf der Quelltext kein Bestandteil der Patentschrift sein.

[313] Zumindest in Deutschland wäre laut §11 Nr. PatG die nichtgewerbliche, private Nutzung von Software, die dem Patentschutz unterliegt, gestattet. Vgl. Blind, J. Edler, Nack und Straus (2003), S. 145, 155. Dasselbe gilt für die experimentelle Nutzung der Software.

[314] Vgl. Blind, J. Edler, Nack und Straus (2003), S. 207ff. Eine Neuheitsschonfrist würde es OSS-Produzenten erlauben, selbst Patente anzumelden, ohne dass die sofortige Offenlegung des Quelltexts als neuheitsschädlich betrachtet werden könnte.

[315] Eine Chronologie wesentlicher Schritte in dieser Diskussion findet sich auf den Webseiten des Fördervereins für eine Frei Informationelle Infrastruktur e.V. (www.ffii.org). Dieser Förderverein vertritt u.a. die Positionen der OSS-Gemeinschaft. Die deutsche Fassung der Richtlinie ist unter Kommission der europäischen Gemeinschaft (2002b) verfügbar.

[316] Vgl. Kommission der europäischen Gemeinschaft (2000).

[317] Vgl. die Entwicklung aus Sicht der Kommission der europäischen Gemeinschaft (2001).

[318] Vgl. die Aussagen in Kommission der europäischen Gemeinschaft (2002a).

[319] Vgl. Pilch (2004).

[320] Vgl. David, Hall, Kahin und Steinmueller (2003).

[321] Vgl. David, Hall, Kahin und Steinmueller (2003), S. 6ff.

[322] Vgl. Andersen, David, Davis, Dosi, Encaoua, Foray, Gambardella, Geuna, Hall, Harhoff, Lundvall, Holmes, Soete und Steinmueller (2003).

[323] Vgl. zum Beispiel Arbeitsgruppe (2003) bzw. die Stellungnahme von Linus Torvalds und Alan Cox (Torvalds und Cox (2003)).

[324] Vgl. Blind, J. Edler, Nack und Straus (2003), S. 211ff. Auch der Bericht der Federal Trade Commission (2003) und ein Positionspapier der OECD (2003) enthalten diese Forderung.

[325] In den USA sind dahingegen sowohl von der Federal Trade Commission (FTC) als auch vom National Research Council (NRC) solche Diskussionsforen initiiert worden. Vgl. Federal Trade Commission (2003).

[326] Vgl. zu den folgenden Ausführungen Picot und Fiedler (2004).

[327] Vgl. Bauer (2000) und Ünlü und Hess (2003) zu DRM Systemen.

[328] Vgl. Diffie und Hellman (1976).

[329] Vgl. Rivest, Shamir und Adelman (1977).

[330] Darunter versteht man i. A. polynomielle Laufzeit, vgl. Buchmann (1999).

[331] Vgl. Creighton, Dutoit und Bruegge (2003).

[332] Das neue Urheberrecht trat am 13.09.2003 in Kraft. § 95b Abs. 2, § 95 d Abs. 2 sowie § 111a Abs. 1 Nr. und 3 treten erst am 01.09.2004 in Kraft (vgl. Bundesgesetzblatt 2003, S. 1774 ff.)

[333] Vgl. Bechtold (2002) zu ausführlicher Darstellung und Diskussion.

[334] Vgl. (Bechtold, 2002), S. 5. Vgl. hierzu auch Jürgen Sieppmann (1999), Abs. 1: „Bis 1993 genossen Computerprogramme keinen wirkungsvollen gesetzlichen Urheberrechtsschutz. Mit der Computerrechtsnovelle von 1993 ist eine Richtlinie des Europäischen Rates umgesetzt worden und die §§ 69a bis 69g UrhG in das Urheberrechtsgesetz eingefügt worden. Zum Schutz von Datenbankherstellern sind 1998 die §§ 87a bis 87e UrhG eingefügt worden."

[335] Vgl. Bechtold (2002).

[336] Vgl. Perens (1999), S.187.

[337] Vgl. Torvalds (2003).

[338] Vgl. z.B. Cox (2003); Stallman (2002); Anderson (2002); Samuelson und Scotchmer (2001).

[339] Vgl. z.B. Samuelson und Scotchmer (2001), FN313; Anderson (2002), S.8; Arbaugh (2002).

[340] Vgl. z.B. Samuelson und Scotchmer (2001), FN313; Arbaugh (2002).

[341] Vgl. Anderson (2002), S.8.

[342] Zitiert in McMillan (2003).

[343] Stallman (2002). Vgl. für weitere Ausführung zur Bedeutung von Reverse Engineering im Software-Bereich z.B. Samuelson und Scotchmer (2001).

[344] In den USA gilt der DMCA und in der EU die Umsetzung der EU-Urheberrichtlinie 2001/29/EG. In Deutschland findet die Umsetzung dieser Urheberrichtlinie sich in § 95 des Urhebergesetzes.

[345] Vgl. o.V. (2003k); Arbaugh (2002).

[346] Vgl. z.B. Cox (2003); Stallman (2002).

[347] Vgl. Arbaugh (2002).

[348] Vgl. Arbaugh (2002).

[349] Vgl. Stallman (2002).

[350] Die Schrankenbestimmungen sind in §95bI UrhG folgendermaßen festgelegt: „Soweit ein Rechtsinhaber technische Maßnahmen nach Maßgabe dieses Gesetzes anwendet, ist er verpflichtet, den durch eine der nachfolgend genannten Bestimmungen Begünstigten, soweit sie rechtmäßig Zugang zu dem Werk oder Schutzgegenstand haben, die notwendigen Mittel zur Verfügung zu stellen, um von diesen Bestimmungen in dem erforderlichen Maße Gebrauch machen zu können:

1. § 45 (Rechtspflege und öffentliche Sicherheit),
2. § 45a (Behinderte Menschen),
3. § 46 (Sammlungen für Kirchen-, Schul- oder Unterrichtsgebrauch), mit Ausnahme des Kirchengebrauchs,
4. § 47 (Schulfunksendungen),
5. § 52a (Öffentliche Zugänglichmachung für Unterricht und Forschung),
6. § 53 (Vervielfältigungen zum privaten und sonstigen eigenen Gebrauch).“

[351] Vgl. z.B. Arbaugh (2002); Beale (2003); McMillan (2003).

[352] Vgl. Computer Security Institute (2003), S.4.

[353] Die Common Criteria Organisation ist eine internationale Standardisierungsinstitution im Bereich der Software-Sicherheit. Eine Zertifizierung von Common Criteria ist erforderlich, um in öffentlichen US-Einrichtungen eingesetzt zu werden. Die CC unterscheidet sieben Sicherheitsstufen. MS Windows und bekannte Unix-Derivate haben beispielsweise Sicherheitsstufe 4.

[354] Vgl. z.B. (Mears, 2003).

[355] Vgl. weitere Informationen unter www.rsbac.org.

[356] Vgl. MacDonald, Smith, Marchesini und Wild (2003), S.1.

[357] Vgl. zur Beschreibung dieser Rechte z.B. Picot und Fiedler (2003), S. 292f. „Fair use“/ „Making available“ Recht bezeichnet das Recht ein urheberrechtgeschütztes Gut zumindest in einem eingeschränkten Maße für legitime Zwecke zu reproduzieren (vgl. dazu die in §95bI UrhG festgelegten Schran-

kenbestimmungen). „First Sale“ bezeichnet die Beschränkung des Rechtehalters Kopien seines Werkes zu kontrollieren.

[358] Vgl. Fiedler (2004), insbesondere S.60f; S. 105ff; S.137f.

[359] Vgl. MacDonald, Smith, Marchesini und Wild (2003), S.1.

[360] Vgl. Anderson (2002).

[361] Vgl. z.B. (McMillan, 2003).

[362] Vgl. zu API das Glossar.

[363] Vgl. dazu auch Cox (2003), der verlangt, dass die Schlüssel im Eigentum des Rechnerbesitzers sind.

[364] Vgl. Arbaugh (2002).

[365] Vgl. Fiedler (2004).

[366] Vgl. die Fallstudien bei Hissam, Weinstock, Plakosh und Asundi (2001) und das Fallbeispiel Eclipse in Kapitel 3.

[367] Vgl. Franke und von Hippel (2003).

[368] Das „X Window System“ oder „X11“, eine betriebsystem- und hardwareunabhängige Software-Umgebung für fensterbasierte (nicht rein textbasierte) Benutzeroberflächen, existiert schon wesentlich länger, stellt aber keine vollständig graphische Benutzeroberfläche dar, wie sie von Mac OS und Microsoft Windows bekannt ist. Vgl. kde.org (2004b) und x.org (2004).

[369] Vgl. Müller (2001).

[370] Vgl. z.B. die Fallbeispiele Linux und MySQL in Kapitel 3.

[371] Quelle: kde.org (2004a).

[372] Vgl. Kapitel 3.

[373] Kooths, Langenfurth und Kalwey (2003) untersuchen in einer von Microsoft in Auftrag gegebenen Studie ebenfalls, in wie weit OSS bzw. proprietäre Software Kundenbedürfnisse erfüllen. Sie heben dabei bei OSS sehr stark auf die Entwicklerorientierung ab, während sie unterstellen, dass Anbieter proprietärer Software sich nach Kundenwünschen richten. Beides ist, wie hier gezeigt, zu vereinfachend. Auch andere Aspekte wie z.B. Innovationen (z.B. S. 64) werden sehr einseitig dargestellt.

[374] Vgl. Rink (2003), S. 126.

[375] Vgl. Abschnitt 6.1.1.

[376] Vgl. Friedewald, Blind und Edler (2002) und die Ausführungen in Kapitel 3.4.

[377] Vgl. Asay (2002).

[378] Vgl. Kapitel 3 zu weiterführenden Ausführungen zu den OSS-Lizenzen.

[379] Vgl. Lombardo (2001).

[380] Patente haben theoretisch zwei Funktionen. Erstens gewähren sie dem Inhaber ein Schutzrecht, das ihm die kommerzielle Ausbeutung seiner Erfindung erleichtern und damit Innovationsanreize schaffen soll. Zweitens erfordern sie eine Offenlegung der Erfindung, die damit öffentlich bekannt und spätestens nach Ablauf des Patentschutzes Allgemeingut wird. Der zweite Punkt ähnelt scheinbar der OSS-Idee, aber es bestehen große Unterschiede: Das Schutzrecht verhindert, ggf. 20 Jahre lang, eine Nutzung der Erfindung ohne Lizenzierung. Außerdem werden Patentschriften im Allgemeinen so abgefasst,

dass sie möglichst wenig Informationen über die Erfindung vermitteln, lediglich genug, um den formalen Kriterien für eine Patentierung zu genügen.

[381] Vgl. auch Vermuri und Bertone (2004).

[382] Vgl. ffii.org (2003).

[383] Vgl. Financial Times Deutschland (2003).

[384] Vgl. Schmitz (2001a), S. 33.

[385] Vgl. Kapitel 5.3 und z.B. Hofmann (2002).

[386] Vgl. Siering (2003), S. 111, und o.V. (2004).

[387] Vgl. CCIA (2003) bzw. Geer, Pfleeger, Schneier, Quarterman, Metzger, Bace und Gutmann (2003).

[388] Vgl. Schmitz (2001a), S. 32, und Raymond (1999).

[389] Vgl. o.V. (2003g). Dort auch: „Microsoft chief executive Steve Ballmer called Linux a ‚cancer' that destroys intellectual property rights."

[390] Vgl. Henkel (2003b).

[391] Sehr viele deutsche Unternehmen bieten Software und IT-Dienstleistungen im Zusammenhang mit Produkten von Microsoft an. Kooths, Langenfurth und Kalwey (2003), S. 6, sprechen in einer von Microsoft in Auftrag gegebenen Studie von Umsätzen in Höhe von € 6,6 Mrd. mit Microsoft-bezogenen Software-Produkten. Würde OSS zu Lasten von Microsoft-Produkten eine weitere Verbreitung finden, dürfte sich ein Teil dieses Umsatzes auf Dienstleistungen und Entwicklung zu OSS verschieben (wobei Wechselkosten anfallen).

[392] Vgl. die Darstellung der TCO-Analysen in Kapitel 5.3.

[393] Soweit OSS-Entwicklungen von Hobby-Entwicklern stammen, stehen ihnen, was die Lizenzgebühren angeht, in der Tat „keine Erlöse, Einkommen, Arbeitsplätze und Steuern" gegenüber (Kooths, Langenfurth und Kalwey (2003), S. 98). Dies zu bedauern hieße jedoch, den Zweck von Märkten zu verkennen. Märkte existieren, weil Konsumenten und Unternehmen bestimmte Produkte benötigen. Wenn diese zu Grenzkosten – bei Software also gratis – verfügbar sind, ist dies unter sonst gleichen Bedingungen immer vorzuziehen. Der Zweck von Märkten besteht *nicht* in erster Linie darin, „Erlöse, Einkommen, Arbeitsplätze und Steuern" zu generieren – dies sind sekundäre Effekte. Wer sie über den primären Zweck stellt, redet Subventionen und Arbeitsbeschaffungsmaßnahmen das Wort. Kooths, Langenfurth und Kalwey (2003) scheinen zudem in der von Microsoft in Auftrag gegebenen Studie einen „Wertschöpfungsbeitrag" (S. 6) in der Software-Entwicklung und „volkswirtschaftlich relevante[n] Transaktionen" (S. 97) nur dann zu sehen, wenn diese Software verkauft wird oder Lizenzeinnahmen generiert. Diese Sicht ist nicht korrekt – eine Wertschöpfung misst sich daran, welchen Wert die Software, ob OSS oder proprietär, für ihre Nutzer darstellt, auch wenn sich die Verwendung von gratis verfügbarer Software nicht in den Statistiken des Bruttosozialprodukts niederschlägt (die nur ein sehr unvollkommenes Abbild des tatsächlichen wirtschaftlichen Geschehens darstellen). Entsprechend sind die pessimistischen Folgerungen der Autoren (S. 98) hinsichtlich der IT-Arbeitsplätze im deutschen Mittelstand nicht nachzuvollziehen, zumal, wie erwähnt, die Lienzkosten nur den kleinsten Teil der TCO ausmachen.

[394] Vgl. z.B. o.V. (2002d).

[395] Vgl. z.B. o.V. (2002d). Allerdings geht es dabei nur um (beschränkten) *Einblick* in den Quellcode, ohne die Möglichkeit, diesen zu verändern. Siering (2003), S. 111, bezeichnet dies als „Feigenblatt" im Zusammenhang mit Kartellprozessen.

[396] Vgl. First Monday (1998).

[397] Vgl. Dvorak (2004).

[398] Vgl. Chai (2003).

Stichwortverzeichnis

Aktualisierbarkeit 88, 93
Alt-System 93
Analyse 68
Anforderungen 91
  funktionale 91
  nichtfunktionale 91
Anforderungs-Ermittlung 67
Anwendung 87
Anwendungssoftware 29
Apache 46
  Entstehung 46
  Markt 48
  Organisation 47
Apple 11, 83
Auftragsentwicklung 111
Authentifizierung 161
BerliOS 136
Beta-Version 66
Bibliothek 87
Binärmodul, ladbar 110
Black-Box 88
Blender 67
BSD 22
Build Environment 73
Cloning 85
Community 78
Copyright 12, 136
Darwin 83
Datenschutz 91
Datensicherheit 92
Debugging-Aktivität 77
Digitale Identität 153
Digitale Signatur 152
Digital-Rights-Management 149
  Rechtliche Grundlagen 154
  Technische Grundlagen 150
Distributoren 36
Eclipse 37, 40
  Entstehung 40
  Organisation 41
eGovernment 133
Embedded Systems 109
Emulationsprogramm 32
Engineering
  Forward 73
  Reverse 73
Entschlüsselungsverfahren 151
Entwicklerkreis 64
Entwicklungsprozess
  leichtgewichtiger 77
Entwicklungsumgebung integrierte 37
Entwurf 68
Europäisches Parlament 146
Europäisches Patentamt 141
eXtensible Markup Language (XML) 92
Externalitäten 128
Extreme Programming 78
Forking 35, 81
Free Software Foundation 31
Freie Weitergabe 20
FSF 31
GCC 31
General Purpose Technology 13
Geschäftsmodell 64, 107
Glue 89
GNU 29
GNU Privacy Guard 134
GPG 156
GPL 22
IBM 34, 36, 40, 44, 102

IDE 37
  Markt 44
Implementierung 68
Informationsmanagementsoftware 28
Innovationen 170
Inspektion
  Quellcode 90
Jabber
  Entstehung 51
  Instant Messaging 51
  Markt 53
  Organisation 52
Java 38
Komplement 107
Komponente
  Commercial Off-The-Shelf (COTS) 65
Kryptosystem 150
Kundenkreis 64
LGPL 22
linking 87
Linksys 111
Linux 29
  Entscheidungsstruktur 36
  Entstehung 30
  Marktanteil 37
  Organisation 34
Lizenz 60, 157
Lizenzen 22
Lizenzmodell 64
Marktversagen 125
MetaGroup 44
Microsoft 10
Minix 32
MIT-Lizenz 25
Modell
  Issue-basiertes 76
Modelltransformation 71
MPL 23
MULTICS 9
MySQL
  Entstehung 48
  Lizenzmodell 49
  Markt 50
  Organisation 49
National Security Agency 133
NCSA 46
NetBeans 37
  Organisation 39
Netscape/Mozilla 80
Netzeffekte 126, 128
Novell 2
Nutzerbedürfnisse 165
Open Source Software
  Begriffsklärung 19
  Eintrittsbarrieren 57
  Fallstudien 29
  Innovation 55
  Institutionen 54
  Klassifikation 26
  Kommunikation 56
  Koordination 55
  Motivation 30, 58
  Projektleiter 56
  Regeln für die Übermittlung von Programmcode 55
  Schnittstellen 55
  Transparenz 56
Open-Source-Prozess 79
OS/2 102
Patentfähigkeit 142
Patentsystem 137
Permanenz 92
Personal itch 79
Portal 25
Produkt-Support 82
Produktvielfalt 168
Programmentwicklungssoftware 28
Projekt-Maintainer 81
Projekt-Management 74
Prozess
  genetischer 85
Public Key Infrastructure (PKI) 153
Public-Key 151
Quellcode 20, 30
  Verfügbarkeit 94
Red Hat 36
Refactoring 73
Release 79, 81
Restrukturierung 70
RSA-Verfahren 151

Safari 84
SCO 10
Shared Source 67, 176
Sicherheitsumgebung 153
Skalenerträge 126
Software-Bündel 87
Software-Entwicklung
  komponentenbasierte 69
Software-Markt 12
Software-Modell 72
  Analyse 72
  Kommunikation 72
  Spezifikation 72
Software-Patente 136
Software-Prozess 75, 78
SourceForge.net 24
Spiralmodell 76
Stallman Richard 29
Standardisierung 86, 104
Strukturierungs-Aktivitäten 70
Sun Microsystems 38, 41
SuSE 2, 36
System- und Netzwerkmanagement-Software 28
TCG-Konzept 157
Test 68
Torvalds Linus 29
  Reputation 36
Transparenz 92
Unified Software Development Process (UP) 76
UNIX 10
Urheberrechtrichtlinie 154
Verschlüsselungsverfahren 151
Virtuelle Maschine 69
Wasserfallmodell 76
Websphere 40
Wechselkosten 126
Wettbewerbsvorteil 108
White-Box 88
XMPP 53
X-Window 31
Zukunftssicherheit 172